ÉTUDE

SUR LES

GUERRES D'ESPAGNE

PAR

Le Commandant BAGÈS

———

TOME Ier

PARIS

Henri CHARLES-LAVAUZELLE

Éditeur militaire

10, Rue Danton, Boulevard Saint-Germain, 118

(MÊME MAISON À LIMOGES)

ÉTUDE

SUR LES

GUERRES D'ESPAGNE

ÉTUDE

SUR LES

GUERRES D'ESPAGNE

PAR

Le Commandant BAGÈS

PARIS

Henri CHARLES-LAVAUZELLE

Éditeur militaire

10, Rue Danton, Boulevard Saint-Germain, 118

(MÊME MAISON A LIMOGES)

PRÉFACE

A l'époque du premier Empire, les revues de l'Empereur n'étaient point de vaines parades couronnées par des distributions de rubans et d'épaulettes.

Napoléon, au sujet de toutes les choses de la guerre, n'avait point son pareil et le moindre détail lui était aussi familier que les grandes opérations stratégiques.

Il connaissait l'histoire de chaque corps, sa situation et son esprit particulier. Il donnait au personnel une minutieuse attention, appelant par leur nom propre tous les officiers et un grand nombre d'anciens soldats.

S'il était satisfait, il récompensait avec un sourire et de bonnes et flatteuses paroles ; mais si, au contraire, il découvrait des fautes ou des négligences, il s'animait, élevant la voix, écrasant d'un regard irrité les coupables quels qu'ils fussent. Tous alors tremblaient, et les maréchaux eux-mêmes, ducs et princes, baissaient le front et se taisaient.

Une revue de l'Empereur était donc un grand honneur, mais aussi une terrible épreuve. Des carrières brillantes y naissaient, tandis que d'éternelles disgrâces enterraient pour toujours des ambitions et des réputations.

La parade de la Garde que Napoléon passait lui-même, le 8 janvier 1809, à Valladolid fut marquée par une de ces exécutions qui frappa profondément les spectateurs.

La victime fut le général Legendre, le chef d'état-major qui, sur l'ordre de Dupont, avait signé la capitulation de Baylen.

Un témoin oculaire, le général Thiébault, a donné le récit de cette scène émouvante :

« ..... La revue terminée, l'Empereur revenait à sa place pour ordonner le défilé quand il aperçut le général Legendre.

» A l'instant, et le foudroyant du regard, il l'apostropha par ces mots :

» — Vous êtes bien osé de paraître devant moi !

» Et, la figure contractée, l'air terrible, le geste menaçant et la voix retentissante, Napoléon continua, marchant et s'arrêtant sans cesse entre le général Legendre et la troupe, tantôt l'apostrophant, tantôt comme se parlant à lui-même, lançant ses bordées, à chacune de ses allées et venues, mais toujours le regard terrible.

» — Comment vous montrez-vous encore quand partout votre honte est éclatante, quand votre déshonneur est écrit sur le front de tous les braves ?

» Et où a-t-on vu une troupe capituler sur un champ de bataille ?

» .... On capitule dans une place de guerre, quand

on a épuisé toutes les ressources, employé tous les moyens de résistance, quand il ne reste plus un espoir d'être secouru.

» Mais, sur un champ de bataille, on se bat, Monsieur, et lorsqu'au lieu de se battre on capitule, on mérite d'être fusillé !

» Et où en serait-on si des corps capitulaient en plaine ?

» En rase campagne, il n'y a que deux manières de succomber : mourir ou être fait prisonnier ; mais l'être à coups de crosses !

» La guerre a ses chances, on peut être vaincu..... on peut être fait prisonnier ; demain je puis l'être..... François Ier l'a été, il l'a été avec honneur.

» Il fallait, comme le maréchal Mortier à Krems, se faire jour à travers les lignes ennemies ; mais, pour cela, il fallait arriver en masse et non par lambeaux, marcher en colonne et non se déployer, engager une mêlée et non combattre en ligne, brusquer la lutte et non la prolonger.

»..... Mais, quand la victoire eût été impossible, il fallait encore vendre sa vie !

» On n'est militaire que quand on préfère la mort à l'ignominie..... Il faut qu'un soldat sache mourir..... Et qu'est-ce que la mort ? Ne faut-il pas toujours la subir.

»..... Et votre main ne s'est pas desséchée en donnant à Vedel l'ordre de déposer les armes ?

» De quel droit avez-vous arraché à tous ces braves

des armes qu'ils portaient avec honneur? De quel droit avez-vous paralysé leur courage et leur fidélité ?

» Pourquoi les associer à votre déshonneur ?

»..... Comme sujet, votre capitulation est un crime; comme général, c'est une ineptie ; comme soldat, c'est une lâcheté ; comme Français, c'est la première atteinte sacrilège portée à la plus noble des gloires ! »

Il faut lire dans les Mémoires du général Thiébault cette scène saisissante, que nous avons abrégée.

Elle montre combien profondément Napoléon avait ressenti la douleur de l'affront fait à ses armes, combien il en sentait les graves conséquences.

L'affaire de Baylen, en effet, marque le moment décisif des événements de la guerre d'Espagne.

Ce succès des Espagnols rassura les timorés, entraîna les indécis, et, avec l'appui de l'Angleterre, l'Espagne entrevit la possibilité de chasser l'envahisseur. L'insurrection devint générale.

× ×

La guerre d'Espagne est une des périodes les plus importantes de l'histoire du premier Empire ; entreprise pour fermer aux Anglais les côtes de la Péninsule, elle amena finalement leurs bataillons triomphants au centre de la France.

Elle a duré, sans interruption, pendant près de huit années.

Elle commence en effet, en novembre 1807, quand le corps de Junot, marchant sur le Portugal, franchit la frontière, et ne se termine qu'en novembre 1814 par la bataille de Toulouse, dernier épisode de l'envahissement de la France par l'armée anglo-espagnole, conséquence immédiate des revers subis par les Français en Espagne.

Pendant ces huit années, ce n'est pas tous les jours la bataille : c'est plutôt une longue occupation ayant ses jours critiques et ses jours de calme.

C'est, dans son ensemble, une guerre fragmentaire en quelque sorte, éparpillée et morcelée par le sol même, contre les troupes espagnoles. Dans diverses provinces elle nous réduit à des opérations de corps d'armée ; moins que cela souvent, à des manœuvres de détachements ; il y eut, presque chaque année, autant de campagnes que de régions.

Simultanément avec cette lutte incessante contre les troupes nationales, il y avait aussi la lutte principale contre l'armée anglaise appuyée sur le Portugal.

Enfin il y avait encore, en plus, la petite guerre contre les bandes de guérillas, pour la garde de la ligne de communication, depuis l'Andalousie jusqu'à Bayonne, en passant par Madrid.

On ne comprendra la guerre d'Espagne que si on l'envisage sous ces trois aspects simultanés.

× ×

La guerre d'Espagne est ignorée en France, non seulement dans ses détails, mais aussi dans ses grandes lignes. Pourquoi ? Parce que finalement c'est un insuccès complet et que Napoléon ne fit qu'y passer.

Or, qu'on le remarque, sous le premier Empire comme plus tard sous le second, on négligea volontairement l'histoire des campagnes que Napoléon ne dirigea pas en personne ; pour celles où il commanda lui-même l'ensemble, on fit le silence sur les batailles livrées par ses lieutenants seuls, surtout quand elles furent terminées par un échec ; Auerstædt, la belle victoire de Davout en 1806, fut longtemps présentée comme un épisode secondaire de la journée d'Iéna ; quant aux défaites des maréchaux en 1813, à la Katzbach, à Dennewitz, à Grossbeeren, c'est à peine si, quelques érudits exceptés, on les connaît seulement de nom.

Eh bien ! toute la guerre d'Espagne est dans ce cas : à part le désastre retentissant de Baylen ; à part les opérations que Napoléon dirigea en personne, c'est-à-dire les deux mois et demi de son commandement direct (3 novembre 1808 à mi-janvier 1809), toute cette longue période de huit années de lutte est laissée dans l'ombre. C'est depuis quelques années seulement qu'on commence à s'en occuper.

C'est en vain, par exemple, qu'on en chercherait trace dans les cours de l'Ecole militaire de Saint-Cyr, même après 1870, et dans ceux de l'Ecole de guerre.

Bien peu d'officiers, nous en sommes sûr, connaissent autrement que de nom la bataille de Vitoria.

Et pourtant Vitoria, c'est notre Waterloo du Midi, c'est un événement militaire considérable, puisqu'il ouvrit aux bataillons anglais l'entrée de la France.

Ce n'est pas un simple échec, c'est un désastre ; Jomini ne le dissimule pas : « Vitoria, écrit-il, fut une bataille plus désastreuse que sanglante ; un désordre scandaleux y flétrit les lauriers de l'armée d'Espagne, et à la suite de cette terreur panique, analogue à celle des Autrichiens à Marengo, le roi Joseph arriva à Bayonne en aussi piteux état que Napoléon le jour de la Bérézina. »

Les Français perdirent dans cette journée 7.000 tués ou blessés, 150 canons et plus de 400 caissons de munitions.

Ce n'est pas une affaire de peu de portée que celle qui donne de pareils résultats.

× ×

Les deux tiers des maréchaux de l'Empire ont pris part, plus ou moins longtemps, à la guerre d'Espagne. La plupart ne firent qu'y passer, car l'Espagne fit une grande consommation de généraux ; plusieurs y perdirent leur réputation ; bien peu, par contre, s'y créèrent de belles pages, sauf Lannes et Suchet et, sur la fin, *Soult*,

Ce dernier est celui des maréchaux qui resta le plus longtemps en Espagne ; s'il ne réussit pas souvent dans ses opérations militaires, il y montra du moins de réels talents, surtout comme administrateur ; enfin la lutte qu'il soutint contre les Anglais, de la Bidassoa à Toulouse, en 1813-1814, mérite plus d'éloges que de critiques.

× ×

En regard des maréchaux de France, un seul nom survit parmi ceux des généraux qui furent leurs adversaires dans la guerre d'Espagne : celui de *Wellington*.

C'est en étudiant la guerre d'Espagne qu'on peut se faire une idée sur la valeur, comme chef d'armée, du maréchal Wellington.

S'il lutta avec succès contre les armées françaises, il fut surtout habile à profiter des fautes de ses adversaires et il ne se trouva pas directement en face de Napoléon.

Lorsque cela lui arriva, à Waterloo, il est certain que, sans l'arrivée de Blücher, il n'eût pas gagné la bataille.

Aucun écrivain français n'a tenté d'écrire l'histoire

militaire de Wellington : c'est la conséquence du silence qu'on a fait sur la guerre d'Espagne.

Le général belge Brialmont en a fait une, en trois volumes ; il a utilisé pour cette étude des documents anglais intéressants et notamment le *Recueil choisi des dépêches et des ordres du Maréchal*, publié à Bruxelles en 1843. Ce Recueil n'est lui-même qu'un extrait de la publication semblable, faite à Londres, en douze volumes.

Dans le *Recueil choisi*, les documents sont tous en français ; on y trouve beaucoup de renseignements sur les opérations de l'armée anglaise en Espagne, des ordres du jour à l'armée, des lettres au Ministre de la guerre ; mais il y manque les ordres de mouvement, les instructions, la préparation militaire des engagements qui ont eu lieu. On ne peut pas suivre la pensée du chef.

Nous souhaitons qu'un officier se donne la peine de rechercher ces documents et entreprenne l'intéressant travail de les utiliser pour nous donner une histoire impartiale de Wellington comme chef d'armée.

× ×

Aux trois aspects principaux de la guerre d'Espagne que nous avons déjà signalés :

1° La lutte dans les provinces contre les troupes espagnoles ;

2° La lutte contre l'armée anglaise;

3° La lutte contre les guérillas,

Il faut ajouter la *guerre de siège.*

Sur l'ensemble de sept années de campagnes incessantes et confuses, où l'intérêt se disperse entre des combats sans résultats, les sièges de places fortes ou de villes défendues avec acharnement, comme le fut Saragosse, forment des épisodes qui méritent de fixer les regards; les Espagnols furent, derrière des murailles, de vaillants adversaires, autrement sérieux qu'en rase campagne.

× ×

En ce qui concerne les guérillas, bien que leur rôle n'ait pas été prépondérant pour le résultat final de la guerre, il n'en est pas moins certain que leur action, dans son ensemble, fut une cause d'affaiblissement pour nos armées.

Les bandes de guérillas, exactement renseignées par les paysans, évitaient les colonnes dirigées contre elles. Celles qu'on atteignait étaient aisément battues et dispersées; mais elles se ralliaient sur un autre point, tombaient à l'improviste sur nos détachements, interceptaient nos convois, attaquaient nos postes isolés et contribuaient ainsi à nous user.

Pour assurer les communications de Madrid avec la France, Napoléon, vers la fin de 1810, avait organisé vingt escadrons de gendarmerie, dont seize gardaient la grande route Madrid-Bayonne et dont les quatre autres formaient une réserve mobile, destinée à être portée rapidement partout où une action vigoureuse pouvait être utile.

× ×

La guerre d'Espagne, avec ses aspects multiples, constitue donc, pour qui veut étudier la guerre d'après les faits, une mine féconde où l'on trouvera tous les cas généraux et particuliers qui peuvent servir d'enseignement : la guerre d'armée avec ses combinaisons stratégiques, la guerre de détachement avec ses procédés tactiques, l'attaque et la défense des convois, l'attaque et la défense des places, l'offensive et la défensive, les attaques méthodiques et les attaques brusquées, le service de sûreté et les surprises, la grande et la petite guerre, tout y est.

Que les officiers étudient la guerre d'Espagne; qu'ils notent les moyens employés, les erreurs commises : ce travail concourra certainement à aiguiser leur coup d'œil stratégique et tactique.

Si le roi Joseph n'a pas su mettre en valeur les conseils que Napoléon lui envoyait, ils ne sont cependant pas perdus pour cela ; tout militaire désireux d'étendre et de fixer ses idées stratégiques trouvera, dans les notes que l'Empereur adressait à son frère, un haut et précieux enseignement.

En étudiant de près l'histoire de cette guerre d'Espagne, qu'on se mette pour un moment à la place de Joseph ; que, sur la carte, on se rende un compte exact de la situation, et qu'après avoir pris une décision on la soumette ensuite au plus autorisé des critiques, à Napoléon lui-même, dont on relira alors les notes ; on s'instruira certainement.

Qu'on cherche, à l'exemple des études du général Bonnal, à retrouver dans les événements de la guerre d'Espagne la psychologie du haut commandement ; que, pour chaque campagne, on tienne compte du caractère du chef ; que, pour interpréter les faits, on retrouve la notion des mobiles véritables de ses actions en reconstituant les ambiances, les milieux, les circonstances et les idées, on aura alors l'explication des faits restés incompréhensibles, car, à la guerre, la pensée et l'action se combinent si étroitement qu'elles sont inséparables.

× ×

Voilà comment, selon nous, il faut comprendre l'étude de l'histoire militaire.

Il ne suffit pas d'y chercher la relation d'une série de faits plus ou moins bien arrangés, afin d'avoir un récit aussi clair que possible des événements ; il s'agit de se faire une idée de ce qu'on a voulu faire, aussi bien que de ce qu'on a fait, en analysant les ordres donnés, l'exécution qui en a été la suite et les résultats obtenus.

C'est aux archives, aux lettres, aux ordres de détail, à la correspondance militaire qu'il faut remonter ; là seulement se retrouvent la pensée du chef, sa conception, son idée, dont l'exécution imparfaite, les difficultés imprévues et les obstacles faussent trop souvent les résultats.

× ×

A défaut de la guerre vraie, c'est l'histoire de la guerre qui prépare les chefs au commandement.

L'étude des campagnes de guerre forme, pour un chef militaire, la base du jugement ; elle ouvre l'esprit aux choses de la guerre et, en faisant toucher du doigt les difficultés formidables qu'on a eu à résoudre, elle indique en même temps les moyens de les surmonter.

Quiconque veut comprendre la guerre doit comprendre ceux qui l'ont faite.

C'est dans les quartiers généraux que se trouve la clef de l'histoire militaire ; son étude ne peut être séparée de celle des chefs d'armée et de leur caractère.

× ×

C'est parce que l'étude militaire du commandant Bagès est faite dans l'esprit que nous venons d'indiquer que nous applaudissons des deux mains à sa publication.

Cette œuvre contribuera à faire connaître cette guerre de la Péninsule si ignorée, si utile pourtant à étudier.

On ne saura jamais trop, dans les générations présentes et à venir, tout ce que la guerre d'Espagne nous a coûté.

Qu'elle nous serve au moins de sujet d'études et de méditations.

Général DAUDIGNAC.

AVANT-PROPOS

Le soulèvement de la Péninsule espagnole a eu pour résultat le commencement de la ruine de la puissance militaire de Napoléon.

Ce sont les événements de Bayonne qui ont tué la moralité de l'Empereur en Europe ; c'est Baylen qui a provoqué la dissolution de la Grande Armée ; ce sont les journées d'Oporto, de Busaco, d'Albuera et des Arapiles qui ont montré à tous les gouvernements que là où Napoléon ne commandait point en personne il n'y avait que faiblesse.

« Les désastres de 1813 et de 1814, dit avec beaucoup d'à propos le colonel Clerc, ont leur origine dans l'assassinat de l'Espagne, perpétré en 1808 politiquement, puis à main armée. »

La guerre d'Espagne a coûté à la France et à ses alliés (1) 470.000 hommes et des meilleurs !

Tous les jours, à toute heure, durant sept années, nos soldats eurent à soutenir une lutte sans trêve ni merci, et il faut leur rendre cette justice qu'ils se sont toujours admirablement battus.

Sans l'intervention des Anglais, sans la folle entreprise de Russie, Joseph eût peut-être régné à Madrid.

---

(1) Westphaliens, Hessois, Badois, Hollandais, Italiens et Napolitains combattirent dans la Péninsule, à nos côtés.

Plusieurs régiments polonais entrèrent également en Espagne.

C'est la politique néfaste de Napoléon qui a tout perdu.

Des œuvres remarquables ont été publiées sur la guerre d'Espagne. Les unes ont mis en lumière les résultats de la politique napoléonienne ; les autres en ont dégagé des leçons morales et politiques ; quelques-unes enfin nous ont donné l'analyse de certaines phases de cette lutte héroïque.

Notre œuvre est plus modeste.

Il nous a semblé qu'un travail d'ensemble, tout militaire, pouvait être maintenant entrepris. C'est le but que nous avons poursuivi dans l'étude critique des manœuvres conçues par l'Empereur, ses maréchaux et leur redoutable adversaire, Wellington.

ÉTUDE

GUERRES D'ESPAGNE

PRÉLIMINAIRES

CAUSES DE L'INVASION FRANÇAISE

Après Tilsit, Napoléon commande en maître sur le continent européen ; il est tout-puissant. L'alliance franco-russe semble devoir assurer pour longtemps la paix continentale ; à l'intérieur, l'empire est prospère (1) et toutes les classes de la société ont pleine confiance en l'avenir.

Mais il est un ennemi resté insaisissable, l'Angleterre. Ne pouvant lui imposer la paix dans Londres même, il veut la ruiner en empêchant l'écoulement en Europe de ses marchandises et en la menaçant constamment d'un débarquement (décret de Berlin, camps sur les côtes, croisières lointaines).

---

(1). Le 5 % est coté 93. En 1798 il était à 12.

C'est du mois d'août 1807 que date la création de la Caisse de service pour faciliter la rentrée des impôts et de la Cour des comptes, les embellissements de Paris..... etc.

Le budget (778 millions) s'équilibre grâce aux efforts de M. Mollien.

Le ministère Canning, Castlereagh et Parceval est arrivé aux affaires en juin 1807 avec la promesse de reprendre la politique de Pitt ; il a débuté maladroitement par le bombardement de Copenhague.

Cet acte inique fut universellement blâmé et le Portugal resta la seule puissance soumise à la politique de la Grande-Bretagne.

On ne peut douter que l'Empereur ait rêvé de réunir à l'Empire tous les peuples latins et de devenir un nouveau Charlemagne régnant sur toute l'Europe occidentale, laissant à Alexandre la domination sur les pays slaves. L'Italie et les côtes de l'Adriatique étaient déjà terre française ; pour que le rêve devînt réalité, il ne restait plus qu'à exécuter les maisons de Bragance et des Bourbons d'Espagne dont l'effondrement moral semblait achevé.

Ecoutons Napoléon lui-même (1) :

« L'Espagne était depuis longtemps déjà l'objet de mes méditations ; ses mœurs, ses divisions territoriales, ses vieilles coutumes auxquelles tient tant l'honneur castillan, la superstition ignorante de la population, étaient autant d'obstacles qu'il fallait vaincre pour régénérer la nation espagnole, qui sera grande et forte sous l'empire d'institutions constitutionnelles.

» Dans la crise où se trouvait la France, dans la lutte des idées nouvelles, dans la grande cause du siècle contre la vieille Europe, je ne pouvais laisser l'Espagne en arrière de la réorganisation sociale ; il fallait de toute nécessité, de gré ou de force, l'entraîner dans le mouvement français ; le destin de la France le demandait. »

Napoléon a voulu faire l'apologie de cette guerre qui a tant coûté à la nation française. Il a senti la nécessité de se défendre devant la postérité.

---

(1) *Commentaires.*

Retenons seulement son aveu : Le rêve existe « depuis longtemps. »

Napoléon a pensé faire la guerre en 1807, mais les sacrifices en 1806-1807 avaient été grands.

Du reste, l'Espagne a fait volte-face après Tilsit. La Romana combat sous nos drapeaux.

Viennent une occasion, un simple prétexte et l'armée française envahira la Péninsule pour en faire une terre soumise à la politique impériale.

Quelles étaient donc ces deux nations, Espagne et Portugal, dont l'affaissement moral et intellectuel avait attiré l'attention de l'Empereur ?

Un aperçu très succinct du théâtre d'opérations et de l'état politique et militaire de la Péninsule suffira à les faire connaître au lecteur.

CHAPITRE PREMIER

L'ESPAGNE, LE PORTUGAL ET L'ANGLETERRE AU COMMENCEMENT DU XIX⁰ SIÈCLE

I

Le sol de la Péninsule ibérique. Mœurs et caractère des habitants.

L'Espagne, réveillée de sa longue léthargie, avait un moment suivi, à la fin du xviii⁰ siècle, sous l'administration du comte Florida Blanca, le mouvement intellectuel de l'Europe centrale. De cette époque datent le canal d'Aragon et les quatre routes de Madrid à la mer, la création de sociétés d'agriculture et la plantation de forêts.

Mais, à partir de 1788 (avènement de Charles IV), tout retomba dans le chaos (1).

I. *Castille et Estrémadure.* — Les plateaux castillans, anciens fonds lacustres séparés par des montagnes hautes de 1.700 mètres, sont fertiles et produisent des céréales ; mais sont nus, sans arbres et monotones (2).

Il y pleut rarement, et les ruisseaux y sont à sec pendant l'été.

La température y est très-changeante, le froid rigoureux

---

(1) *Mémoires* du baron Hyde de Neuville, p. 440 et suivantes.
Le baron de Neuville faisait en 1807 un voyage en Andalousie.
(2) *Histoire de la Guerre de la Péninsule*, par le général Foy, t. I⁰.

et la chaleur torride ; en hiver souffle un vent glacial, le *norte* ; en été un vent brûlant, le *solano*, dessèche tout.

En général, l'agriculture est délaissée ; la *mesta* (droit de parcours des grands troupeaux de moutons) contribuait, au commencement du xixe siècle, à appauvrir ces provinces jadis si riches. En 1807 il y avait plus de 100 kilomètres de terre inculte autour de Badajoz.

Certaines contrées, comme la sierra de Gredos et la sierra de Gata, étaient encore inexplorées et habitées par des populations à demi barbares (1).

Les plaines de Castille ont été traversées à plusieurs reprises par les armées (domination romaine, Berwick et Vendôme sous Louis XIV). C'est la partie la plus fertile de la Péninsule (2). Napoléon tenait beaucoup à la possession de ces deux provinces.

Le Castillan est grave, fier, indépendant. Il émigre facilement ; aussi la population est-elle assez clairsemée, surtout dans la montagne.

II. *Andalousie.* — Séparée de la Castille par des montagnes de 1.600 mètres (col de Despena-Peros à 745 mètres), de Murcie par la sierra Sagra (2.000 mètres), cette province appartient, par sa structure et ses montagnes schisteuses (3.500 mètres dans la sierra Nevada), à la terre africaine.

Le climat est très chaud ; il y tombe peu de pluie et des steppes immenses couvrent la province. Le ciel est si brûlant qu'on y cultive des plantes tropicales. Les fleurs y viennent en janvier (3).

---

(1) Général Thiébault. *Récit de la campagne du Portugal par le corps du maréchal Junot.*

(2) Les céréales sont cultivées dans les vallées du Douro et du Tage. On y élève des mulets, surtout dans les montagnes de Léon ; le bétail est abondant.

Les deux Castilles ont été le grenier de l'armée française, de 1807 à 1813 (200.000 hommes en Castille, en janvier 1809).

(3) *Mémoires d'un Apothicaire*, chap. xxiii, t. I.

Il n'est pas étonnant qu'en juillet 1808 les conscrits de Dupont aient été très éprouvés. Les soldats de Soult, plus aguerris, le furent également plus tard. Les ressources en viande et en céréales étaient presque nulles ; les pertes furent énormes.

III. *Murcie et Valence*, — Cette province, très montagneuse, offre à la vue un sol dénudé et couvert de broussailles. Il n'y a ni automne ni printemps. Cependant le mistral tempère un peu en été la rigueur de ce climat africain.

Il y pleut rarement. Aussi les terres sont-elles peu fertiles. Mais près des villes de la côte les habitants peuvent cultiver des jardins luxuriants grâce à un système d'irrigation sévèrement surveillé.

Le maréchal Moncey ne fit que traverser la province de Valence en 1808, mais plus tard Suchet l'occupa. Le premier vécut difficilement et le second, malgré les mesures administratives les plus sages, n'échappa à la misère que grâce aux ressources de l'Aragon.

Peu favorisés par la nature, visités souvent par la fièvre jaune, les habitants sont paresseux. Ils se laissent vivre et un fatalisme oriental les étreint et les corrompt.

IV. *Aragon et Catalogne.* — « La vallée de l'Ebre est nettement séparée du reste de l'Espagne (1). » L'Aragon, pays de plaines, n'a ni industrie ni commerce : c'est une province agricole ; mais les vents d'ouest, arrêtés par la sierra à l'est de Burgos, amènent peu de pluie ; aussi voit-on encore de vastes landes sur les deux rives de l'Ebre.

En Aragon, les froids et les chaleurs sont intenses. La Catalogne est plus favorisée à cause du voisinage de la mer ;

------

(1) La milice de Catalogne, organisée depuis plusieurs siècles, tint en échec Duhesme, Saint-Cyr, Augereau, Macdonald.
Le maréchal Saint-Cyr lui a rendu hommage dans ses *Mémoires*.

elle a eu de tout temps des relations avec la Provence, ce qui lui a donné un certain bien-être.

L'Aragonais est vigoureux soldat (armée de Palafox et bandes de Mina) ; il est grand, froid, dédaigneux et superstitieux. Son orgueil un peu agressif respire la vaillance.

Le Catalan joint à ces qualités (miquelets et somathènes) le goût du travail et le génie du commerce : « il sait faire du pain avec des pierres ». La Catalogne fournissait à la mère patrie ses meilleurs colons.

Les guerres en Catalogne ont toujours revêtu un caractère de barbarie qu'on trouverait difficilement ailleurs (1793-1794 ; 1808-1814). C'est que le pays est difficile et que les Catalans (1) sont « des hommes rudes, violents, exclusifs, pleins de fierté (2) ».

« Il était vrai de dire qu'on ne circule en Catalogne que par de longs et menaçants défilés ou par de périlleuses corniches, praticables aux mulets seulement (3). »

Un siècle auparavant, Vauban s'exprimait en ces termes au sujet de cette province si difficile à conquérir : « Si une armée ne veut mourir de faim en Catalogne, il faut qu'elle soit maîtresse du bas Ebre ou que la mer s'en mêle. »

Nous fûmes maîtres du bas Ebre ; mais la Catalogne ne désarma point et nos troupes y vécurent toujours difficilement.

V. *Navarre et Biscaye.* — La race basque est absolument distincte des autres. Elle a ses mœurs et sa langue (l'eskuara).

Les pluies y sont abondantes à cause du golfe de Gascogne ; le climat ressemble à celui de l'Irlande.

---

(1) Fourvel, *Guerres de 1793 et 1794*, t. I, p. 91 et 92.
(2) *Id.*, t. I, p. 92.
(3) *Id.*, t. I, p. 91.

Le Basque est ignorant ; mais il est courageux, vigoureux et il aime autant que le Catalan son indépendance.

VI. *Asturies et Galice.* — Séparées du reste de l'Espagne, ces provinces ressemblent à la Bretagne. La langue primitive s'y est conservée ; la race y est pure. Les Maures n'ont jamais pu y pénétrer.

Oviedo fut la première ville qui osa déclarer la guerre à Napoléon.

Le climat est doux et les vallées d'érosion sont bien cultivées.

La division Bonnet a pu occuper les Asturies durant plusieurs années sans trop souffrir.

VII. *Portugal.* — Le peuple portugais a la même origine que le peuple espagnol et cependant il le hait. Ce dernier le lui rend bien : « Petit peuple, peuple de fous ! » dit un proverbe castillan.

Les vallées du Portugal sont très riches et très peuplées à cause de l'égalité du climat ; les pluies sont abondantes (vents océaniques et contre-alizés).

La température moyenne est de 16° à Coïmbre et de 15° à Oporto.

Mais les montagnes au nord du Tage sont sauvages, très élevées et peu peuplées (la Haute-Beïra) (1). Les corps français qui eurent à les traverser y subirent des pertes énormes par la faim et le froid.

Nos soldats ne trouvaient dans ces contrées que du miel et quelques chèvres (2).

Le montagnard portugais est brave, intelligent, plus soumis que l'Espagnol.

---

(1) Castello-Branco est à 1,408 mètres ; Lanego, à 1.514 mètres.
(2) Général Thiébaut, *Relation de l'expédition du corps Junot ;* — maréchal Marmont, *Mémoires,* Opération ayant pour but de faire lever le siège de Badajoz.

II

Etat politique et militaire de la Péninsule en 1807.

ESPAGNE

I. *Etat politique.* — Le pouvoir est depuis longtemps aux mains d'un ancien garde du corps, Godoï, prince de la Paix, « cupide et fastueux, sybarite inconscient (1) ».

Le roi Charles IV a 60 ans : « c'est un bon géant, facile » (1); la reine Marie-Louise a le cœur pervers et Godoï est son amant (2). Le prince des Asturies, Ferdinand, reste l'espoir de toutes les classes de la nation indignée.

Jusqu'à la journée d'Iéna, Godoï a négocié avec le cabinet de Londres; mais il a changé de ligne de conduite après le désastre des armées prussiennes. Il rampe aux genoux de Napoléon.

Les Cortès ne sont plus que de « vaines parades » et les divers conseils, conseil d'Etat, conseil de Castille, conseil de Guerre, conseil des Finances, conseil des Ordres, conseil de l'Inquisition, forment une haute administration des plus compliquées, une bureaucratie terrible « où tous les pouvoirs sont confondus ».

Les colonies sont pour ainsi dire abandonnées. Le déficit, de tradition espagnole, va grandissant; il atteint chaque année 33 millions (3); les dettes sont criardes

---

(1) *L'Espagne de l'ancien régime*, par M. Desdevizes du Dézert.

(2) *Mémoires* de Jourdan, p. 5 et 6; portrait de Godoï par ses compatriotes; — général Foy, *Histoire de la guerre de la Péninsule*, t. II, p. 252 à 270.

(3) 80.000 millions de réaux en 1798.

(arriérés de solde et d'appointements) ; les emprunts sont fréquents et le roi emploie toutes sortes d'expédients. « L'état des routes, des moyens de transport ou de communication est généralement au-dessous de tout ce qu'on peut imaginer (1). »

Misère dans les provinces, honte à la cour, tel est le bilan de cette nation tenue à l'écart de tout ce qui s'est passé en Europe depuis un siècle.

Etat militaire (2). — La marine n'existe plus. On compte bien vingt-cinq navires, mais ils ne sont pas armés et les arsenaux sont vides. Villeneuve avait constaté tristement à Trafalgar que la tactique espagnole était surannée.

L'armée, placée sous les ordres du généralissime Godoï, recrutée par enrôlements volontaires, par tirage au sort et comptant une foule de condamnés, s'élève à 73.000 hommes environ, auxquels il faut ajouter 6.000 gardes, 11.000 Suisses et 2.000 Irlandais. La milice n'existe que de nom, sauf en Castille, en Catalogne et dans les provinces basques fuéristes.

L'état-major général est très nombreux, mais incapable. Les officiers, à l'exception de ceux qui sortent de l'école d'artillerie de Ségovie, n'ont qu'une instruction sommaire. Il n'y a jamais d'exercices d'ensemble et Charles IV ne veut pas, dit-il, « entendre parler de ces nouveautés (3) ».

L'armée entière est mal payée, mal vêtue, mal armée ; son instruction est nulle ; les sous-officiers sont peu considérés. Les qualités de la race ne sont pas cultivées.

Une telle armée ne saurait être une sauvegarde. En pourrait-il être autrement avec un gouvernement aussi stupide

---

(1) *Mémoires* de Roguet, t. I. — Le général Roguet a parcouru en tous sens la Castille, Léon et les provinces basques.

(2) *Mémoires* du général Foy, *Guerre de la Péninsule*, t. II, p. 215 à 242.

(3) Fourvel, *Guerre de 1793-94*, p. 23. — « L'armée se recrutait, dit-il, par l'embauchage et puis par les *quintas* (un homme sur cinq). »

que frivole, n'inspirant que dégoût et mépris? Le roi étant sans autorité, c'est Godoï qui est chef des armées de terre et de mer!

Tel chef, telle armée (1)!

PORTUGAL

I. *Etat politique.* — Le prince régent Jean VI, gendre du roi d'Espagne, est aux ordres de l'Angleterre. La reine mère, Marie Ire, gardée à vue à cause de sa démence, n'a aucun pouvoir.

« Cette race de Bragance (2), vieillie comme sa voisine, la race des Bourbons d'Espagne plongée comme elle dans l'ignorance, la mollesse, la lâcheté, avait pris en aversion et le siècle où se passaient de si effrayantes révolutions, et le sol même de l'Europe qui leur servait de théâtre. »

Après Tilsit, le Prince régent, sommé d'adhérer au blocus continental, avait entamé des négociations avec Napoléon ; mais sa réponse était une duperie (3).

La Cour avait pris la résolution de fuir au Brésil.

Le peuple portugais, autrefois si fier de son indépendance, était incapable de la moindre résistance. Wellington essaiera plus tard de le ramener à la vie ; mais il n'y réussira qu'en partie, tant est lent le réveil d'un peuple.

---

(1) Maison du roi	10.000
Infanterie de ligne	35.000
Infanterie légère	12.000
Infanterie étrangère	17.000
Artillerie	3.300
Cavalerie de ligne	5.000
Cavalerie légère	6.000
	88.300

(Rehfues, *L'Espagne en* 1808, t. II, p. 93.)

(2) Thiers, *Consulat et Empire.*

(3) Il était question de simuler une guerre contre les Anglais, mais non de leur fermer les ports.

L'état financier du royaume ressemblait à celui de l'Espagne. Le déficit était partout.

II. *Etat militaire.* — Lorsque Junot franchit la sierra de Gata, les Portugais pouvaient à peine rassembler 25.000 hommes mal équipés, mal instruits, obéissant à des chefs sans valeur ni autorité, à l'exception de certains officiers étrangers ou émigrés.

Cependant le Portugais est bon soldat; il est endurant, moins paresseux et moins présomptueux que l'Espagnol. Les troupes portugaises qui servirent sous Wellington ont été plus disciplinées et plus fermes dans la bataille que les divisions espagnoles (1).

III

L'Angleterre en 1807.

L'Angleterre ne pouvait pas permettre l'invasion et l'occupation de la Péninsule par les Français. Tous les autres ports d'Europe étant fermés à ses vaisseaux, elle devait fatalement intervenir dans la lutte pour éviter la perte de son commerce.

I. *Etat politique.* — Pitt, directeur du parti de la haine contre la Révolution française, était mort, en janvier 1806, sans avoir pu se consoler de la défaite de ses alliés à Austerlitz. Son successeur et son adversaire politique, Fox (2), partisan résolu de la paix, avait disparu sans l'obtenir.

Cependant le peuple anglais souffrait; son commerce languissait et les mesures rigoureuses de l'Empereur

---

(1) Correspondance de Wellington.

(2) « Si Fox avait vécu, la paix eût été durable entre la France et l'Angleterre. » (Dicté à Sainte-Hélène.)

menaçaient son industrie. Les dépenses (1) augmentaient chaque année et les charges allaient croissant. Il fallait à tout prix prévenir une crise financière et éviter la ruine totale du pays.

L'heure de la paix n'avait pas encore sonné. Si lord Grenville se contenta, en 1806 et 1807, d'une guerre d'intérêts avec la France, il n'en fut pas de même avec ses successeurs lord Castlreagh et lord Canning qui se hâtèrent d'intervenir à main armée sur le continent.

Cette intervention débuta par le bombardement de Copenhague « véritable attentat contre l'humanité » (1er septembre 1807), qui rendit plus étroite l'alliance franco-russe, et tout espoir d'entente s'évanouit après les explications entre lord Grenville et M. de Romanzov.

La lutte reprit alors le caractère de haine qu'elle avait eu jusqu'à Trafalgar. Aux ordonnances du Conseil du 11 novembre, Napoléon répondit le 17 décembre par le décret de Milan : « A un coup fort rude il avait à cœur de répondre par un coup plus rude encore. » Ce n'était plus seulement l'exclusion, mais la capture de tout bâtiment ayant touché sur les côtes anglaises qui était ordonnée.

Cette guerre commerciale, tout en portant un préjudice énorme aux relations de la Grande-Bretagne avec le continent européen, allait accroître la misère du peuple. Les denrées coloniales ne se vendaient plus et les manufactures se fermaient.

Peut-être le cabinet anglais eût-il fini par céder. L'invasion de l'Espagne vint à propos lui permettre d'espérer une issue favorable aux intérets dont il avait la sauvegarde.

II. *Etat militaire.* — L'armée anglaise se recrutait par enrôlements volontaires. Elle coûtait fort cher.

---

(1) Le budget de 1806 atteignit 1.500 millions et il fallut emprunter. La dette, « ver rongeur », prit des proportions inquiétantes.

Le soldat anglais aimait l'aisance ; il ne se battait bien qu'en position et lorsqu'il était bien nourri. L'armée anglaise ne connaissait pas le prix de l'activité.

Ceci nous explique le désastre de l'armée de Moore fuyant devant Soult et le peu de profit que Wellington put tirer de ses succès. A une pareille armée il fallait des domestiques, des bagages considérables.

Les soldats était mariés pour la plupart. Chaque compagnie emmenait six femmes !

C'était en petit l'armée de Xerxès !

L'infanterie était l'arme la plus solide. Les hommes étaient bons tireurs, calmes, fermes (1) dans la défensive, mais incapables, surtout au début des opérations, d'agir offensivement, « tant l'organisation de toute l'armée était paresseuse ».

L'artillerie était peu manœuvrière. Elle était d'ailleurs peu nombreuse (pièces de 5 et 6 pouces et obusiers) ; les pièces tiraient des shrapnells.

La cavalerie avait de bons chevaux ; mais ils étaient mal dressés et les hommes tenaient mal leurs montures, si mal que les charges en ligne n'avaient aucune cohésion.

Les officiers de cavalerie étaient supérieurement montés ; ils avaient du mordant et s'approchaient hardiment des colonnes françaises (2). Il était difficile de les atteindre.

Les troupes du génie n'entendaient rien à la guerre de siège (3).

---

(1) Général **Foy**, *Histoire de la Guerre de la Péninsule*, t. I, p. 228 et suiv.

(2) *Mémoires* de Marbot, campagne de Masséna en Portugal.

(3) Correspondance de Wellington ; — général **Foy**, *Histoire de la Guerre de la Péninsule*, t. I, p. 301.

CHAPITRE II

LES ERREURS DE NAPOLÉON

Napoléon, qui avait « médité depuis longtemps » sur l'Espagne, voyait en cette nation un peuple fini.

Cette idée le poussa à la conquête de la Péninsule.

La faiblesse des gouvernements de Madrid et de Lisbonne, l'état des finances et des armées de terre et de mer l'autorisaient à penser ainsi ; mais ce n'en était pas moins une erreur et l'Empereur « ne connaissait pas le peuple extraordinaire avec lequel il allait entrer en lutte (1) ».

« Si cela devait me coûter 80.000 hommes, disait-il, je ne le ferais pas ; mais cela ne m'en coûtera pas plus de 12.000..... Les pays où les moines sont nombreux se subjuguent facilement. »

Les contemporains de Napoléon professaient un certain mépris pour les Espagnols. On se moquait d'eux par habitude, et pourtant les hommes du peuple avaient été bien étudiés par quelques voyageurs.

« Il faut les manier légèrement, disait l'un d'eux (2). La contrainte les fait ressembler au verre qui ne saurait se plier qu'en se rompant et qui blesse la main de celui qui le brise.

» Ils sont vindicatifs, inexorables et ne pardonnent jamais.

---

(1) Desdevises du Dézert, *l'Espagne héroïque* (*Revue des Cours,* nº du 1ᵉʳ janvier 1903).

(2) *Relation d'un voyage* (t. II) *de Paris en Espagne et en Portugal.* (Amsterdam, 1770, publiée par M. S.)

» Ils se servent de la religion même pour abuser du nom de Dieu et se jouer de la foi jurée ; ils trouvent mille prétextes d'honneur pour rompre un traité sans infamie et mille évasions de conscience pour la violer sans scrupule (1). »

La convention signée à Baylen sera violée et tous les Espagnols applaudiront à cet acte inique. Napoléon n'a-t-il pas trompé la nation espagnole !

« Leur âme est extrêmement vaste et ils sont d'un courage à qui les difficultés n'apportent point de dégoût, ni le temps de lassitude (2). »

Et quel orgueil, quelle fierté !

« Pour être quelque chose de grand, il faut être né Espagnol ! »

« Le paysan est pauvre et mal accommodé chez lui ; mais il soutient son indigence avec un air de gravité qui impose (3). »

Il est grand seigneur, même sous les haillons.

Un homme du peuple, médiocrement instruit et de profession pacifique, disait un jour : « L'Espagnol est patient et supporte sans murmurer bien des tyrannies ; mais, quand on dépasse la limite qu'il assigne lui-même à sa patience, il se change en bête féroce (4). » Et M. Desdevises du Dézert ajoute : « Cet homme connaissait bien sa nation et résumait l'histoire de son pays avec une parfaite netteté. »

Ce sont ces bêtes féroces que nos soldats rencontreront à chaque pas en Espagne.

Et dans la bourgeoisie comme dans les monastères, il se

---

(1) P. 121.

(2) P. 126. « *Yo y el tiempo para don ostros* : Moi et le temps, nous en valons deux ! »

(3) P. 171.

(4) M. Desdevises du Dézert. *Le 2 mai 1808*. (*Revue des Cours*, du 29 janvier 1903, p. 554.)

trouvera, pour les conduire, des milliers de chefs énergiques, à qui iront d'instinct le respect et l'admiration du peuple.

Le fanatisme religieux s'en mêlera.

Tous les écrits du xviii° siècle ont été interdits en Espagne. Citer Voltaire et Rousseau est défendu. La science est tout officielle.

De là absence de raison, superstition; croyance au merveilleux, aux revenants, aux possédés.

Mais si le prêtre et le moine dirigent tout (1), il ne faut pas en conclure, avec Napoléon, qu'un pays gouverné par eux était un pays sans défense (2).

« Si les moines étaient de détestables professeurs d'humanité, de théologie et de droit civil et les ennemis jurés des sciences profanes, ils s'entendaient à merveille à enfoncer la foi dans l'âme des hommes simples, et, avec la foi, ils donnaient aux natures les plus barbares et les plus grossières une trempe indélébile.

» Napoléon pensait faire peur aux moines et par eux terroriser toute la nation; mais les moines n'eurent pas peur et soulevèrent la nation tout entière contre Napoléon (3). »

Ainsi l'Empereur se trompa grossièrement.

Ecoutons Jomini :

« La nation en masse se crut chargée de la défense de l'Etat, puisqu'il n'y avait plus d'armée ni d'autorité auxquelles on pût confier cette défense. Chacun en prit la responsabilité. Je créai l'anarchie; j'eus contre moi toutes les ressources qu'elle donne; j'eus un peuple entier sur les bras (4).

---

(1) *Mémoires d'un Apothicaire.*

(2) M. Desdevises du Dézert, *L'Espagne des moines* (*Revue des Cours*, du 8 janvier 1903).

(3) M. Desdevises du Dézert, *L'Espagne des moines* (*Revue des Cours*, du 8 janvier 1903.)

(4) *Napoléon au tribunal de César*, p. 48.

» Le mouvement fut extraordinaire (1). »

L'Empereur ne reconnut son erreur qu'en 1808, au mois de décembre (2). Il partit de *Valladolid pour Bayonne* à franc-étrier et, plein de dégoût pour cette guerre, ne reparut jamais en Espagne.

----

(1) *Napoléon au tribunal de César*, p. 52.

(2) « Il crut voir la nation espagnole en observant le gouvernement! il ne vit que la façade de l'édifice et y pénétra trop tard. » (Frédéric Masson, *Napoléon et sa famille*, t. IV, p. 213.)

CHAPITRE III

INVASION DU PORTUGAL

Napoléon, venant d'Allemagne, arrive à Paris le 27 juillet 1807. A cette date la Garde est en route pour la France et toute la Grande Armée est cantonnée entre Vistule et Oder. Des-corps d'observation gardent les côtes de la Baltique.

Le Prusse démembrée acquitte ses contributions ; l'Italie entière est à Napoléon ; les côtes et les îles de la mer Ionienne font partie de l'Empire.

En France, Napoléon dispose encore de ressources suffisantes pour tenter avec plus de succès l'expédition de 1801, à la condition qu'il ait les Espagnols pour alliés.

En mars 1807, cinq légions de réserve (1) à six bataillons ont été créées (décret d'Osterode, du 20 mars). Au mois d'avril, les conscrits de 1808 (2) affluent dans les dépôts ; mais c'est à peine s'ils compteront deux ou trois mois de service au moment de leur départ pour Bayonne.

Il existe aussi dans les camps de Saint-Lô, Pontivy et Napoléon-Vendée quelques 3e bataillons et quelques régiments au complet.

Les dépôts des régiments de cavalerie n'ont que des conscrits.

Les compagnies d'artillerie présentes dans les camps ne

---

(1) 1re légion, Lille ; 2e légion, Metz ; 3e légion, Rennes ; 4e légion, Versailles ; 5e légion, Grenoble. Ces légions furent créées après la sanglante bataille d'Eylau.

(2) Ces conscrits avaient de 19 à 20 ans. (*Récits d'un conscrit de 1808.*)

comptaient également que des jeunes soldats « qu'il fallait exercer sans relâche ». Les soldats du train d'artillerie étaient en grand nombre prussiens (1).

Les camps ont toujours été en honneur sous le premier Empire. Les troupes y devenaient assez vite manœuvrières. La division Delaborde, du corps Junot, qui ne manœuvrait jamais sans ses batteries, acquit une réputation méritée à Vimeiro et, plus tard, en Galice.

Telles étaient les ressources dont pouvait disposer l'Empereur. Elles étaient médiocres, d'autant que les cadres de ces unités nouvelles étaient loin de valoir ceux de la Grande Armée.

Le 2 août 1807, un décret ordonne la création du corps de la Gironde. Junot (2) doit être rendu à Bayonne le 20 pour en prendre le commandement.

Ce corps d'armée comprend trois divisions d'infanterie à sept bataillons (de neuf compagnies à 140 hommes). Ces bataillons appartiennent en partie à divers régiments.

La division de cavalerie Kellermann comprend un escadron de cavalerie légère et six 4es escadrons de dragons réunis deux par deux pour former trois régiments de 300 à 600 chevaux (3).

---

(1) Ces hommes étaient des prisonniers. (*Mémoires* du général baron Hulot.)

(2) Junot avait 36 ans (1771-1813). Cet ancien grenadier d'un bataillon de la Côte-d'Or était d'une extrême bravoure, mais il n'avait pas les talents d'un grand général. Il était parfois bizarre, inquiet. Il devait mourir dans un accès de fièvre chaude. Il avait été (1805) ambassadeur auprès du régent de Portugal.

(3)

	Fantassins.	Cavaliers.	Pièces.
1re division, Delaborde......	7.908	»	12
2e division, Loison	8.841	»	12
3e division, Travot.........	5.538	»	13
D. C. Kellermann..........	»	1.178	»
	22.287	1.178	36

Le matériel d'artillerie variait d'une division à l'autre, car on utili-

L'artillerie est forte de 12 pièces par division.

Le corps de Junot raffermit son instruction pendant le mois de septembre et le commencement d'octobre. Le 17 de ce dernier mois, il franchit la Bidassoa.

Traité de Fontainebleau. Marche de Junot sur Lisbonne.

A peine revenu aux Tuileries, Napoléon avait entamé des négociations avec Madrid, négociations qui avaient abouti, le 27 octobre 1807, au traité secret de Fontainebleau, signé par Duroc et Yzquierdo.

Ce traité assurait aux Français libre accès sur le territoire espagnol ; les autorités locales devaient leur fournir les vivres nécessaires ; une division espagnole devait également leur prêter appui jusqu'à Lisbonne.

Napoléon récompensait Godoï et Charles IV : le premier, en lui donnant le titre de prince des Algarves ; le second, en lui conférant le titre pompeux d'empereur des deux Amériques. Il reprenait le royaume d'Etrurie et partageait avec Charles IV les colonies portugaises.

Le corps de la Gironde avait franchi la Bidassoa avant la signature du traité. Par Vittoria, Burgos, Valladolid, il atteignit Salamanque le 12 novembre (1).

A cette date il y avait déjà des voitures traînées par des bœufs. Le départ de Bayonne avait été si précipité qu'on avait dû atteler à quatre les lourds caissons d'artillerie.

Cette marche fut mal préparée et mal conduite.

L'Empereur écrivit à Junot le 31 octobre : « Vous marchez sur seize colonnes, c'est-à-dire que votre première est

---

sait les pièces prises à l'ennemi. Le personnel comprenait deux compagnies de 80 hommes par 12 pièces.

(1) De Bayonne à Salamanque on compte 430 kilomètres ; la tête fit donc 20 kilomètres par jour, en moyenne, sans tenir compte des séjours.

partie de Bayonne le 19 octobre, tandis que la seizième ne partira que le 5 novembre. Je n'approuve pas cette marche. Vous auriez dû marcher sur trois colonnes, c'est-à-dire par division. Par ce moyen, mon armée (1) aurait été rendue à Salamanque du 10 au 12 novembre. Vous faites marcher l'artillerie à quatre jours de vos divisions et la cavalerie à quinze jours de l'armée ; faites avancer sur-le-champ toute ma cavalerie, de manière qu'elle gagne le plus possible. »

La cavalerie avait, en effet, été dispersée le long des Pyrénées pour utiliser les fourrages de la région. Elle dut prendre la queue du corps d'armée. Être toujours prêt à combattre, avoir sa cavalerie en avant, tenir son corps réuni, voilà ce que recommandait l'Empereur. Junot ne l'avait pas fait et cependant il savait que son objectif était Lisbonne et qu'il pouvait rencontrer les troupes portugaises à la fin de novembre. Avec 30.000 hommes échelonnés sur une profondeur de 200 kilomètres, il était incapable de tout effort sérieux.

« Il faut, lui écrivait Napoléon le 17 octobre, que vous soyez à Lisbonne le 1er décembre comme ami ou comme ennemi. » Le 31 octobre, il ajoutait que la tête du corps d'armée devait atteindre Alcantara le 20 novembre. Cette date avait d'abord été fixée au 26.

Ces instructions durent parvenir à Junot au commencement de novembre. En supprimant les séjours, en doublant les étapes, les divisions de queue et la cavalerie ne purent que serrer légèrement. Les fatigues furent extrêmes (2).

Le calcul de l'Empereur, en tant que distance, était juste.

---

(1) Le corps d'armée marcha comme pour un changement de garnison. (*Relation de l'expédition du corps Junot*, par le général Thiébaut.)

(2) *Souvenirs* du général baron Hulot, commandant l'artillerie de la 1re division.

De Salamanque à Alcantara il y a 50 lieues, soit neuf jours de route ; mais l'Empereur ne comptait malheureusement pas (1) : 1° avec la fatigue de jeunes soldats mal nourris et épuisés par de longues étapes ; 2° avec l'épuisement des attelages ; le foin est rare en Castille et les chevaux n'étaient pas habitués à l'orge et au blé ; 3° avec les difficultés d'un pays sans route entretenue.

Les désirs de Napoléon étaient des ordres.

Le 13 novembre, la 1re division s'ébranla par un temps affreux sur la route de Ciudad-Rodrigo à Alcantara, et fit une longue étape qui éreinta hommes et chevaux. Les autres divisions étaient loin en arrière. A partir de ce moment les liens de la discipline se relâchèrent, l'infanterie abandonna ses caissons et ce ne fut plus qu'une bande vivant de maraude.

La traversée de la sierra de Gata, au milieu de tempêtes terribles, augmenta la confusion. A Ciudad-Rodrigo on n'avait trouvé aucune ressource ; jusqu'à la Moraleja il fut impossible d'organiser une distribution.

Le 20 novembre, la 1re division atteignit Alcantara. Toute l'armée était épuisée ; la cavalerie n'avait plus de montures et l'artillerie de la division Delaborde était seule en état d'agir.

Sur le Tage, on trouva huit bataillons espagnols qui suivaient la rive gauche du fleuve, mais il ne fallait pas les compter comme un appui sérieux. L'embarras était extrême, car avec des moyens presque nuls on ne pouvait songer à lutter contre un ennemi quelconque, si faible fût-il.

Deux routes mènent d'Alcantara à Lisbonne : l'une par Castello-Branco, à travers les montagnes arides de la Beïra ;

---

(1) L'Empereur ne disposait que de mauvaises cartes, celles de Lopez ; il ne pouvait pas se rendre compte de la nature du pays et de l'état des chemins.

l'autre par l'Alentejo. Cette dernière est plus longue, mais traverse un pays plus riche.

Junot n'hésita pas. Il était dans sa nature de suivre ponctuellement, même au prix des plus grands sacrifices, les ordres qu'il avait reçus.

Le 20 novembre, après avoir laissé les 2e et 3e divisions à Alcantara pour se refaire, il se remit en marche par des sentiers atroces et atteignit Abrantès le 24 novembre (25 lieues par un temps affreux) avec l'infanterie de la division Delaborde. L'artillerie (1) de cette division mit douze jours pour aller du pont de Segura à Abrantès. La cavalerie ne comptait plus.

Le 27 novembre 1807, Junot, à la tête de quelques centaines d'hommes incapables du moindre effort, déguenillés et mal armés, approchait de Lisbonne où il entrait le 30 sans coup férir. Déjà le régent avait pris la fuite avec la cour et mis à la voile pour le Brésil (2).

Cet acte audacieux sauva l'armée dont les éléments purent se rallier. Junot fut successivement rejoint par les autres divisions, qui durent traverser des contrées inondées, et par l'artillerie transportée sur des bateaux.

Pendant ce temps les troupes espagnoles, exécutant les clauses du traité de Fontainebleau, occupaient l'Alemtejo et la vallée du Douro.

Malgré les dispositions vicieuses du début, cette campagne se terminait ainsi heureusement.

L'excuse de Junot est de ne pas avoir été mis suffisamment au courant des projets de l'Empereur. Ceci est si vrai que l'état-major du corps d'armée entra en Espagne avec la treizième colonne !

---

(1) Les canonniers vécurent de glands et de miel. Plusieurs tombèrent épuisés en arrivant à Abrantès.

(2) Le 4 décembre, la 2e division entra à Lisbonne avec l'artillerie de la 1re division.

Quand l'ordre arriva d'accélérer la marche, les brigades de queue doublèrent les étapes ; puis des marches forcées permirent d'arriver à Salamanque en huit colonnes à un jour de distance l'une de l'autre.

L'expédition avait été mal préparée. Tout se fit à la hâte et les services n'eurent pas le temps de s'organiser.

Le service de l'alimentation ne le fut pas du tout. C'était le moindre des soucis de l'Empereur et nous aurons l'occasion de constater les funestes résultats du système des réquisitions. Il écrivait le 5 novembre 1807 à Clarke : « Je n'entends pas que, sous prétexte de manque de vivres, sa marche soit retardée d'un jour. Cette raison-là n'est bonne que pour des hommes qui ne veulent rien faire ; 20.000 hommes vivent partout, même dans le désert. »

Mais l'Empereur avait calculé juste en ordonnant à Junot de marcher rapidement. Le moindre retard eût été une faute irréparable ; car, si les Anglais avaient eu le temps d'occuper Lisbonne, il aurait fallu faire appel à la Grande Armée pour les en chasser.

C'est pour des raisons militaires et politiques que Lisbonne fut pris pour objectif.

En admettant une résistance, elle devait se produire vers Lisbonne, non ailleurs.

CHAPITRE IV

L'OCCUPATION DE MADRID

I

Organisation de la première armée d'Espagne.

Quelques jours avant le départ de Junot, Napoléon avait organisé un corps à trois divisions et une réserve de cavalerie.

Le général Dupont (1) commandait ce nouveau corps appelé le « 2ᵉ corps de la Gironde ».

Chaque division comptait 12 pièces (2).

Les légions de réserve (deux à trois bataillons à huit compagnies, sans grenadiers ni voltigeurs) formaient le fond de l'infanterie. Ces légions ne comptaient que des conscrits ; mais les Suisses, les marins de la Garde et les gardes de Paris étaient des corps excellents. Ces troupes d'élite étaient réparties dans chaque division.

---

(1) Dupont (1765-1840) avait été fait comte de l'Empire le 4 juillet 1808.

(2) Composition du corps Dupont :

	Hommes.	Chevaux.	Pièces.
1ʳᵉ division, Barbou........	7.836	»	12
2ᵉ division, Vedel..........	6.884	»	12
3ᵉ division, Frère..........	5.204	»	12
Division de cavalerie, Frésia.	3.300	3.006	»
	23.224	3.006	36

Le vice de cette organisation est flagrant ; l'instruction des soldats est à peine ébauchée et les cadres sont médiocres (conscrits de 1808, en route pendant deux ou trois mois et nombre d'officiers réformés).

Le 5 novembre 1807, un nouveau corps d'armée, appelé « corps d'observation des côtes de l'Océan », à trois divisions, était mis sous les ordres de Moncey.

Les divisions (1) de ce corps d'armée furent formées de régiments provisoires à quatre bataillons de quatre compagnies, chacune de 150 hommes. Elles comprenaient des conscrits (2) provenant de divers régiments.

La 1re division fut organisée à Metz, la deuxième à Nancy, la troisième à Sedan.

La cavalerie, sous les ordres de Grouchy, comprenait deux brigades provisoires de récente formation ; les escadrons se formaient de compagnies isolées venant de tous les dépôts de l'Empire.

Comme pour les corps Junot et Dupont, rien n'avait été préparé pour une entrée en campagne ; l'habillement, l'équipement et le matériel laissaient à désirer, malgré les ordres de Napoléon.

Les cadres étaient « ou trop vieux ou trop jeunes » ; il y avait peu de sous-officiers et peu d'étoffe pour en faire ; la cavalerie n'avait que de jeunes soldats et de jeunes chevaux. « Ni l'esprit de corps, dit le général Foy, ni les souvenirs de la gloire acquise ne vivifiaient ces agglomérations formées la veille. »

« L'armée, disait le général Belliard, est un corps sans

---

(1) 1re division, général Musnier ; 2e division, général Gobert ; 3e division, général Morlot.

(2) « Son armée (corps Moncey), composée de régiments provisoires, formés de compagnies de régiments différents et organisés à la hâte, avec des conscrits jeunes, faibles et malingres, peupla promptement les hôpitaux. » (Journal du lieutenant de Castellane.)

âmes, une pétaudière.....; on est de pièces et de morceaux ; il n'y a point d'esprit de corps. »

Les troupes (plusieurs bataillons furent transportés en poste) arrivèrent en piteux état à Bayonne, car il avait fallu se hâter et supprimer les séjours. Les événements se précipitaient. (Lettre à Clarke, du 11 novembre.)

A la même époque, plusieurs régiments napolitains de qualité médiocre entraient en France par le mont Cenis.

L'acheminement de toutes ces forces sur Bayonne et Perpignan, l'armement des places frontières, la fabrication de 500.000 rations de biscuit, tout se faisait secrètement.

Les Pyrénées formaient un masque à l'abri duquel se concentrait hâtivement une armée peu homogène, sans instruction militaire, assez puissante cependant, dans l'esprit de l'Empereur, pour assurer la réalisation de son rêve.

II

Intrigues au sein de la cour d'Espagne.
Dispositions prises par l'Empereur.

On sait qu'à la fin d'octobre 1807 Charles IV annonça à Napoléon le prétendu complot tramé contre le roi et la reine et le commencement du procès intenté à son fils Ferdinand.

Godoï tenait, dans l'intérêt de sa propre famille, à écarter ce prince de la cour ; il intriguait même pour changer l'ordre de successibilité au trône (1).

Le prince des Asturies (2) livra lâchement ses amis aux

---

(1) Godoï avait épousé une princesse royale, nièce de Charles IV.
(2) L'aîné des infants d'Espagne prend toujours ce titre.

vengeances de sa mère, s'adressa à Napoléon pour lui demander la main d'une princesse Bonaparte et le pria de le soutenir dans sa lutte contre le favori.

Après la réconciliation du père et du fils, l'Empereur devint, dans l'esprit du peuple, le sauveur du prince des Asturies.

« S'il était en Europe, dit un historien, un lieu fait pour présenter dans tout ce qu'il a de plus hideux le spectacle de la corruption des cours, c'était assurément l'Espagne. »

Pendant ces querelles intestines, le corps Dupont s'était avancé sur la route de Burgos ; la division Barbou était entrée à Vitoria sans que la cour en fût informée et 3.000 à 4.000 hommes destinés au corps Junot s'étaient portés sur Salamanque.

Ces troupes, disait l'Empereur, étaient destinées à renforcer le corps du Portugal. En réalité elles avaient Madrid pour objectif et elles étaient prêtes à s'y porter au premier signal.

Napoléon partit alors pour l'Italie ; mais il ne cessa de surveiller les actes des souverains d'Espagne. Il envisageait « très sérieusement l'hypothèse de rattacher à son système la maison d'Espagne au moyen d'une alliance de famille », et il ne cessait de harceler Lucien pour disposer de sa fille (1).

Le 6 décembre 1807, il écrit de Venise à Clarke : « Donnez ordre au général Dupont d'avoir, le 20 décembre, son quartier général à Vitoria, de manière à avoir, du 20 au 25, tout son corps d'armée entre Vitoria et Burgos, en le plaçant suivant les circonstances.

» Son langage doit être qu'il est destiné à soutenir le général Junot et que l'on sait que les Anglais méditent une grande expédition contre Lisbonne. »

_____

(1) Frédéric Masson, *Napoléon et sa famille*, t. IV, p. 206.

Suivent les ordres :

1° De rapprocher de Bayonne le corps Moncey ;

2° De n'envoyer à Junot que les 3.000 hommes arrivés à Salamanque, « si c'est nécessaire » ;

3° De réunir le 20 décembre, à Saint-Jean-Pied-de-Port, la division d'observation des Pyrénées occidentales (général Mouton).

Le 13 décembre, les instructions se précipitent et les vues de l'Empereur se précisent.

Il écrit à Clarke :

« Donnez l'ordre à Dupont d'être en entier, le 10 janvier, à Valladolid et de tenir des détachements à Salamanque, comme pour se porter sur la route de Lisbonne. Il réunira à Valladolid tous les moyens possibles. »

Suivent les ordres :

1° De transporter à Vitoria 500.000 rations de biscuit ;

2° De concentrer, le 12 janvier 1808, le corps Moncey à Vitoria ;

3° De former la division des Pyrénées orientales (1) ;

4° De faire rejoindre en poste tout le personnel administratif manquant.

Toutes les troupes en marche étaient passées en revue par le général Mouton à qui Napoléon avait écrit :

« Parcourez les camps des troupes françaises ; prenez des renseignements sur la situation des places fortes espagnoles, sur les mouvements qui s'y font, sur l'opinion publique. Envoyez-moi des rapports sur la situation de mes troupes. »

Aux corps déjà arrivés, l'Empereur ajouta une réserve qui fut constituée avec des bataillons provisoires à Orléans, sous les ordres du général Verdier. Le lendemain, 13 janvier, il donna l'ordre de constituer une division de cava-

---

(1) Cette division était remplie d'Italiens indisciplinés.

lerie de 3.000 sabres ; il en donna le commandement au général Lasalle.

Le 28 janvier, il écrivit à Clarke de faire partir le corps Duhesme. Le général devait faire connaître au gouverneur de la Catalogne que sa mission était de marcher sur Cadix, où notre flotte était menacée !

Dans la même lettre il ordonnait à Moncey d'avoir, pour le 10 février, son quartier général à Burgos, d'y avoir également deux divisions et de pousser la troisième jusqu'à Aranda, sous prétexte de ménager le pays.

Les mouvements prescrits étant exécutés, l'armée d'Espagne était ainsi répartie :

Corps Dupont, à Valladolid, prêt à marcher sur les défilés de la Guadarrama ;

Corps Moncey, échelonné de Burgos à Vitoria, avec avant-garde à Aranda, sur la route de Buytrago ;

Division Merle, à Saint-Jean-Pied-de-Port ;

Division Duhesme, en Catalogne.

Réserve, en route pour Bayonne.

Napoléon était ainsi maître de la Vieille-Castille. Ses corps étaient échelonnés en vue de marches rapides et les avant-gardes étaient à une marche des cols de la sierra de Guadarrama.

III

Projets de Napoléon sur l'Espagne. Arrivée de Murat à Madrid.

Napoléon était revenu à Paris, le 1er janvier 1808, avec la ferme intention d'en finir au plus vite.

En 1793, il avait remis à la Convention un mémoire où il disait : « Il ne peut entrer dans une tête froide de prendre Madrid. Ne frappez jamais l'Espagne ! »

Le Napoléon de 1808 avait oublié Bonaparte (1).

« De gré ou de force, l'Espagne devra devenir une des puissances feudataires du Grand-Empire (2). »

Alors commença la série d'intrigues qui devaient aboutir à l'abdication de Charles IV et du prince des Asturies.

N'ayant aucune raison pour agir brutalement, il commença par terroriser la famille royale pour la décider à fuir lâchement en Amérique et à lui abandonner ainsi la couronne.

Ces moyens étaient misérables.

« Ce sont les événements de Bayonne, s'écriera Napoléon à Sainte-Hélène, qui ont détruit ma moralité en Europe! »

A partir du jour où l'Empereur est de retour aux Tuileries, les mesures militaires se précipitent. Le 21 janvier, 80.000 hommes de la classe 1809 sont appelés par anticipation.

Le 18 février, un 5e bataillon est créé dans chaque régiment d'infanterie; des ordres sont donnés pour compléter à cent caissons (3) les parcs des corps Dupont et Moncey (lettre à Clarke) et doter ce dernier corps de 42 pièces.

Quelques jours après (20 février), Murat, choisi après mûre réflexion parce qu'il est avisé, capable de dissimulation et de diplomatie (4), est nommé général en chef; il arrive à Bayonne le 26 février. Le 25, un aide de camp de l'Empereur, M. de Tournon, est envoyé en mission pour examiner de près les troupes et se rendre compte de l'esprit des populations. Des détachements de la Garde, sous les ordres de Lepic, ont ordre d'arriver à Burgos dans les premiers jours de mars.

Le 6 mars, l'Empereur donne l'ordre à Murat d'être le

---

(1) Colonel Clerc, *la Capitulation de Baylen.*
(2) Frédéric Masson, *Napoléon et sa famille*, t. IV, p. 211.
(3) Chacun de ces corps a un double approvisionnement en munitions.
(4) Frédéric Masson, *Napoléon et sa famille*, t. IV, p. 229.

12 à Burgos et d'y diriger la Garde, qui pourra y arriver le 14 avec dix à douze jours de pain.

A cette date, ajoute-t-il, le corps Moncey sera ainsi échelonné :

Corps Moncey.

Avant-garde sur la route de Buytrago ; 1re division, 18 pièces ; quartier général, à Aranda ;

2e division, à Lerma ;

3e division, à Burgos.

Le même jour, le corps Dupont occupera les emplacements ci-après :

Corps Dupont.

Avant-garde, 1re division, 18 pièces ; quartier général, à Valladolid ;

2e division, à Cabezon ;

3o division, une demi-étape au nord de Valladolid.

Toutes les troupes auront douze jours de biscuit.

Les équipages de l'Empereur, « qui a l'intention de suivre l'un ou l'autre, selon ces circonstances, suivront ces deux corps ».

« Activez le mouvement, ajoutait-il, de manière que le corps Moncey puisse s'emparer le plus tôt possible des montagnes qui séparent Burgos de Madrid. »

Puis il revient fiévreusement au corps Moncey qui, le 13, devra tenir son avant-garde à une étape d'Aranda, avoir sa 2e division à Aranda et sa 3e division auprès de la même ville.

Ce corps d'armée devra être prêt à partir le 14, « abondamment pourvu de vivres, la cavalerie en tête ».

Napoléon prévoit tout, dicte tout et rédige l'ordre préparatoire de marche pour le corps Moncey échelonné comme le corps Dupont pour exécuter des marches accélérées ;

les avant-gardes s'approchent des montagnes pour s'emparer des débouchés en Nouvelle-Castille.

Le 9 mars, nouvelles instructions à Murat pour lui annoncer :

1º L'arrivée prochaine (15 au 16 mars), de la division Merle (division des Pyrénées occidentales) et d'un régiment de marche à Vitoria ;

2º Celle de la division Verdier (21 mars) et de quatre régiments de marche (de cavalerie), à Bayonne ;

3º Celle de la deuxième partie de la Garde (fusiliers et cavaliers), à Bordeaux.

« Ce qui formera sur mes derrières une réserve assez considérable, maintiendra ma communication avec Madrid (Madrid est donc bien l'objectif à atteindre !) et fera face aux troupes espagnoles de Galice. »

Cette réserve devait être commandée par Bessières et former le corps des Pyrénées occidentales.

« Moncey, précédé de sa cavalerie, passera le 19 la Somo-Sierra, sauf la 3ᵉ division qui la passera le 20 ; le 21, tout le corps sera réuni à une marche au delà de la montagne.

» Dupont sera le 19 à l'embranchement des chemins de Ségovie et de Saint-Ildefonse avec celui de Madrid ; il liassera une division à Valladolid pour observer..... »

Ces instructions résument la doctrine de l'Empereur basée sur l'économie des forces :

1º Se couvrir par un détachement en observation du côté le moins dangereux, de façon que la masse puisse agir contre l'objectif principal ;

2º Coordonner les efforts des colonnes ;

3º S'échelonner sur la route de marche, afin de pouvoir marcher vite ;

4º Avoir toute la cavalerie à l'avant-garde.

Murat arrive le 10 mars à Vitoria où il est bien reçu. Le 12 mars il écrit de cette ville : « Je ne dois pas dissimuler à Votre Majesté que nos jeunes gens ne sont pas trop en état et qu'ils sont en général mal commandés, c'est-à-dire que la composition des officiers est mauvaise..... »

Déjà il avait écrit de Bayonne, à minuit, le 27 février 1808 : « J'envoie des aides de camp en reconnaissance ; les corps n'ont ni marmites, ni bidons : les deux tiers des soldats ont la gale (1).

Les lettres succèdent aux lettres. Les états-majors manquent, dit-il, et les corps n'ont pas les objets nécessaires pour entrer en campagne.

Napoléon, toujours impénétrable pour son lieutenant, ne lui a rien confié de ses desseins ; il se contente de lui annoncer son arrivée prochaine. Mais il effraye le roi Charles IV, qui se décide à fuir en Amérique.

Le départ de la cour pour Cadix était fixé au 15 mars, mais le peuple et la garnison s'y opposèrent (18 mars). Godoï faillit être égorgé et le roi dut signer son abdication en faveur de son fils.

Ce fut la révolution d'Aranjuez.

L'Espagne avait un nouveau roi, Ferdinand VII.

Ce grave événement se produisait au moment même où les corps de Dupont et Moncey franchissaient les montagnes. La tête des deux colonnes était à une marche de la capitale, où Murat entrait le 23 mars, aux cris de : « Vive l'Empereur ! » Il avait promis à Napoléon de lui envoyer le prince de la Paix et celui des Asturies. (Lettre du 19 mars.)

---

(1) **Murat en Espagne, sa** Correspondance.

CHAPITRE V

L'ABDICATION DES BOURBONS.
CAUSES DE L'INSURRECTION GÉNÉRALE

I

L'esprit des populations. Départ de la cour pour Bayonne.

Au lendemain de la crise d'Aranjuez, que Napoléon avait préparée (1), les Espagnols durent ouvrir les yeux. Murat ne reconnut pas l'autorité de Ferdinand VII et dès lors ils comprirent qu'ils étaient trompés. Leur attitude (2) changea complètement à l'égard de ceux qu'ils avaient jusqu'à ce jour considérés comme des alliés.

Dans la capitale même les esprits étaient surexcités et les exigences des Français (le 3 avril ils ont réclamé des vivres, des souliers, etc.) n'étaient pas faites pour les calmer. Les froissements se multipliaient. Murat, dont le costume « de théâtre » (3) étonnait les officiers eux-mêmes, était considéré comme un hypocrite et, pour protester

---

(1) Napoléon à Champagny, 9 et 23 mars.
Dépêche de Henry, chargé d'affaires de Prusse (4 avril, Aff. étr. Espagne, vol. 674).
(2) Beauharnais, notre ambassadeur, à Champagny, 3 et 7 avril 1808 (Aff. étr., vol. 674, Espagne).
(3) Journal de Castellane, p. 14.

contre ses agissements, les Madrilènes quittaient l'église lorsqu'il y rentrait.

Pendant ce temps Charles IV, qui regrettait amèrement son abdication, sollicitait l'appui de l'Empereur contre son fils, déclarant qu'il n'avait cédé qu'à la force.

Savary, envoyé à Madrid par Napoléon, intervint alors pour presser Ferdinand de se rendre à Bayonne afin de plaider sa cause auprès de l'Empereur. C'était se jeter dans la gueule du loup. Néanmoins, malgré les conseils d'Urquijo (1), Ferdinand partit.

Savary (2) escortait son prisonnier.

Le 20 avril, Ferdinand arrivait à Bayonne et, le même jour, Savary l'informait que Napoléon était décidé à mettre un prince de sa maison sur le trône d'Espagne.

Le 26, le prince de la Paix, sauvé par les Français, arrivait à son tour. Le 30, Charles IV et sa femme rejoignaient leur fils.

Alors que les vieux souverains, attirés dans un guet-apens, couraient sur la route de France pour faire Napoléon juge de leurs querelles avec leur fils, « s'en remettant à lui », que se passait-il à Madrid ?

Murat passait des revues, exerçait les troupes et maintenait une sévère discipline.

Mais la surexcitation des esprits était à son comble. Les querelles entre soldats et habitants étaient fréquentes. Près de Madrid, un officier de la 1re légion de réserve fut même assassiné par un curé, son hôte (3).

Le 1er mai, à la parade, Murat fut sifflé. C'est que le bruit s'était répandu qu'il avait invité la Junte laissée par Ferdinand pour gouverner en son absence à faire partir pour

----

(1) Urquijo (1768-1817,, mort à Paris.
(2) Savary (1774-1833).
(3) *Mémoires d'un conscrit de* 1808, p. 64.

Bayonne la reine d'Etrurie et l'infant don Francisco de Paula (14 ans, frère du roi).

Le peuple çomprenait l'odieuse politique de Napoléon.

II

Le 2 mai.

Le 2 mai au matin, la vue de deux carrosses fut le signal de l'émeute.

Ce fut une traînéè de poudre dans Madrid.

Murat fit converger les troupes sur la capitale et, vers 3 heures du soir, le calme était revenu dans les rues. Une députation d'officiers français et de membres de la Junte avait parcouru les rues *sin etiqueta*, pêle-mêle, pour inviter le peuple au calme.

Dans la nuit, Murat fit fusiller des prisonniers pris les armes à la main.

Aussi le *Dos de mayo* est-il une date dont on se souvient encore à Madrid.

Le lendemain, Murat, tout fier de son triomphe, dit à O'Farill (1) : « La journée d'hier donne l'Espagne à l'Empereur », et O'Farill de répondre : « Dites plutôt qu'elle la lui enlève pour toujours ! »

C'était O'Farill qui avait raison.

Le 2 mai fut le signal de l'insurrection générale. Le nombre des tués fut considérablement grossi et, l'imagination aidant, le bruit se répandit que Murat avait fait assassiner plus de 2.000 prisonniers (2) !

---

(1) O'Farill, né à la Havane (1754-1831), voulait des réformes : il fut ministre de Ferdinand, puis de Joseph et se retira à Paris en 1814.

(2) Proclamation de la Junte des Asturies, 26 mai.

Cette insurrection servait Napoléon, qui écrivait à Cambacérès : « Les coups de canon du 2 mai ont assuré le pavillon de la dynastie nouvelle (1) ! »

Fatale illusion !

III

L'abdication des Bourbons.

Au lendemain de cette émeute, Murat fit partir pour Bayonne les infants restés à Madrid.

Le 4 mai, il se présenta à la Junte (2) pour la présider.

Le 7, il était nommé lieutenant général et, quelques jours après, il était avisé que Charles IV (5 mai) et Ferdinand avaient abdiqué en faveur de Napoléon après avoir accepté une rente et les châteaux de Compiègne et de Valençay (3).

La Junte se refusa d'abord à enregistrer les décrets de renonciation ; elle avait reçu de Ferdinand deux décrets datés du 5 mai : le premier, donnant à la Junte des pouvoirs illimités ; le second, conférant au Conseil de Castille le droit de convoquer les Cortès.

Mais, en face des baïonnettes françaises, la Junte jugeait bientôt toute résistance inutile ; d'ailleurs les décrets de Ferdinand semblaient nuls puisqu'ils étaient antérieurs à son abdication en faveur de Napoléon.

---

(1) Lettre du 15 mai.

(2) Cette Junte avait été laissée à Madrid par Ferdinand pour gouverner en son absence. L'infant D. Antonio la présidait.

(3) Les infants signèrent un acte de renonciation à Bordeaux (12 mai). Ces actes d'abdication et de renonciation sont contenus dans l'Exposé des moyens employés par Napoléon pour usurper la couronne, par don Pedro Cevallos (Paris, avril 1814).

Le 12 mai, après bien des hésitations comme toujours, Murat obtint du Conseil de Castille un vœu favorable, mais conditionnel (1), à la nomination de Joseph.

Le 11 juin, le même Conseil faisait publier le décret impérial du 6 juin qui donnait à Joseph la couronne d'Espagne. De Bordeaux, Ferdinand engageait les Espagnols à accepter leur nouveau maître et à se résigner !

IV

La Constitution de Bayonne.

L'Empereur voulait donner à l'usurpation de la couronne d'Espagne l'apparence de la légalité et faire croire à toute l'Europe que les Espagnols avaient désiré le roi de Naples pour succéder aux Bourbons.

Il pensait tromper aussi les nouveaux sujets de son frère !

Par son ordre une grande assemblée de cent cinquante hauts personnages espagnols devait se réunir à Bayonne le 15 juin, sous la présidence d'Azanza, ancien ministre de Ferdinand.

Le décret de convocation parut dans le *Moniteur* du 24 mai.

Les députés qui se rendirent à Bayonne félicitèrent, par ordre, le roi Joseph ; ces félicitations avaient reçu au préalable l'approbation de l'Empereur.

Joseph avait, il faut l'avouer, produit bonne impression et Cevallos (2), un patriote, écrivait : « J'ai eu l'honneur

---

(1) Le Conseil de Castille disait qu'il voulait bien émettre un vœu favorable, mais dans le cas seulement où les renonciations de Charles IV et de Ferdinand seraient valables.

(2) *Mémoires* de Jourdan, p. 35.

d'être présenté au roi qui était arrivé hier de Naples et je crois que sa seule présence, sa bonté et la noblesse de son cœur, qu'on découvre à la première vue, suffiront pour pacifier les provinces, sans avoir recours aux armes. »

Le 15 juin, le congrès de Bayonne ouvrit sa session. Le 7 juillet, la Constitution était définitivement adoptée, mais par une assemblée n'ayant aucune qualité pour la faire accepter par le peuple espagnol.

Sur les cent cinquante députés, un grand nombre ne se présenta pas ; on fit voter et signer les Espagnols venus à la suite de Ferdinand.

Joseph constitua immédiatement son ministère : Urquijo (secrétaire d'Etat), O'Farill (guerre et marine), Cabarus (1) (finances), Azanza (2) (colonies).

Le 9 juillet, il entra dans son nouveau royaume.

------

(1) Célèbre financier espagnol (1752-1810), qui avait rendu de sérieux services à l'Etat. Il était originaire de Bayonne.

(2) Azanza (1746-1826) ; ancien vice-roi du Mexique, ami de la France, où il mourut.

CHAPITRE VI

INSURRECTION GÉNÉRALE

I

Précautions prises par Napoléon en avril et mai 1808.

Pendant que les Bourbons d'Espagne couraient à leur perte et qu'une Junte acceptait, par ordre, un roi français, l'Empereur avait pris quelques précautions contre le soulèvement qu'il prévoyait (1), mais qu'il pensait — pure illusion — pouvoir réprimer facilement.

Le 1er avril, il avait assigné aux troupes leurs emplacements (lettre à Murat, de Saint-Cloud) :

« Dupont doit se trouver à Tolède, en position sur le chemin de Cadix à Badajoz.

» Donnez à Dupont un régiment de dragons ot un de hussards.

---

(1) M. Thiers pense que le grand-duc de Berg fut sur le point d'être désapprouvé par Napoléon. Il cite cette fameuse lettre (dont nous donnons des extraits) du 29 mars, qui, d'après lui, ne dut point être remise :

« L'aristocratie et le clergé sont les maîtres de l'Espagne. S'ils craignent pour leurs privilèges et leur existence, ils feront contre nous des levées en masse qui pourront éterniser la guerre.

» Votre entrée à Madrid, en inquiétant les Espagnols, a puissamment servi Ferdinand.

» Si la guerre s'allumait, tout serait perdu. »

» Avec la 1re division et 12 à 18 pièces, il aura plus de 8.000 hommes. Il sera ainsi à même d'éclairer la route de Cadix et de Badajoz.

» Je désire que mes troupes soient campées autour de Madrid et qu'elles complètent tous les jours leur instruction. »

Quelques jours plus tard, il passait en route l'inspection d'un régiment provisoire et constatait que les hommes étaient « mal habillés » et que « les officiers manquaient ».

Son premier soin, en arrivant à Bayonne, fut d'inspecter les magasins, de presser l'instruction des troupes, de faire confectionner des chaussures et d'organiser la ligne d'étapes.

« Je suppose, écrivait-il à Murat, que les troupes s'exercent deux à trois fois par jour, qu'on fait faire de l'exercice à feu et tirer à la cible.

» S'il y avait des mouvements en Espagne, ils ressembleraient à ceux que nous avons vus en Egypte (!). Ainsi il faut tenir vos troupes réunies et faire marcher les convois en grande force. » (Lettre du 15 avril 1808.)

Le 15 et le 16 avril, il écrivit à Bessières (1) de tenir ses troupes réunies et de diriger sur Madrid la majeure partie de sa cavalerie.

« Point de garnisons, point de petits paquets. Il ne doit y avoir de Français qu'à Vitoria, Burgos, Aranda et Hernani.

» Tous les isolés seront retenus à Bayonne.

» En cas d'insurrection générale, les postes, établis toujours à l'abri, se replieront sur la masse.

» C'est à Madrid que les événements se passeront. C'est là le centre des Espagnols. Autour de cette capitale se trouvent les grandes plaines. »

---

(1) Bessières était à Burgos.

Madrid n'est point le centre des Espagnols. En cela Napoléon se trompait.

Il supposait que l'occupation de la Castille suffirait pour arrêter le mouvement insurrectionnel s'il se produisait et cette erreur jointe à son ignorance du caractère espagnol lui avait donné pleine confiance dans des moyens insuffisants.

Il lui eût fallu plusieurs corps de la Grande Armée et un lieutenant autrement énergique que son frère. Une armée faible, un prince sans le caractère nécessaire dans les circonstances aussi graves, voilà ce qu'il voulait opposer à tout un peuple qui allait entreprendre une guerre nationale et religieuse (1).

César opposa à la Gaule révoltée ses plus belles légions et surtout il ne confia pas à d'autres qu'à lui-même leur commandement et leur direction.

II

Enthousiasme populaire. — Les Juntes.

Les événements du 2 mai avaient surexcité les esprits au plus haut point ; l'abdication de Ferdinand fut le signal d'une prise d'armes générale aux cris de : « Vive Ferdinand ! mort aux Français ! »

La Junte des Asturies osa la première déclarer la guerre à Napoléon (25 mai) ; le 30, deux de ses membres, don Andrès de la Vega et le comte de Toreno, partaient pour Londres, où ils étaient reçus avec enthousiasme, ainsi que l'envoyé de la Junte de Galice.

---

(1) Colonel Clerc, *la Capitulation de Madrid*, p. 51.

Ces deux provinces eurent bientôt 40.000 hommes sous les armes !

A Santander, c'était l'évêque qui se mettait à la tête du mouvement (26 mai), et 5.000 hommes, paysans et miliciens, allaient occuper les défilés de Reynosa.

En Castille, à Valladolid, à Léon, partout régnait le même enthousiasme.

Sur tous les points de la Péninsule l'élan était général et le peuple obligeait les autorités à se mettre à sa tête. Cuesta, à Valladolid, dut consentir à guider l'insurrection ; plusieurs chefs indécis furent égorgés (capitaine général de la Galice, Corregidor de Jean, général Solano à Séville, capitaine général de Murcie, gouverneur de Tortose, etc.).

Le 27 mai, une Junte s'installa à Séville et s'intitula Junte suprême. Le 31, elle proclamait Ferdinand VII, envoyait des messagers en Amérique et entrait en pourparlers avec l'Angleterre. Le 6 juin, elle déclarait solennellement la guerre à Napoléon.

Quelques jours plus tard, la flotte de l'amiral anglais Collingwod bloquait celle de l'amiral Rosilly dans Cadix et l'obligeait à se rendre à discrétion (14 juin).

A Valence, il y eut encore plus de fureur dans la vengeance. Le peuple, conduit par le chanoine Calvo, envahit la citadelle et immola trois cents Français.

A Saragosse, le peuple déposa le capitaine général et nomma à sa place D. José Palafox, qui revenait de Bayonne. Le 9 juin, les Cortès d'Aragon se réunirent à Saragosse pour préparer la défense de la ville et de la province.

La Catalogne, malgré l'occupation de sa capitale par Duhesme, courut aux armes. Une Junte s'installa à Lérida.

Les provinces basques, privées de leurs places les plus importantes que la ruse avait livrées aux Français, ne purent s'agiter ; mais des bandes étaient prêtes à se former au moment opportun et à participer à la destruction de l'ennemi commun.

Quant au Portugal, il suivit l'exemple de l'Espagne. Une Junte se forma à Oporto et donna le signal de l'insurrection.

Ainsi tout un peuple, uni pour la vengeance, avait pris les armes pour son roi, son Dieu et sa patrie!

« Ce n'étaient ni des forteresses ni des armées qu'il fallait vaincre en Espagne, mais le sentiment un et multiple dont le peuple entier était pénétré. C'était à l'âme de tous et de chacun qu'il fallait frapper, retranchements où les boulets et les baïonnettes ne sauraient atteindre. (1) »

III

Opérations dans le nord de l'Espagne.

Au mois de mai 1808, le corps des Pyrénées occidentales, dont le quartier général était à Burgos, était réparti en plusieurs groupes. La division de cavalerie Lasalle (2), attachée à ce nouveau corps d'armée, était en route pour Burgos. A ce corps étaient attachées la brigade mixte d'Agoult à Pampelune et la garnison de Saint-Sébastien (2.000 à 3.000 hommes).

La réserve générale établie à Burgos était composée des fusiliers de la Garde.

Soumission de Logrono. — Logrono et Calahorra étaient, à proximité de notre ligne d'opérations, des foyers d'insurrection redoutables. Une Junte s'y était réunie.

Conformément aux ordres de l'Empereur du 11 mai, le

---

(1) De Rocca, *Mémoires sur la Guerre d'Espagne*, p. 278.
(2) Comte de Lasalle (1775-1809).

général Verdier marcha sur Logrono avec deux bataillons et 150 chevaux. Il culbuta les insurgés, rétablit les autorités et revint à Vittoria où sa présence était nécessaire.

L'armée d'Espagne allait heureusement être renforcée par la division Mouton composée de vieux soldats et par les Polonais (régiments de la Vistule).

IV

Soumission de Valladolid.

La Vieille-Castille était occupée par le corps Bessières, encore très disséminé.

L'insurrection y fit rapidement de tels progrès que Napoléon ordonna de faire évacuer Valladolid par la division portugaise, qui faisait cause commune avec les insurgés commandés par le capitaine général et de donner à cette ville une sévère leçon.

Une brigade de la division Verdier fut appelée sur Burgos; l'autre resta à Vittoria.

Par ordre de l'Empereur (13 mai), Junot devait réunir une division de 4.000 hommes à Almeida pour contenir Ciudad-Rodrigo et Salamanque. Cette division était placée sous les ordres de Bessières.

Bessières quitta Burgos le 5 juin avec la division Lasalle, quatre bataillons et six canons. Le 6 au soir, l'avant-garde enlevait d'assaut le pont de Torquemada, sabrait les insurgés et pillait la ville.

Le 7 juin, le maréchal était devant Palençia.

L'évêque demanda grâce et la marche continua sur Valladolid.

Le général espagnol La Cuesta occupait le pont de Cabezon avec 5.000 à 6.000 paysans, 1.000 soldats et 300 cavaliers du régiment de la Reine.

Le maréchal, en attendant la division Merle partie le 2 juin pour Santander et rappelée sur Burgos et Valladolid, envoya des parlementaires à Cuesta pour le sommer de se rendre ; mais ce fut sans résultat.

Le 11, la division Merle étant arrivée, le maréchal fit attaquer de vive force la position des Espagnols. Leur complète déroute entraîna la reddition de Valladolid et le désarmement général.

Mais la soumission n'était qu'apparente. Nos isolés, nos officiers en mission étaient égorgés. Il fallut prendre, et souvent sans succès, des mesures impitoyables, enlever des otages, rendre les autorités locales responsables de ces cruautés,

V

Soumission de Santander.

L'Empereur savait que l'Angleterre rassemblait des troupes, que des patriotes espagnols avaient demandé l'appui de l'armée anglaise et que des officiers et des émissaires avaient été envoyés de Londres en Espagne pour prêcher la résistance.

Or Santona et Santander étaient des points de débarquement favorables, à proximité de la ligne de communication des Français et les provinces voisines, en raison de leur nature montagneuse, pouvaient devenir un centre de résistance très sérieux. Il était donc indispensable d'occuper les défilés au nord de l'Ebre et de s'emparer des ports les plus importants.

Deux routes, praticables aux trois armes, traversent les montagnes : celle de Valladolid à Reynosa et Santander, et celle de Léon à Oviedo par Pejarès. Les évêques s'étaient mis à la tête du mouvement insurrectionnel et des bandes occupaient Reynosa. Elles se montraient déjà au Puerto de Los Lormos, sur la route secondaire de Burgos à Reynosa, et avaient du canon.

La division Merle partit de Burgos le 2 juin avec six bataillons, 200 chevaux et 8 canons. Le 5, elle était à Reynosa et mettait en fuite les paysans espagnols. C'est à ce moment qu'elle reçut du maréchal Bessières l'ordre de revenir sur Valladolid, où elle arriva le 11, après des efforts dignes d'être cités.

Après la soumission de Valladolid, le maréchal Bessières plaça la division de cavalerie Lasalle, soutenue par deux bataillons et quatre pièces, en observation à Palencia pour couvrir Burgos. Ainsi placée, elle pouvait éventer tout danger venant de Benavente ou de Léon, directions prises par les fuyards de Cuesta. S'il était attaqué, Lasalle devait se retirer lentement afin de donner au gros du corps d'armée le temps de se rassembler et de manœuvrer. Cette conception d'une avant-garde générale faisant du combat en retraite pour permettre la manœuvre est toute napoléonienne.

La division Merle quitta Valladolid le 15 juin et marcha sur Reynosa, dont le défilé avait été réoccupé par les insurgés. Elle comptait 10 bataillons, 100 chevaux et 10 pièces.

Elle fit 40 lieues en cinq jours, atteignit Reynosa le 20 et bouscula les Espagnols. Trois jours après, elle entrait dans Santander.

Pendant ce temps, le général Ducros, de la division Verdier laissée à Vitoria, se portait de Miranda (16 juin) sur le Puerto Los Tormos avec 4 bataillons et 50 chevaux.

Le 20, il franchissait les montagnes et, le 23, faisait sa jonction avec la division Merle.

L'évêque avait pris la fuite.

Tout rentra dans l'ordre.

VI

Soulèvement de l'Aragon. Premier siège de Saragosse (juillet et août 1808).

Le 24 mai, la nouvelle se répandit que Charles IV et Ferdinand avaient abdiqué et aussitôt s'éleva un cri de mort contre les Français.

Don José Palafox, qui revenait de Bayonne, se mit à la tête du mouvement et remplaça le capitaine général Guillelmi.

Son frère, le marquis de Lazan, le secondait.

Le 31 mai, parut un manifeste violent contre les Français, long appel à la révolte contre « l'étranger et contre l'iniquité la plus exécrable ».

Le 9 juin, à l'ouverture de la session des députés réunis en Cortès à Saragosse, Palafox s'écria : « Sauvons la patrie, même au péril de nos jours ! »

Et le 2 juillet, alors que le bombardement de la ville était commencé, il adressait une proclamation où Napoléon était traité de « monstre » et où ses vues étaient qualifiées d' « infernal projet ».

Il disait aux habitants :

« Vous défendez votre religion, votre patrie et votre roi !

» Nous leur apprendrons que, quand les Espagnols combattent pour leur roi et leur religion, ils sont capables de se mesurer avec les meilleures troupes de la terre ! »

En même temps Palafox faisait appel aux officiers et soldats libérés, aux nombreux déserteurs et étudiants.

Tel était l'homme que les Français allaient avoir à combattre en Aragon.

Le général Lefebvre-Desnouettes (1) fut chargé par l'Empereur (lettre à Berthier du 30 mai) de marcher sur Saragosse par Pampelune.

Il quitta cette ville le 7 juin (2) avec 4.200 hommes (dont 950 sabres), 6 pièces et 7 caissons.

L'infanterie (général Habert) comprenait le 2e régiment supplémentaire des légions de réserve et trois bataillons.

La cavalerie était composée de trois escadrons de lanciers polonais, d'un escadron de marche et de 30 cavaliers espagnols.

Une faible avant-garde de Palafox, sous les ordres du marquis de Lazan, fut culbutée à Tudela et la colonne passa l'Ebre de vive force.

Le 12 juin, les Français furent renforcés par un régiment de la Vistule, un bataillon de marche et un convoi d'artillerie.

Palafox avait pris position à Mallen avec 9.000 hommes à peine armés et huit canons. Le 13, il était culbuté à Mallen, puis à Alagon.

Le 14, les Français se présentaient devant les remparts de Saragosse, dont le commandement avait été laissé à Don Vincente Bustamente. Palafox et son frère s'étaient dirigés sur Belchite ; ses troupes étaient dans le dénûment le plus complet. Néanmoins il marcha sur Epila le 23 juin pour menacer nos communications. Il y fut mis en déroute et obligé de s'enfuir vers Calatayud.

Comprenant que ses troupes peu manœuvrières étaient

---

(1) Général Lefebvre-Desnouettes (1773-1822).
(2) Belmas, *Journaux des sièges de la Péninsule*, t. II, p. 17 et suivantes.

cependant capables de soutenir une guerre de rues, il revint à Saragosse le 1er juillet.

Pour s'emparer d'une ville telle que Saragosse, communiquant librement avec la campagne par son faubourg de la rive gauche, le corps de siège était insuffisant, malgré les renforts qu'il avait reçus.

Le général Verdier vint, par ordre de l'Empereur, en prendre le commandement le 26 juin. Il devait au plus vite tenter une attaque de vive force.

Il disposait de deux divisions, l'une (général Lefebre-Desnouettes) de 7.000 hommes, l'autre (général Freyre) de 2.060 hommes, enfin d'une réserve de 5.885 hommes et de 46 pièces de siège.

La garnison ne comptait que 8.000 hommes, dont 1.500 environ d'anciens soldats.

Le 2 juillet, après un bombardement de deux jours, l'assaut fut donné ; mais les brèches ne purent être franchies.

Le 4 août, nouvel assaut ; « la ville était comme un volcan » ; les colonnes pénétrèrent dans la ville et la guerre de rues commença. Les Espagnols lâchaient pied ; mais les soldats français, fatigués, ayant subi depuis le commencement du siège des privations de toutes sortes, car ils n'avaient ni capotes, ni souliers, ni vivres, se mirent à piller et ils ne se rallièrent qu'à la nuit.

Le général Verdier avait été blessé.

Le 6 août, arriva l'ordre de lever le siège. Le désastre de Baylen était connu et l'état-major de Madrid, ignorant certainement la situation précaire des défenseurs de Saragosse, pris d'une folle terreur, ne pensait qu'à se retirer le plus vite possible jusqu'à la frontière.

Le 13 août dans la nuit, le parc ayant été détruit en partie, le corps de siège se retira et abandonna même Tudela, point que l'Empereur tenait à conserver à tout prix.

« Ce siège donna un grand exemple aux autres places. (1) »

VII

Hostilités en Vieille-Castille (juillet 1808).

Un ancien officier de l'armée des Pyrénées orientales (1794), Blake, avait été proclamé en juin capitaine général. Le retour des troupes espagnoles de la province d'Oporto vint bientôt renforcer l'insurrection et deux divisions, les meilleures, s'acheminèrent de Lugo sur Benavente où elles firent leur jonction avec les débris de l'armée de Cuesta.

Au même moment, la division Merle occupait Santander.

Le maréchal Bessières, apprenant la présence d'un gros rassemblement à Benavente, ordonna à cette division de revenir en toute hâte sur Burgos et de ne laisser que trois bataillons dans Santander.

La division Lassalle était toujours en couverture à Palençia.

Tout le corps d'armée était alors disséminé et occupé à garder la ligne de communication.

La situation était grave, d'autant plus qu'à Madrid régnait la confusion. Murat, très fatigué, ne pouvait plus s'occuper des affaires et était sur le point de quitter l'Espagne (29 juin). Savary et Belliard ne s'entendaient pas (2).

Les pointes hardies de Lassalle firent connaître positive-

---

(1) Belmas, t. II, p. 73.
(2) Colonel Clerc, *la Capitulation de Baylen*, p. 128, 129, 130.

ment, le 7 juillet, l'arrivée de Blake à Benavente et la présence des bandes ralliées de Cuesta à Medina del Rio Secco (1).

Le 10 juillet, le maréchal rejoignit son avant-garde à Palencia avec la réserve générale, fusiliers et cavaliers de la Garde, arrivant de Burgos.

Le 12, arriva une partie de la division Mouton, la meilleure de toute l'armée, composée de vétérans éprouvés.

Le maréchal avait sous la main :

1° La division d'avant-garde (cavalerie appuyée par quelques bataillons et quelques pièces, du général Lassalle :

10° hussards ;

22° chasseurs ;

Brigade Sabathier (4 bataillons des 17° et 18° provisoires) ;

8 canons ;

2° La division Merle :

Brigade Darmagnac (2) : un bataillon du 47°, un bataillon suisse, un bataillon du 4° provisoire ;

Brigade Ducas (quatre bataillons du 13° provisoire) ;

8 canons ;

3° La division Mouton (3) :

Une brigade seulement ;

4° La réserve générale :

Un régiment de fusiliers de la Garde ;

Trois escadrons de la Garde : un de chasseurs, un de dragons, un de gendarmes ;

10 canons.

---

(1) Il est fort difficile d'évaluer exactement l'effectif des armées espagnoles. On peut estimer à 20.000 hommes l'ensemble des forces réunies de Blake et de Cuesta.

(2) La division Mouton comprenait : le 4° léger, le 15° de ligne, le 2° léger, le 12° léger.

(3) Ce tableau montre combien le corps Bessières avait dû faire de détachements.

Tous les hommes avaient trois jours de pain dans le sac et cinq jours de pain sur des voitures,

Le 13 juillet au soir, au moment où l'Empereur décidait que l'armée de Galice devait être attaquée et qu'il fallait tout faire pour que le corps de Bessières fût victorieux, le faible corps d'armée du maréchal s'ébranlait. Il fallait marcher la nuit pour éviter la chaleur.

Le 14, les reconnaissances firent connaître que l'ennemi (30.000 hommes environ et 30 canons) avait pris position près de Medina del Rio Secco. Il était formé sur deux lignes séparées par une distance de 1.500 toises.

Ce dispositif nous montre où en était l'art militaire en 1808, après l'effondrement de la tactique linéaire. Sur tous les champs de bataille, jusqu'à la fin de la guerre, les Espagnols ne surent pas mieux employer leurs forces.

A Medina ce fut un désastre et cependant le courage ne leur manqua pas. Leur première ligne fut enfoncée avant que la seconde pût lui porter secours et ce fut une déroute complète.

Les cavaliers de Lasalle sabrèrent les fuyards sur la route de Benavente (1).

Malheureusement le maréchal ne sut pas profiter de cette victoire, « nouvelle Villaviciosa », disait l'Empereur faisant allusion à la bataille gagnée par les Français en 1708.

L'armée de La Cuesta était dissoute, mais Blake s'était retiré à Manzanal, à l'ouest d'Astorga, et il fallait le poursuivre l'épée dans les reins.

Le maréchal (2) hésita, arrêta les cavaliers de Lasalle et

---

(1) Le 4ᵉ léger se déploya comme à l'exercice ; puis, incommodé par le feu des Espagnols, il se précipita en hurlant : « En avant, à la baïonnette ! » (Journal du maréchal Castellane, p. 23).

Les Espagnols étaient loin d'avoir une pareille éducation. Ils en étaient aux doctrines du xviiiᵉ siècle !

(2) Le maréchal avait un caractère hésitant. Il était tenu pour tel par ses camarades.

se borna à exécuter une simple marche. Il mit quatre jours pour atteindre Benavente (10 lieues).

Toujours hésitant, ayant des craintes pour son flanc droit, il se porta sur Mayorga où il arriva le 22 juillet.

Il venait cependant de recevoir de puissants renforts :

Trois bataillons de la division Merle, venant de Santander ;

Un bataillon de la Garde de Paris ;

Le 11e provisoire ;

Le 2e léger ;

Le 2e régiments de fusiliers de la Garde ;

Le 26e chasseurs.

Il n'était plus chargé en outre du soin de garder la ligne de communication entre Madrid et Bayonne et il disposait de trois divisions d'infanterie.

Le 26 juillet, il entrait à Léon et, le 31, il se dirigeait sur Astorga quand il apprit la capitulation de Baylen. Il s'arrêta aussitôt.

Napoléon avait écrit le 5 mai à Bessières : « De la célérité et de la vigueur. »

Le maréchal avait suivi ces instructions jusqu'au 15 juillet et la centralisation de son corps d'armée avant Medina en avait été la conséquence. Laissons la parole à Napoléon : « Le maréchal Bessières a eu le bon esprit de tellement réunir toutes ses forces, qu'il n'a pas même laissé un seul homme à Santander. Il a senti qu'un millier d'hommes pouvait décider de la victoire. » (Note du 13 juillet à Savary.)

C'était, en effet, l'armée de Blake qui était le danger le plus redoutable.

Napoléon, qui sut si bien profiter de la victoire et en recueillir tous les effets, ne dut pas faire le même éloge de son lieutenant après la bataille de Medina.

Le but était clair : poursuivre sans relâche Blake et le détruire. Mais l'apparition d'un péril imaginaire en imposa au maréchal. Un détachement en observation vers Mansilla eût tout permis.

· VIII

Soumission de Ségovie.

L'insurrection de cette place ne pouvait pas être très sérieuse. La 3e division du corps Dupont se porta sur cette ville, qui reçut une garnison française.

Il était du reste indispensable d'occuper le débouché nord de la barrière montagneuse qui sépare les deux Castilles.

IX

Opérations dans la province de Valence.

Au milieu du mois de mai, plusieurs Français furent massacrés par une populace furieuse et l'insurrection s'étendit dans toute la province.

Il sembla nécessaire d'occuper Valence. On vivait au château de Marrac dans un tel mirage (1) que s'emparer de cette grande cité paraissait n'exiger qu'une simple démonstration.

Le maréchal Moncey, dont le corps était à Madrid, fut chargé de l'expédition. Il disposait de 8.400 hommes et 16 canons ; il emmenait avec lui 1.500 Espagnols, mais les deux tiers désertèrent avant le départ.

---

(1) Colonel Clerc, *Capitulation de Baylen*, p. 118.

Napoléon avait écrit à Murat (1) le 30 mai :

« Moncey se portera sur Valence.

» Chabran (2) prendra position entre Valence et Barcelone ; il sera à portée de Saragosse et de Valence.

» La position de Cuença me paraît fort importante, puisqu'elle rapproche mes troupes de tous les points de la côte et en impose partout.

» Restez à Madrid avec 30.000 hommes. »

Cette expédition compromit Dupont ; elle disloqua son corps d'armée en lui enlevant la division Frère et obligea de consacrer la division Gobert au maintien des communications avec Andujar (3). Dupont n'eut que 16.000 hommes sur la Guadalquivir au lieu de 22.000.

Moncey quitta Madrid le 4 juin avec la division Musnier et une brigade de cavalerie.

Il faisait une chaleur accablante et la vitesse de la marche s'en ressentait. Le 7 et le 8, la division séjourna à Tarancon ; le 11, elle arriva à Cuença (44 lieues). Là, Moncey s'arrêta jusqu'au 22 pour avoir des nouvelles de Chabran, qui ne pouvait être que le 25 à Castillon de la Plana.

Le maréchal avait ses communications coupées.

Ce séjour à Cuença nous fut fatal. Il permit aux insurgés de s'organiser et de mettre la capitale de la province en état de défense. Il fallut livrer un sanglant combat pour enlever le défilé de Las Cabreras (24 juin) et, lorsque le détachement parut devant Valence, le maréchal trouva une ville décidée à se défendre. Il essaya en vain d'en enfoncer les portes (28 juin) ; un parc de siège eût été nécessaire !

Pendant ce temps Napoléon jugeait sa marche « lente et ridicule » et Savary envoyait à son secours la division Frère, du corps Dupont.

----

(1) Murat ne tarda pas à tomber malade (Lettre de Laforest, 25 mai). — Savary arriva le 15 juin. — Les ordres devinrent vagues.

(2) La division Chabran était en Catalogne.

(3) Colonel Clerc, *Capitulation de Baylen*, p. 121.

Le maréchal était alors en pleine retraite. Cuença étant en pleine révolte, il revenait par Almanza, Albacète et San Clemente. C'est vers cette dernière ville qu'il rejoignit la division Frère. Il ramenait tout son matériel et tous ses blessés (10 juillet).

Cette expédition échouait piteusement.

En premier lieu, elle n'était pas nécessaire et puis elle ne fut pas sérieusement organisée. La responsabilité de l'échec doit remonter à l'Empereur, qui se laissait tromper par Belliard, Laforest et Savary ne s'occupant qu'à flatter son orgueil (1).

Napoléon a voulu cacher son dépit en écrivant le 13 juillet : « L'affaire de Valence n'a jamais été d'aucune considération. On ne prend pas d'un coup de collier une ville de 100.000 âmes qui a barricadé ses rues et mis de l'artillerie à toutes ses portes..... Si on a dirigé le maréchal Moncey sur Valence, c'était à une époque où la situation n'était pas la même (!) »

On se demande comment l'Empereur put donner l'ordre à Chabran de se réunir à Moncey. Il ne croyait pas à une résistance sérieuse, il était plein d'illusions : son ignorance du peuple espagnol explique seule cette lettre :

« Chabran prendra position entre Valence et Barcelone ; il sera là à portée de Saragosse et de Valence.

» Si l'insurrection continue, ces forces se réuniront. »

Mais deux corps éloignés et destinés à combiner leurs efforts en vue d'un but commun peuvent rarement accomplir leur mission. L'un d'eux est toujours exposé à arriver en retard ou à ne pas arriver du tout.

Le retour de la division Chabran à Barcelone en est une preuve. Duhesme se vit obligé de la rappeler en toute hâte (2).

---

(1) Colonel Clerc, *Capitulation de Baylen*, p. 121.
(2) Duhesme, tué à Waterloo, avait alors 42 ans (1766-1815).

Comment cette division, à 80 lieues du maréchal et en pein pays insurgé, aurait-elle pu communiquer avec lui?

Enfin, cette note du 13 juillet avoue que Moncey aurait dû disposer de tout son corps d'armée et d'un parc d'artillerie. Il ne se fût pas alors arrêté à Cuença et il n'eût mis que quatorze à quinze jours pour franchir les 356 kilomètres qui séparent Madrid de Valence!

X

Opérations en Catalogne.

Le corps Duhesme, des Pyrénées orientales, était encore plus mal composé que ceux de Dupont et Moncey. La 1re division (général Chabran) avait seule quelque solidité; la 2e division (général Lecchi) ne renfermait que des Italiens paresseux et indisciplinés. Napoléon avait lui-même recommandé de faire des exemples et de faire fusiller le premier pillard.

Le 28 janvier, il écrivait à Clarke :

« Le général Duhesme entrera en Espagne le 9 février; il fera connaître au gouverneur qu'il doit se rendre à Cadix (!) et qu'il attend la décision de la cour d'Espagne à ce sujet. Il fera fusiller le premier Italien qui manquerait à la discipline.

» Il écrira tous les jours pour faire connaître les dispositions des esprits, la situation des places fortes et ce qu'il y a devant lui depuis Barcelone jusqu'à l'Ebre. »

Cadix n'était qu'un prétexte.

L'Empereur, qui considéra toujours la Catalogne comme un théâtre d'opérations secondaire, ne désirait pas en venir aux mains avec les Catalans et c'était pour éviter plus tard une guerre acharnée qu'il voulait mettre le plus tôt possible la main sur la capitale de la province. Il savait que la guerre y avait toujours traîné en longueur (sous Louis XIV et pendant la Révolution), à cause des places, de la configuration du sol et de l'organisation des milices (miquelets et somathènes).

Le général Duhesme s'empara de Figuières par surprise (1) et occupa de la même façon le Monjouy et la citadelle de Barcelone (28 février 1808).

L'insurrection éclata à la fin de mai.

Le 4 juin, par ordre de l'Empereur, la division Chabran se porta sur Tarragone où elle entra le 8. Une autre colonne, celle du général Schwarz, marcha sur le Monserrat et Lérida pour communiquer avec Lefebvre-Desnouettes ; mais, le 6 juin, elle fut battue à Brusch.

Duhesme rappela la division Chabran. Cette division revint au milieu d'insurgés.

Dès lors le général en chef n'eut plus ses communications assurées avec la France. Il était, pour ainsi dire, assiégé dans Barcelone.

Une nouvelle attaque contre le Monserrat (division Chabran) fut repoussée (14 juin). Alors Duhesme, après avoir refoulé les insurgés sur le Llobrégat, se porta sur Girone qu'il avait négligé d'occuper au début. Le 20 juin, il attaquait la place; mais échouait et était obligé de revenir à Barcelone.

Quand Napoléon connut cette situation, il ordonna : 1° de former au nord des Pyrénées quatre colonnes mobiles, dont la plus forte fut celle de Belgarde (3.000 gardes nationaux, 100 gendarmes et 6 canons); 2° de hâter la marche sur Perpignan de toutes les troupes venant d'Italie. (Lettre à Berthier, 14 juin.)

---

(1) Le général Darmagnac s'était emparé de Pampelune et le général Thouvenot de Saint-Sébastien, de la même façon (16 février-3 mars).

Quelques jours plus tard, il ordonna au général Reille de former une colonne avec tous les éléments arrivés à Perpignan et de secourir Duhesme au plus vite. (Note à Joseph du 14 juillet.)

Le 5 juillet, le général Reille avait ravitaillé Figuières.

Le 16, le général Duhesme revenait sur Girone par la route de la Marine pour éviter Hostalrich. Le 22 juillet, Reille le rejoignait.

Après quinze jours de travaux, Duhesme pouvait espérer une reddition prochaine quand tout à coup la nouvelle se répandit que Dupont était prisonnier de guerre. Il leva le siège aussitôt, détruisit tous les parcs et revint à Barcelone sans bagages ni canons (20 août).

Il était désormais bloqué par les bandes de Vivès.

L'Empereur avait été encore une fois la victime de ses illusions en ordonnant à Duhesme de courir à Barcelone.

Vainement Duhesme avait proposé de jeter en passant, comme il l'avait fait à Figuières, un bataillon dans Roses, Girone et Hostalrich. Aussi écrivait-il à Berthier : « Ce n'est plus par des courses que cette province sera soumise, mais en s'emparant successivement de toutes les places et villes, et surtout en maintenant les communications avec la France ». (Sous les murs de Girone, 3 août.)

« Maintenant, ces places nous coûteront des soldats et du temps. » (Barcelone, 23 août).

Au mois de décembre seulement, Saint-Cyr fut en mesure de secourir Duhesme.

L'Empereur a toujours pensé que c'était ailleurs qu'en Catalogne que devait se résoudre la question espagnole.

Le maréchal Saint-Cyr, qui commanda en chef le corps des Pyrénées orientales, prétend que Napoléon, au lieu de sacrifier tous ses efforts à garder Madrid, aurait dû commencer par enlever le morceau le plus difficile, c'est-à-dire soumettre Girone, Lérida, Tortose, etc. « Dans les guerres nationales, écrit-il, la capitale n'est plus rien. »

Le maréchal n'oublie qu'une chose, c'est qu'en occupant fortement Madrid l'Empereur divisait les forces insurgées.

Les sièges de quelques places de Catalogne auraient donné aux Espagnols le temps de s'instruire, de s'organiser, de se réunir.

La vérité est que le maréchal Saint-Cyr n'a jamais pardonné à l'Empereur son rappel en France pour insubordination.

Certainement Napoléon attachait une certaine importance à la possession de la capitale; mais avant tout il considérait cette ville comme le centre de ses hôpitaux et des magasins. Là, comme il le disait, sa masse était « au centre de la circonférence et ses avant-gardes menaçantes étaient aux extrémités des rayons. C'est à Madrid que les événements se passeront. C'est là le centre des Espagnols. Autour de cette capitale se trouvent les grandes plaines ».

Si Napoléon se trompait en affirmant que Madrid était « le centre » des Espagnols, il voyait juste en faisant de cette grande ville la base de ses opérations.

XI

Dupont en Andalousie.

Dès le mois d'avril 1808, la 1re division du corps Dupont, entrée à Madrid le 23 mars, fut dirigée sur Tolède « en position d'avant-garde sur le chemin de Cadix et de Badajoz ».

« Donnez-lui un régiment de dragons et un régiment de hussards. Il sera ainsi à même d'éclairer ces deux directions. » (Lettre à Murat.)

Après les événements du 2 mai, notre flotte ayant été bombardée à Cadix et la Junte suprême de Séville ayant pris la direction de l'insurrection, Murat reçut l'ordre de faire partir le corps Dupont pour Cadix avec ses deux premières divisions (Barbou et Vedel), sa cavalerie et la brigade suisse au service de l'Espagne, « ce qui devait faire une vingtaine de mille hommes (1) ». Le départ devait avoir lieu le 18 mai.

Mais l'Empereur se ravisa. Afin de ne pas affaiblir la masse laissée à Madrid, il ne donna à Dupont qu'une division, « pensant qu'elle serait suffisante (2).

Dupont ne devait plus disposer que de la division Barbou, de la brigade suisse, de sa cavalerie, de la brigade suisse alors à Grenade et des marins de la Garde

Comme conséquence de ces dispositions, la division Barbou (3) quitta Tolède le 23 mai. La 2ᵉ division l'y remplaça.

Junot avait été invité à envoyer du Portugal sur Cadix, par Elvas, une brigade mixte (4). Après sa réunion avec cette brigade (général Kellermann), Dupont devait disposer, d'après l'Empereur, de 20.000 hommes, troupe bien suffisante pour se rendre maître de Cadix, le 21 juin (5).

L'itinéraire avait été fixé par Belliard. Il dut être modifié en cours de route, car il y avait des étapes de dix lieues. « Telle était l'exactitude des renseignements que possédait l'état-major sur l'Andalousie (6). »

Murat, alors malade gardait autour de Madrid :

Deux divisions du corps Dupont (division Frère à l'Escurial et division Vedel à Tolède) ;

Deux divisions du corps Moncey ;

---

(1) Lettre à Murat du 11 mai.
(2) Ordre du 16 mai.
(3) Renforcée en route par la brigade suisse (général Shramm à Talavera).
(4) Le 70ᵉ, la Légion du Midi (800 hommes), 450 dragons et 10 pièces.
(5) Ordres à Murat du 18 mai et du 19 mai.
(6) Colonel Clerc, *la Capitulation de Baylen*, p. 92.

Quelques unités de la Garde ;

Les dépôts et les éclopés.

A cette date, les insurgés de Cordoue et de Séville ne pouvaient mettre en ligne que quelques milliers d'hommes, mais c'était au camp de Saint-Roch que se trouvait une partie de l'armée régulière ; les hommes étaient instruits et bien habillés (1).

Castanos disposait de 29.700 hommes présents ; mais, Grenade ayant fait cause commune avec Séville, son armée fut bientôt renforcée par 4.885 hommes sous les ordres de Reding.

L'avant-garde fut confiée à Don Pedro de Etchavarri, qui prescrivit la levée en masse, ce qui lui donna environ 15.000 auxiliaires sans instruction.

Le 5 juin, Etchevarri occupait le pont d'Alcoba avec trois bataillons de troupes régulières et une foule de paysans.

La marche de Tolède jusqu'à Baylen (3 juin) se passa sans incident ; mais, en arrivant dans cette dernière ville, on apprit l'insurrection de Séville, de Grenade, de Badajoz, ainsi que la défection des troupes régulières et de la brigade suisse de Grenade. Il n'était plus permis de compter sur l'arrivée de la brigade mixte de Kellermann ; les Suisses du régiment de Preux désertaient en masse et les estafettes étaient assassinées.

Le 4 juin, Dupont était à Andujar, à 300 kilomètres de Madrid. Le 8, eut lieu la première rencontre avec les insurgés ; le pont d'Alcoba, beau pont de marbre noir, fut enlevé d'assaut.

Pressentant une résistance sérieuse, Dupont demanda tout son corps d'armée (Dupont à Belliard, 9 juin) ; mais ses courriers avaient à franchir des défilés occupés par des paysans en armes. Ils n'arrivèrent pas.

---

(1) Colonel Clerc, *Capitulation de Baylen*, p. 84.

Lorsque Dupont arriva devant Cordoue, il trouva les portes de la ville fermées. Il dut les enfoncer à coups de canon et livrer un combat de rues qui dura une heure environ. L'excitation de la lutte, les fatigues et les souffrances endurées portèrent malheureusement nos soldats à commettre des excès regrettables. Le pillage dura trois jours (1).

Le général Dupont a toujours démenti les allégations de ses officiers à ce sujet et il semble démontré qu'il donna des ordres pour faire cesser le pillage. Ses ordres furent mal exécutés (2).

Le sac de Cordoue répandit la terreur en Andalousie ; mais les chefs de l'insurrection nous accusèrent d'avoir enlevé des couronnes d'or et de diamant dans la cathédrale et d'avoir volé les vases sacrés. Ce bruit, colporté à dessein, surexcita les esprits au plus haut point.

Après une marche des plus pénibles (300 kilomètres en quatorze jours), les jeunes soldats de Dupont étaient exténués. Le climat d'Andalousie, au mois de juillet, est déprimant et il serait injuste de condamner un repos à Cordoue ; cependant Dupont aurait pu se remettre en marche le 12 juin. Il fallait aller vite et frapper fort, en imposer.

Le corps espagnol d'Andalousie eut le temps de se concentrer à son aise ; son avant-garde occupait Ecija, à deux journées de marche, lorsqu'il fut question de repartir.

Dupont s'arrêta pour attendre la division Vedel et des nouvelles de Madrid : « Aussitôt son arrivée (Vedel), je marcherai pour combattre l'ennemi (3). »

Pendant ce temps l'insurrection grandissait autour de Cordoue ; des bandes occupaient les défilés de la sierra

---

(1) Rapport des généraux Legendre (9 juin) et Marescot (1er septembre) ; journal du général Privé.
(2) Journal du général Privé (Arch. guerre).
(3) Dupont à Murat (9 juin).

Morena (1) ; des partis parcouraient la Manche, enlevaient nos convois et massacraient nos isolés après les avoir mutilés. Les villes de Jean (2) et d'Andujar s'étaient soulevées. Dès le 22 mai, Dupont n'avait plus eu de communications avec Madrid.

Le 16 juin, à la tombée de la nuit, le héros de Haslach sortit de Cordoue et rétrograda précipitamment, sans être menacé, sur Andujar, où il arriva le 18. Il emmenait avec lui un immense convoi de blessés et de malades ; au milieu de ces voitures étaient, affirmaient les Espagnols, les vases sacrés provenant du pillage des églises (3).

Pendant cette marche, les hommes souffrirent beaucoup de la chaleur ; la dysenterie augmenta le nombre déjà grand des indisponibles ; les vivres étaient rares et les médicaments manquaient.

Dupont fit halte de nouveau, mais sans s'occuper de s'assurer le passage de Despena-Perros menacé par les bandes qui parcouraient la Manche.

Il s'installa à Andujar pour ne plus en bouger.

Sa cavalerie observait les routes de Jean et de Cordoue ; un détachement tenait le bac de Menjibar.

Le 26 juin, la 2e division (général Vedel), renforcée du 6e dragons, arriva à Despena-Perros et se porta sur Baylen après avoir poussé deux bataillons sur Menjibar.

Cette division avait reçu, le 15 juin, l'ordre de rouvrir les communications interrompues depuis le 22 mai. La division Frère était à Madrilejos.

C'est à ce moment que l'Empereur, se servant d'une

---

(1) La division Vedel dut les bousculer en passant à la Caroline.
(2) La population était tellement surexcitée que tout un détachement (100 hommes) fut égorgé à Montoro.
(3) La vérité n'a jamais été connue.

mauvaise carte (1), calcula qu'à San-Clemente Frère serait aussi rapproché de Dupont qu'à Madrilejos (2).

Cette erreur fit que la ligne de communication fut de nouveau interrompue.

Le 28 juin, Dupont demanda en vain à Savary la division Frère. Savary ne pouvait envoyer cette division sur le Guadalquivir au moment même où la situation du corps Moncey était inquiétante du côté de Valence. D'autre part il ne pouvait pas dégarnir trop Madrid, les ordres de l'Empereur étant formels à cet égard.

Cependant Savary était inquiet.

Afin de ne mécontenter personne il prit une demi-mesure en ordonnant à la division Gobert (ordre du 2 juillet) de s'acheminer sur la Caroline, mais en plusieurs tronçons dont le premier serait à Baylen tandis que le dernier occuperait Santa-Cruz.

Le général Gobert, passant outre, amena à Dupont les 6e et 7e régiments provisoires. Il ne devait, d'après les ordres de Savary, conduire à Baylen qu'un bataillon et un escadron.

Ce fut en vain que Dupont écrivit le 4 juillet : « L'ennemi est devant Andujar; c'est là qu'il faut agir. »

Le colonel Clerc dit avec raison : « Anxiétés, illusions, on passait alternativement des unes aux autres au quartier général de Madrid. »

Mais les erreurs de l'état-major n'excusent pas les fautes tactiques du général Dupont dans les premiers jours de juillet.

Il craint que les défilés ne soient occupés par l'ennemi et il reste seul à Andujar, à près de 80 kilomètres au sud de ces mêmes défilés, du 18 au 26 juin ! Puis, quand il a reçu

---

(1) Colonel Clerc, *Capitulation de Baylen*, p. 141.
(2) A vol d'oiseau on compte 200 kilomètres de San-Clemente à Baylen ; on n'en compte que 100 de Madrilejos au même point.

ses renforts, il s'étale en cordon depuis Andujar, jusqu'à La Caroline, sur un front de 55 kilomètres !

L'ennemi pouvait venir soit de Cordoue, soit de Grenade. Il pouvait se réunir et ne prendre qu'une de ces directions ; il pouvait aussi marcher en deux colonnes principales.

Il fallait donc, et cela dès le 19, tenir fortement Andujar et Menjibar.

Castanos disposait d'une armée de 30.000 hommes et 2.630 chevaux (trois divisions) ; mais, le 18 juin, Reding (12.000 à 15.000 hommes) (1) était encore éloigné. Les Espagnols formaient deux masses séparées par un intervalle de six marches (4 juillet). Cet intervalle était encore de quatre marches le 10 juillet.

Or Dupont avait sous la main deux divisions et la division Gobert (deux régiments d'infanterie et un régiment de marche de cuirassiers) allait arriver.

La position à occuper avec le gros des forces n'était donc pas Andujar, mais Baylen, avec avant-postes à Andujar, Menjibar et Baëza. La cavalerie, lancée sur Jaen, Ubeda et Cordoue, eût éventé tout danger.

Vers le 15 juillet, la marche des colonnes espagnoles était éventée, mais Dupont persista néanmoins dans son erreur et resta inactif. Il a reçu l'ordre de se maintenir sur le Guadalquivir et il s'y maintiendra en défendant passivement un point de passage. Bonaparte avait agi autrement autour de Mantoue.

En résumé, il fallait manœuvrer.

Or, le 14 juillet, il était encore possible de jeter un masque devant la colonne ennemie la plus éloignée et de fondre sur la plus rapprochée avec toute la masse.

La manœuvre pouvait se faire, car on compte deux

---

(1) Divisions Reding (1re), Coupigny (2e), Jones (3e), plus une réserve et une division de montagne.

marches de Bujalance (groupe de Castanos) à Jaen (groupe
de Reding).

En cas d'échec, le corps de la Gironde se serait réuni à
Baylen. Concentré autour de ce point, tenant tous les
points de passage du Guadalquivir, il n'avait rien à
craindre.

Une combinaison timorée, mais acceptable, consistait à
ne pas franchir le Guadalquivir, à laisser l'ennemi achever
sa concentration, mais à profiter des fautes qu'il ne manquerait pas de commettre pour lui infliger un échec grave.
Encore fallait-il tenir les troupes réunies vers Baylen.

Le 15 juillet, une division de Castanos se porta contre
Andujar, qu'elle trouva fortement gardé. Le même jour,
Vedel avait dû repousser l'avant-garde de Reding qui avait
commencé à franchir le fleuve à Menjibar. Plus à l'est,
des détachements s'étaient portés à Baëza et le général
Gobert avait dû porter les cuirassiers à Linarès pour les
contenir.

Ce mouvement de l'armée espagnole indiquait claire-
ment que l'intention de son chef était de marcher la droite
en avant.

Le général Dupont, hypnotisé à Andujar, n'était pas à
sa place. S'il avait été à Baylen, il eût pu apprécier à leur
juste valeur les tentatives de l'ennemi. Placé avec tout son
état-major à Andujar, il ne put voir que ce qui était devant
lui. Toute l'armée espagnole, d'après ses calculs, était en
face de sa 1re division.

C'est dans ces dispositions d'esprit qu'il donna à Vedel
l'ordre de lui envoyer des renforts, « un bataillon ou une
brigade ». Cet ordre parvint le 15 au soir à Vedel, qui venait de refouler l'avant-garde de Reding. Calculant mal et
pensant que quatre compagnies avec quatre pièces suffi-
raient à la garde de Menjibar, le général Vedel abandonna
Baylen et, par une marche de nuit des plus pénibles, par

un mauvais chemin (1), se porta avec tout le reste de sa division sur Andujar (30 kilomètres). Il invita toutefois le général Gobert à venir le remplacer à Baylen ; ce général y envoya deux bataillons et deux escadrons de cuirassiers.

Cette malencontreuse décision du général Vedel nous fut fatale. Le général Dupont fut en effet très heureux de voir arriver touté sa 2e division ; mais il resta sur la défensive, se contentant d'user des munitions pendant toute la journée du 16, au lieu de prendre vigoureusement l'offensive.

Que serait-il advenu s'il avait débouché d'Andujar ?

Ses soldats, reposés, étaient pleins d'enthousiasme. Ils étaient capables d'un grand effort. La fortune ne pouvait donc pencher qu'en leur faveur.

Pendant ce temps Reding avait passé le fleuve à 3 heures du matin et repoussé le général Léger-Belair, laissé à Menjibar par Vedel. Une contre-attaque du général Gobert (deux bataillons et cuirassiers) avait rejeté les Espagnols au delà du Guadalquivir. La mort du général Gobert arrêta la poursuite ; le général Dufour se replia sur Baylen et en informa le général en chef.

La partie était encore belle pour le corps Dupont.

Mais, dans la soirée du 16, les reconnaissances poussées sur Baëza annoncèrent que toute une armée était arrivée en ce point.

Comme le général en chef avait ordonné de surveiller cette direction et de garder la Caroline, le général Dufour, ajoutant foi à ces renseignements erronés, se décida à regagner Guarroman le soir même (25 kilomètres) et ne laissa qu'un faible détachement à Baylen. Certains éléments de cette division firent 60 kilomètres en trente-six heures. Que ne pouvait-on avéc de tels soldats !

---

(1) *Mémoires d'un Conscrit de 1808.*

Baylen se trouva donc abandonnée une seconde fois et le général Dupont n'eut connaissance du mouvement rétrograde du général Dufour que vers 4 heures du soir. Aussitôt il ordonna à la division Vedel de se porter immédiatement sur Baylen, d'y battre les Espagnols et de revenir à Andujar « en ne laissant à Baylen que ce qui serait nécessaire à sa défense. Si l'ennemi occupe Baëza, il faut l'en chasser ».

Cet ordre, très obscur et très vague, prouve que le général n'attachait qu'une importance secondaire à l'occupation de Baylen et qu'il était mal renseigné, cela par sa faute.

La division Vedel partit à minuit et arriva le 17, à 7 heures du matin, à Baylen (4 kilomètres à l'heure). Les Espagnols n'ayant pas paru à Menjibar, Vedel en conclut qu'ils s'étaient portés sur Baëza et La Caroline, et partit pour rejoindre le général Dufour. Il ne laissa qu'un bataillon et une pièce « provisoirement » à Baylen. Il rendit compte (8 h. 1/2 matin) à Dupont.

Si Vedel avait envoyé des reconnaissances au delà du fleuve, il n'est pas douteux qu'il se fût arrêté à Baylen. Les Espagnols ne devaient par être loin du Guadalquivir, puisqu'ils interceptèrent la route d'Andujar à La Caroline dans la matinée du 17.

Pendant cette journée les Espagnols purent mettre à exécution le plan que les fautes des Français leur avaient inspiré. Passer de vive force à Andujar étant impossible, Castanos devait masquer les troupes d'Andujar en simulant une attaque pendant que Reding renforcé attaquerait vigoureusement Baylen et se placerait entre Dupont et les défilés.

L'inaction de Dupont à Andujar favorisait cette manœuvre, qui fut éventée par des reconnaissances de dragons français.

Dupont fut prévenu que des troupes espagnoles appuyaient vers l'est. Une patrouille rendit compte que des partis espagnols s'étaient avancés jusqu'au Rumblar (17 soir).

Il était temps de quitter Andujar.

Mais le général Dupont remit le départ au lendemain, afin d'avoir le temps de faire filer ses convois.

Il y avait longtemps que ses bagages, ses malades et ses éclopés auraient dû être loin, d'autant que les troupes étaient à la demi-ration et que l'eau manquait.

Nous marchons de surprise en surprise dans cette triste affaire de Baylen.

Ce n'est que le 18 juillet, après bien des hésitations, à 8 heures du soir, que, sachant la route interceptée depuis le 17 au matin, Dupont quitta Andujar; mais il se garda bien de faire sauter le pont, afin de ne pas avertir les Espagnols de son départ.

Si maintenant nous examinons l'ordre de marche de la division Barbou, nous voyons que le danger n'était pas à l'avant. Les bagages étaient en tête du gros; toute la cavalerie était à l'arrière-garde.

La chaleur était accablante (48° au-dessus de zéro).

A 3 heures du matin, le 19, l'avant-garde franchit le Rumblar et vint se heurter aux postes espagnols.

C'était une surprise.

Cependant Dupont savait que des forces espagnoles avaient franchi le Guadalquivir à Mengibar dans la journée du 17; il avait même, le 18, envoyé deux bataillons sur le Rumblar, pour les reconnaître.

Il savait également que Vedel était loin de Baylen. Dès lors il devait décamper dès le 17 au soir, constituer fortement son avant-garde (1) et faire sauter le pont d'Andujar.

____

(1) Ordre de marche de la colonne du général Dupont.

Avant-garde : un escadron, quatre compagnies, brigade Chabert, une batterie de six pièces.

Colonne : convoi, Suisses, brigade Pannetier, artillerie, marins, cavalerie.

C'était en queue et non en tête du gros qu'aurait dû marcher le convoi, le but n'étant pas de sauver des bagages, mais de ramener des hommes, des chevaux, des canons et surtout les drapeaux.

L'avant-garde passa le Rumblar le 19 juillet, à 3 heures du matin (2 kil. 500 à l'heure, marche de nuit), s'engagea vers 4 heures du matin, et, vers 5 heures, toute la brigade Chabert était déployée devant l'armée espagnole.

Et la brigade Pannetier était loin ! Elle avait *fait face* à l'ouest pour *barrer la route* à Castanos au cas où ce dernier serait sorti d'Andujar; elle dut ensuite longer le convoi pour venir à la rescousse.

Quand elle arriva, les Espagnols avaient pris leurs dispositions ; ils tenaient toutes les crêtes, Reding au nord et Coupigny au sud de la route. Il était trop tard.

Toutes les attaques échouèrent. A midi et demi, Dupont était blessé ; les Suisses venaient de passer à l'ennemi et la cavalerie signalait l'arrivée de Castanos. C'était la division La Pena qui avait quitté Andujar à 8 heures du matin.

M. de Villoutreys, écuyer de l'Empereur, demanda une trêve aux Espagnols, aussi épuisés que les soldats de Dupont. Reding accepta sous la réserve de l'approbation de Castanos.

C'était la fortune qui voulait nous sauver malgré nous !

En effet, Vedel, arrivé le 18 à La Caroline, avait reconnu qu'il courait à une chimère et avait fait demi-tour.

Malheureusement ses hommes étaient épuisés par les marches (1), les veilles et la chaleur.

A peine en marche, le 19, il entendit le canon (4 heures du matin). C'était le cas de marcher à toute vitesse, même en sacrifiant les hommes les plus fatigués. Mais Vedel était

---

(1) Marche de nuit du 15 au 16 : 30 kilomètres; marche de nuit du 16 au 17 : 30 kilomètres; marche de nuit du 17 et du 18 : 35 kilomètres.

inquiet, indécis et faisait explorer les gorges sur les flancs de la colonne. La tête de la division n'arriva à Guarroman qu'à 11 heures du matin, à 14 kilomètres de Baylen, après avoir mis huit heures pour faire 18 kilomètres !

A midi, le bruit du canon ayant cessé, Vedel arrêta sa colonne et lui donna deux heures de repos.

Le moment était bien choisi !

Pourquoi cette division ne se fit-elle pas précéder par quelques cavaliers ou officiers ? On entend le canon à 4 heures du matin, et à midi Vedel ne sait pas où on se bat et qui se bat !

A 5 heures du soir seulement la division arriva près de Baylen, au moment même où La Pena, violant la suspension d'armes, attaquait la division Barbou sur le Rumblar.

L'arrivée de la division Vedel produisit une véritable panique dans l'armée de Reding. Ce général envoya aussitôt un parlementaire pour apprendre à son chef qu'une trêve était signée et que les hostilités avaient cessé.

Ne pouvant y croire, Vedel envoya un officier pour s'en assurer. Ce dernier n'étant pas de retour à l'expiration du délai qu'il avait fixé, il n'hésita plus, attaqua les Espagnols, les culbuta et prit pied sur l'Ahorcado. Si Dupont s'était alors engagé à fond, c'en était fait de l'armée espagnole.

Mais le général Dupont, qui n'avait rien fait durant toute la journée pour mettre son lieutenant au courant de sa détresse, ne tenta aucun effort pour le rejoindre; bien plus, il lui envoya l'ordre de rompre le combat. Ses vertus ne se réveillèrent que lorsque le général Marescot, envoyé auprès de Castanos, vint lui annoncer que le général espagnol exigeait une capitulation à discrétion.

Ce réveil dura peu. Il vit ses soldats sans forces, épuisés, et donna alors pleins pouvoirs au général Chabert pour traiter avec Castanos; il fut convenu que les trois divisions françaises se retireraient sur Madrid, la première sans armes.

Sur ces entrefaites, Castanos reçut un pli enlevé sur un officier venant de Madrid. Il contenait la nouvelle de la victoire de Medina (15 juillet) et l'ordre, de Savary, de revenir dans la Manche (ordre du 16 juillet) où devait se concentrer tout le corps Dupont.

Les conditions de la capitulation favorisaient l'exécution de ces instructions.

Les généraux espagnols ne l'entendaient pas ainsi. Ils imposèrent de nouvelles conditions, violant ainsi la parole donnée. Ils exigèrent le transport en France, sans armes, des divisions Dufour et Vedel ; la division Barbou resterait prisonnière.

Cette humiliation n'était pas en rapport avec la situation du corps Dupont. Comme le fit remarquer Vedel, il n'y avait qu'à attaquer les Espagnols dans la nuit du 20 au 21. Dupont ne crut pas à la possibilité d'un pareil effort, mais il donna à Vedel l'ordre de partir pour Madrid.

Ce dernier se déroba dans la nuit du 20 au 21 et poussa jusqu'à Sainte-Hélène dans la matinée du 21. Il allait en repartir lorsqu'un officier de Dupont vint lui ordonner de revenir pour se mettre à la disposition de l'ennemi, pour éviter le massacre de la division Barbou.

Les divisions Vedel et Dufour, par obéissance, revinrent à Guarroman, non sans protestation de la part des officiers et des soldats, et subirent l'humiliation des vaincus. Il en fut de même des échelons placés sur la route de Madrid, au désespoir de Napoléon.

La Junte de Séville refusa de reconnaître la capitulation ; nos divisions furent dirigées au milieu d'une population plus qu'hostile sur San-Lucar et nos malheureux soldats furent enfermés sur des pontons ou transportés à Cabrera.

Dupont pouvait et devait vaincre. Ce fut une idée pré-conçue qui le perdit.

De ce désastre il faut dégager certains enseignements :

I. Dupont a manqué de résolution en restant dix jours à Cordoue. En pays insurgé, il faut agir vite et frapper de grands coups. L'attente et l'inaction sont taxées de faiblesse par l'ennemi ; il a le temps de se reconnaître, de s'organiser et de s'instruire.

En pareille circonstance, il ne faut pas être Fabius, mais César.

II. Dupont a pris à Andujar des dispositions radicalement opposées au but qu'il voulait atteindre. Ce n'était pas là qu'il devait rester pour couvrir le défilé de La Caroline : la masse à Baylen, les avant-postes sur le Guadalquivir, voilà comment il devait répartir ses forces.

L'éparpillement des forces est le signe d'un commandement indécis et timide.

III. Qui veut manœuvrer doit se débarrasser de ses convois, qui ne sont qu'un embarras dans les colonnes. Il y a des circonstances où on ne doit pas hésiter à les sacrifier ; dans tous les cas il ne faut jamais être l'esclave de ses bagages.

IV. Les généraux Vedel et Dufour se laissèrent tromper par des renseignements inexacts. Il ne faut jamais baser sa résolution sur des comptes rendus vagues et qui n'ont pas été contrôlés. Napoléon n'a jamais manœuvré qu'après avoir pris ses précautions à cet égard.

En faisant autrement on épuise les troupes par des allées et venues.

V. Dupont a commis un acte inqualifiable en comprenant dans la capitulation les divisions Vedel et Dufour, qui pouvaient opérer librement leur retraite.

Le général Vedel n'aurait pas dû obéir, son chef étant prisonnier de guerre.

Le courage moral lui a manqué dans ces tristes circonstances.

Un jeune officier du 116e (division Gobert), le lieutenant

Bugeaud, se conduisit tout autrement. Son régiment, le seul, put regagner Madrid grâce à son énergie.

Ecoutons le jugement de l'Empereur :

« Les événements inattendus du général Dupont sont une preuve de plus que le succès à la guerre dépend de la prudence, de la bonne conduite des opérations et de l'expérience du général.

» Castanos n'avait pas plus de 25.000 hommes de troupes de ligne (?) et 15.000 paysans ; si Dupont les eût attaqués ou se fût battu avec tout son corps réuni, il les eût complètement défaits. » (Rochefort, note du 5 août 1808.)

Le 23 août il écrivit à Davout :

« Dupont a déshonoré nos armes ; il a montré autant d'ineptie que de pusillanimité. »

La colère de l'Empereur était justifiée par les fautes tactiques commises. Il voyait dans ce désastre l'écroulement de son rêve, car l'honneur de nos armes était perdu. « Les plaies faites à l'honneur, disait-il, sont incurables. » Aussi ne pardonna-t-il jamais aux généraux signataires d'une capitulation aussi honteuse, en rase campagne (1).

XII

Instructions de l'Empereur en juillet 1808.

Les conséquences de Baylen furent telles qu'il est nécessaire d'établir nettement les responsabilités.

Les notes du 13, du 14 et du 21 juillet nous permettront de pénétrer les intentions de l'Empereur.

---

(1) Thiébault, *Mémoires*, t. IV, p. 247 à 250. — Le général Thiébault a raconté la violente sortie de l'Empereur en apercevant le général Legendre à Valladolid.

D'après la note du 13, Bessières devait attaquer sans hésitation l'armée de Galice. S'il était battu, il pouvait être secouru par la division Mouton (alors en marche) et par toutes les troupes de Madrid, Dupont devant alors manœuvrer en retraite « pour tenir l'armée d'Andalousie en échec.

» Le coup qui serait porté à Bessières serait un coup porté au cœur de l'armée. »

Dans la note du 14 juillet, l'Empereur écrivait : « On doit tout faire pour que ce corps n'éprouve aucun mouvement rétrograde, aucun échec. »

C'était Bessières qu'il fallait renforcer pour le moment. Toute l'attention de l'état-major à Madrid était donc concentrée sur les opérations de ce corps d'armée.

« Si Bessières est battu, il faut se concentrer et rassembler les troupes dans le cercle de sept à huit jours de Madrid et étudier les dispositions dans les différentes directions pour savoir où placer les avant-gardes, afin de profiter de l'avantage qu'on a d'être au milieu, pour écraser successivement avec toutes ses forces les divers corps de l'ennemi.»

En effet, la masse de l'armée étant ainsi placée, les Espagnols restaient divisés. Voilà pourquoi Napoléon tenait tant à conserver Madrid, dont l'importance stratégique ne lui avait pas échappé.

« Le but de tous les efforts doit être de conserver Madrid. C'est là qu'est tout. »

La victoire de Medina modifia la situation et l'Empereur écrivit aussitôt :

« Bessières est vainqueur. Toutes les sollicitudes doivent se tourner du côté de Dupont. »

Pourquoi ? C'est que l'esprit de la guerre veut l'écrasement rapide des forces organisées de l'ennemi.

« A Madrid, disait l'Empereur, l'armée occupe le centre et l'ennemi un grand nombre de points de la circonférence.»

Dans la pensée de l'Empereur, la masse pouvait, après la victoire de Medina, se porter au secours de Dupont.

« Dans une guerre de cette nature, disait-il, il faut du sang-froid, de la patience et du calcul...

» La position de l'armée est bonne. Ce serait une faute de concentrer les troupes trop près de Madrid. On pouvait arrêter leurs mouvements pendant les opérations de Bessières pour les rappeler à Madrid s'il eût été battu. Mais ce serait une faute si on les rappelait maintenant lorsque, quelques jours avant, on agissait comme si l'armée de Galice n'existait pas. Les mouvements rétrogrades commencés ont fait un mal moral et physique. »

L'Empereur faisait allusion à des mouvements des divisions Vedel, Frère et Gobert et il ajoutait :

« Le plus important de tout est le général Dupont ; on doit lui envoyer le reste de Gobert et employer d'autres troupes pour maintenir la communication.

» Il n'y a pas de doute qu'avec 20.000 hommes il ne culbute tout ce qu'il a devant lui. »

Dupont était prisonnier lorsque cette note partit pour Madrid (20 juillet).

L'Empereur revint à la charge le lendemain.

« Il faut, disait-il, que Dupont dispose de 25.000 hommes dont 2.000 à 3.000 dans les montagnes. [Il faut qu'il ait 23.000 hommes en ligne le jour de la bataille.

» Aujourd'hui, le seul point qui menace, où il faut promptement avoir un succès, c'est du côté du général Dupont. Avec 25.000 hommes, il a beaucoup plus qu'il ne faut pour obtenir de grands résultats. A la rigueur, avec 21.000 présents sur le champ de bataille, il peut hardiment prendre l'offensive. Il ne sera pas battu et il aura pour lui plus de quatre-vingts chances. »

L'Empereur voyait juste, mais il était trop tard.

C'était lui qui avait empêché Savary de dégarnir Madrid et son lieutenant avait reçu des reproches pour avoir dirigé sur La Caroline la division Gobert (note du 13 juillet).

Il s'était trompé sur le caractère et la valeur du commandant du corps de la Gironde, comme il s'était trompé sur les qualités du peuple espagnol.

N'ayant vu que la façade (1) et n'ayant point pénétré dans l'édifice, il a lancé Dupont en Andalousie et ne l'a point fait soutenir.

Baylen n'est que la conséquence de son erreur première et c'est à lui que doit aller tout d'abord la responsabilité de cette capitulation en rase campagne.

---

(1) Frédéric Masson, *Napoléon et sa famille*, t. IV, p. 213.

CHAPITRE VII

ÉVACUATION DU PORTUGAL
CONVENTION DE CINTRA

En arrivant à Lisbonne, le premier soin de Junot avait été de veiller au rétablissement de la santé de ses hommes, à la mise en état de défense de Lisbonne et au désarmement des habitants. En même temps il s'était appliqué à mettre un peu d'ordre dans l'administration locale.

Pendant trois semaines, l'armée du Portugal n'eut pas plus de 10.000 hommes valides. Mais peu à peu le repos changea cette situation : la cavalerie fut remontée, le matériel réparé et une ligne d'étapes établie par Leira, Coïmbre et Almeida. Les troupes furent ainsi réparties :

Espagnols.

Division Solano, à Sétubal, où elle fut bientôt remplacée par une brigade de la 3e division française ;

Division Taranco, à Oporto, dont le général Quesnel fut nommé gouverneur ;

3e division espagnole, dans l'Alemtejo.

Corps Junot (25.000 hommes).

Un bataillon suisse, à Elvas ;
Un bataillon suisse, à Almeida ;
1re division, à Lisbonne ;
2e division, à Mafra ;

3e division, une brigade à Sétubal ;

La légion du Midi et le 26e, dans les Algarves.

Le 15 janvier 1808, une contribution extraordinaire de 100 millions frappa le Portugal. Même réduite à 50 millions, elle ne fut jamais acquittée et le mécontentement n'en fût pas moins grand. Cependant les efforts de Junot pour encourager le commerce et l'industrie, et surtout la présence d'une armée solide, arrêtèrent tout mouvement insurrectionnel.

Mais la commotion ressentie dans toute la Péninsule à la suite des événements d'Espagne, la propagande faite par les commerçants anglais, l'hostilité des corps espagnols, nos revers en Andalousie et notre isolement à Lisbonne ne tardèrent pas à créer une vive agitation.

Junot fit entourer et désarmer les régiments espagnols isolés (9 juin 1808) après la défection de la division Taranco. Cette dernière et la division Solano avaient été rappelées au centre de l'Espagne.

Le 15 juin, jour de la Fête-Dieu, l'insurrection n'avorta que grâce à l'énergie du général en chef.

Peu après les communications avec la France furent interceptées et des bandes d'insurgés entourèrent nos détachements. Dans les Algarves, le général Spencer avait débarqué 5.000 hommes ; une flotte, portant 10.000 soldats anglais, était en vue de Lisbonne.

Partout grondait l'insurrection.

A la fin de juin, il fallut agir avec vigueur.

Le général Kellermann, qui n'avait pu joindre Dupont en Andalousie, était alors à Elvas ; il châtia les insurgés de Villaviciosa et protégea la retraite d'un détachement envoyé dans les Algarves. De brillants combats eurent lieu à Villaviciosa et Beja. Le 29 juin, le général Kellermann revenait à Lisbonne.

Le général Margaron (un escadron, trois bataillons, six pièces) fut chargé de marcher contre les insurgés du Nord et de, secourir la colonne Loison dont on n'avait pas de nouvelles. Cette dernière colonne était arrivée à Almeida le 5 juin ; elle devait se mettre en relation avec Bessières alors en Castille (ordre de l'Empereur).

Le 5 juillet, Leyria était enlevée aux insurgés.

Sur ces entrefaites, Junot apprit par de faux renseignements que 10.000 Anglais avaient débarqué à l'embouchure du Mondego. Il porta aussitôt à leur rencontre un détachement commandé par le général Kellermann (trois bataillons, un régiment de dragons et deux pièces). Le général Margaron devait se joindre à ce détachement, ainsi que le général Loison qui, venant d'Abrantès, avait l'ordre de passer par Thomar.

Le débarquement n'avait pas eu lieu.

Le général en chef ordonna alors à Loison de prendre le commandement de toutes les troupes réunies à Leyria et de soumettre Coïmbre révoltée. Mais, les insurgés ayant reparu dans l'Alemtejo, il le rappela bientôt sur Lisbonne.

Le 23 juillet, le général Loison marcha sur Evora (29 juillet). Tout fut culbuté et la ville, prise d'assaut, fut saccagée. Le 4 août, la colonne se porta sur Elvas menacée et Badajoz.

Au cours de ce mouvement Loison reçut l'ordre de revenir en toute hâte sur le Tage pour renforcer les troupes de Lisbonne qui allaient avoir affaire à une armée anglaise.

Le 9 août, il arriva à Abrantès avec des troupes épuisées par les marches, la chaleur et les privations (325 kilomètres du 25 juillet au 9 août et plusieurs combats).

La situation était grave lors de son arrivée sur le Tage.

L'armée anglaise, après avoir traversé Coïmbre, s'avançait sur Lisbonne, flanquée à droite par sa flotte et à gauche par des bandes portugaises.

L'éloignement de la colonne Loison nous avait affaiblis,

car il fallait garder Lisbonne où les esprits étaient très surexcités contre les Français.

La division Delaborde fut chargée de ralentir la marche des Anglais afin de donner le temps à l'armée de concentrer ses moyens d'action.

Cette division comprenait :

Un escadron ;

Cinq pièces ;

Brigade Brenier (deux bataillons du 70e) ;

Brigade Thomières (un régiment provisoire et un bataillon suisse).

La première brigade quitta Lisbonne le 6 août ; le 10, la division était rassemblée à Alcobaça.

C'était le moment où Loison arrivait à Abrantès.

Que faisait donc l'armée anglo-portugaise, qui connaissait nos effectifs, la dissémination de nos forces et l'esprit de la population de Lisbonne ?

Elle ne marchait pas (1).

Cette armée, qui comptait 13.900 Anglais et 1.650 Portugais sous les ordres du général Freire, ne montra pas beaucoup d'activité et ne manœuvra pas pour empêcher la concentration du corps de Junot.

Le général Delaborde, habile manœuvrier, livra aux Anglais, avec lesquels les Français se mesuraient sur terre pour la première fois, une série de combats en retraite à Rorissa (16 et 17 août).

Le 17, le combat dura de 9 heures du matin à 5 heures du soir ; l'ennemi dut se déployer jusqu'à sept fois !

Jamais troupe de couverture n'a mieux compris son rôle.

Dans la nuit du 17 au 18 août, la division, réduite à 1.900 hommes, se retira sur Montachique.

Le 19, le général en chef arrivait à Permures avec la

---

(1) Le débarquement eut lieu le 6 août.

réserve, composée d'un régiment de grenadiers, d'un bataillon du 82e, d'un régiment de dragons et de 10 pièces. Le 20, ces troupes atteignaient Torrres-Vedras, après une marche pénible (1).

Le 15, les troupes de Loison (4.800 hommes, 6 pièces, 50 chevaux) étaient encore à Santarem ; elles étaient épuisées. Le 18, elles arrivaient cependant à Torres-Vedras pendant que la division Delaborde échappait à l'étreinte de sir Arthur Welesley. Ce dernier s'arrêta après les combats du 16 et du 17, afin de protéger le débarquement des troupes du général Anstruther.

Le 20 août, Junot avait achevé la concentration des 9.200 hommes avec lesquels il était décidé à prendre l'offensive. Ces troupes étaient réparties en deux faibles divisions et une réserve (quatre bataillons de grenadiers), cette dernière commandée par Kellermann. Chaque division disposait de huit pièces.

Les reconnaissances firent bientôt connaître que les Anglais avaient suivi la côte pour rester à proximité de leur flotte et occupaient une position formidable à Vimeiro. Ils venaient de recevoir un nouveau chef ; Harry Burrard, qui avait arrêté le mouvement sur Lisbonne, malgré les avis de sir Arthur Wellesley, afin d'attendre les renforts amenés par le général Hope.

Junot aurait pu laisser l'armée anglaise s'avancer plus au sud, de manière à ne pas avoir à la combattre dans des conditions désavantageuses. Mais le général en chef pensa qu'il ne fallait pas perdre de temps, les esprits à Lisbonne étant en pleine effervescence. Il résolut donc de les attaquer sur-le-champ, malgré son infériorité numérique. Les An-

---

(1) « On se figure difficilement combien dans cette saison les marches sont cruelles en Portugal. » (Général Thiébault, *Guerre en Portugal*, p. 192.)

glais pouvaient, en effet, mettre en ligne 19.989 hommes, sans compter les Portugais.

Le détachement — c'est le mot qui convient aux troupes disponibles de l'armée du Portugal — se mit en marche en pleine nuit, traversa le défilé de Torres-Vedras et s'engagea à fond, sans préparation, sans tenir compte des difficultés du terrain, contre les Anglais retranchés.

Le but étant de jeter les Anglais à la mer, l'attaque (21 août 1808) devait se porter naturellement sur leur aile gauche. Mais les difficultés du terrain n'étaient pas connues et la distance entre les deux colonnes était de plusieurs kilomètres. Les Anglais, eux, voyant bien le terrain de l'attaque, purent dégarnir à leur aise leur droite pour leur gauche.

En un mot, la manœuvre fut mal conçue et l'entrée en ligne de la réserve ne put assurer le succès.

Il n'y eut pas de poursuite et la retraite put se faire avec ordre.

Le 22, les Anglais recevaient un nouveau commandant en chef, sir Herr Dalrymple.

La situation était critique pour les Français. Certainement les troupes qui venaient de combattre étaient en état de s'ouvrir la route de Salamanque; mais fallait-il abandonner les corps laissés à Lisbonne et environs, les prisonniers et les blessés?

Les généraux, réunis le 22 août, déclarèrent que la retraite à travers l'Espagne était impossible, donnant pour toute raison la fatigue des troupes. Cette raison prévalut. il y en avait une autre, bien plus sérieuse : le désastre de Baylen était connu et il était permis de penser que les routes de Salamanque et de Madrid étaient interceptées.

Il fut donc convenu qu'une suspension d'armes serait offerte à sir Herr Dalrymple.

Le général Kellermann parvint, avec beaucoup d'adresse, à conclure une convention qui fut signée le 30 août, à

Cintra. L'armée française (25.747 hommes, 1.555 chevaux et 30 pièces) devait être rapatriée par mer (1).

L'abandon du Portugal eut des conséquences fâcheuses. Il permit aux Anglais de s'y installer en maîtres, après y avoir été acclamés comme des libérateurs. Pour essayer de les en chasser, l'Empereur dut faire d'énormes sacrifices et ne réussit point.

Quelques réflexions s'imposent :

I. L'Empereur connaissait bien le caractère de son lieutenant et ses talents.

Il lui écrivait le 23 décembre 1807 :

« Vous vous bercez de vaines illusions; tout le peuple qui est devant vous est votre ennemi. Tous les moyens que vous aurez laissés aux Portugais tourneront contre vous. Désarmez le pays, licenciez les troupes portugaises.

».Toutes les troupes doivent être campées en carré et disponibles au premier événement. »

Et plus loin :

« Il faut qu'elles soient toutes disponibles pour se porter partout sans qu'on s'en aperçoive. C'est là l'avantage des camps. »

Napoléon ne pouvait mieux prêcher la réunion et l'économie des forces.

Au mois de mars 1808, il rappelait au général en chef ces mêmes principes : « Je ne comprends rien à la mauvaise disposition de vos camps; il faut tenir vos troupes réunies. »

L'Empereur, éloigné du théâtre d'opérations, grondait toujours quand on lui parlait de détachements à faire.

Il est vrai que, durant cette longue guerre sans précédent, les généraux français voyant partout des insurgés, menacés de tous côtés, mal renseignés, furent conduits à disloquer les unités et à agir par petits paquets.

____

(1) Ce corps d'armée devint le VIII° corps.

La conclusion à en tirer est que la conquête d'un pays où tous les cœurs battent à l'unisson, où tous les esprits ont un même but, où tous les bras s'associent au même effort, demande des sacrifices énormes et un chef d'une valeur exceptionnelle.

II. Junot eut tort de faire publier avec emphase le décret de contributions de 100 millions. Il était loin cependant d'être maître du pays. (Lettre de l'Empereur du 4 mars 1808.)

Ce fut une faute politique très grave.

III. Les marches de Loison sur Almeida et Badajoz étaient nécessaires. Elles furent remarquables par la longueur des étapes et les difficultés surmontées; mais elles coûtèrent plusieurs centaines d'hommes et, lorsqu'il fallut combattre, les troupes étaient incapables de fournir un effort de longue durée.

IV. Junot avait un grand parti à prendre au moment du débarquement de l'armée anglaise : c'était de ne laisser qu'un détachement à Lisbonne, d'abandonner même la capitale et de chercher à écraser les Anglais avec tout son monde.

Cependant il ne pouvait trop s'éloigner de Lisbonne, dont la population aurait eu le temps de s'organiser en son absence. Comment aurait-il pu, en effet, assiéger cette grande ville, ravitaillée par la flotte anglaise? Une victoire loin de cette ville lui en eût probablement fermé les portes.

Junot aurait pu attendre les Anglais près de la capitale au lieu d'aller les attaquer à Vimeiro. La manœuvre de la division Delaborde devait leur donner à réfléchir, assurer le rappel de Loison en temps utile et la concentration de tout le corps d'armée.

Vimeiro est à 60 kilomètres de Lisbonne ; mais les Anglais auraient mis à les parcourir trois ou quatre journées; ils marchaient lentement et il fallait tenir compte des arrêts que leur aurait imposés le général Delaborde renforcé au besoin par la colonne Loison. Le terrain est très favorable à une défense pied à pied (long défilé de Torres-Vedras).

Deux routes conduisent de Torres-Vedras à Lisbonne : l'une par Mafra, l'autre par Montachique.

Si les Anglais prenaient la première, ils s'éloignaient de leur flotte ; il était donc probable qu'ils se décideraient à suivre la seconde.

Dans tous les cas, en restant sur la défensive, on se donnait le temps de la réflexion et les troupes pouvaient se reposer. Les Anglais, au contraire, accablés par la chaleur s'épuisaient et voyaient leurs forces s'affaiblir chaque jour.

La rencontre aurait eu lieu vers Montachique, Mafra ou Cintra, à une marche de Lisbonne. Et en admettant que 2.000 hommes aient gardé les forts pour bombarder la capitale au premier signal de révolte, Junot eût livré bataille avec 18.000 hommes environ, tandis qu'il ne put conduire à Vimeira que 9.200 hommes.

L'absence de l'armée pouvait durer trois ou quatre jours au plus (elle fut de huit jours), ce qui rendait impossible l'organisation de l'émeute.

En cas d'insuccès, la route de Santarem nous fût restée ouverte en prenant quelques précautions. Mais la situation n'en eût pas moins été très critique.

En somme, la convention de Cintra, que la faiblesse du gouvernement anglais rendit facile, fut un événement heureux pour le corps Junot, qui se trouvait bien compromis après Baylen. Mais les généraux anglais ne voulaient pas risquer une affaire décisive et Kellermann, chargé de traiter avec eux, sut habilement tirer parti de cette appréhension.

Cette convention fut vivement blâmée en Angleterre. Une enquête fut ordonnée et les généraux anglais durent comparaître devant une commission qui, par quatre voix contre trois, approuva leur conduite (1).

Napoléon ne fit aucun reproche à Junot.

Dans ses *Commentaires*, l'Empereur a jugé en ces termes la convention d'El-Arysch : « Quand les armées croient possible de sortir d'une position critique avec une convention, sans se déshonorer, tout est perdu. Autant vaudrait confier la défense à l'honneur des armes à des vieilles femmes armées de leurs fuseaux (2). »

Mais les circonstances étaient bien différentes. La convention de Cintra rendit un corps d'armée compromis au moment où l'Empereur en avait le plus pressant besoin.

---

(1) Sir John Jones, *Histoire de la guerre d'Espagne*, t. I.

(2) Napoléon interrogea longuement le général Thiébault sur les affaires d'Espagne et du Portugal en particulier. (*Mémoires* du général Thiébault.)

CHAPITRE VIII

LES OPÉRATIONS JUSQU'A L'ARRIVÉE DE L'EMPEREUR

I

Situation générale à la fin de juillet 1808.

La nouvelle du désastre de Baylen se répandit rapidement, malgré les efforts de l'Empereur qui avait mesuré l'étendue du coup porté à la réputation de ses armes.

Le roi qu'il venait d'imposer à l'Espagne ne négligea du reste aucune occasion de rabaisser le prestige de nos armes. Sa défiance envers Savary et les autres généraux, dès qu'il eut mis le pied sur le sol espagnol, indisposa l'armée, son seul soutien.

« Il ne savait ni se présenter aux troupes, ni parler à l'officier et au soldat (1). »

Ignorant tout du militaire (2), nul ne le prit au sérieux. Et c'était cet homme qui devait faire face à l'orage ! Il lui restait 80.000 hommes, mais ils n'avaient aucune confiance en lui ; il avait bien une cour, mais elle n'était composée que de courtisans suspects (3). Le maréchal Jourdan, son mentor, éloigné de l'armée depuis de longues années, était encore à Naples.

---

(1) Général Foy.
(2) Frédéric Masson, *Napoléon et sa famille*, t. IV, p. 71.
(3) Ils l'abandonnèrent, pour la plupart, lorsqu'il quitta Madrid.

Les mauvaises nouvelles reçues à la fin de juillet, du corps Dupont, jetèrent le désarroi dans l'entourage du roi, dont la première pensée fut de quitter Madrid. La réorganisation des troupes de Cuesta, l'héroïsme des Aragonais enfermés dans Saragosse, les difficultés rencontrées par Duhesme en Catalogne, tout cela l'épouvantait.

Lorsque la nouvelle du désastre de Baylen parvint à Madrid (fin juillet), les troupes françaises étaient ainsi réparties :

Corps Bessières (24.000 hommes).

Division Merle (brigade Darmagnac, brigade Ducos), à Benavente ;
Division Mouton, à Benavente ;
Brigade de la Garde (réserve), à Benavente ;
Division de cavalerie Lasalle, à Benavente ;
Division Bonnet, à Burgos ;
Général Monthyon : bataillons et escadrons provisoires à Vitoria ;
Général Drouet : dépôts à Bayonne ;
Un bataillon de marche à Aranda ;
Général Thouvenot : dépôts à Saint-Sébastien.

Corps de siège de Saragosse (général Verdier), (9.500 fantassins, 1.100 cavaliers).

Trois régiments de la Vistule ;
Trois bataillons de marche ;
Un régiment provisoire ;
Un régiment supplémentaire ;
Gardes nationaux d'élite ;
Lanciers polonais.

Ce dernier corps allait recevoir bientôt un renfort de vieilles troupes (14e et 44e de ligne). Le général Lacoste avait été envoyé sur les lieux pour prendre la direction des travaux.

Garnison de Pampelune (genéral d'Agoult).

2.000 hommes.

Corps de Madrid (20.000 *hommes*).

Division Musnier (corps Moncey;
Division Morlot (corps Moncey) ;
Division Frère (corps Dupont).

Corps de Catalogne (général Duhesme).

Division Chabran ;
Division Duhesme ;
Division Reille.

La situation était donc loin d'être désespérée, puisque les Espagnols ne disposaient dans la vallée du Tage que de l'armée d'Andalousie. En rappelant une partie du corps Bessières, le reste pouvant facilement maintenir les troupes de Galice, le roi Joseph était en mesure d'écraser l'armée de Castanos.

Il n'y avait que cette résolution à prendre.

Etonnés de leur victoire, n'ayant d'ailleurs aucun plan arrêté, les Espagnols avaient fait halte dans la Manche.

La Junte suprême de Séville avait, au mois de juin, décidé la formation de trois armées actives en Andalousie, en Galicie et en Catalogne. Mais, sentant très bien qu'il était téméraire de nous joindre en rase campagne, les généraux espagnols avaient adopté le projet de harceler les colonnes françaises, et de menacer leurs communications pour les épuiser.

Ils n'avaient pas visé au succès au début des hostilités.

Aussi la prise du corps Dupont eut-il un grand retentissement dans toute la Péninsule, au moment même où Palafox donnait à ses compatriotes un grand exemple de patriotisme. Dès lors la haine de l'étranger et l'espoir de le battre en bataille rangée se manifestèrent au grand jour. C'est alors que parut le fameux manifeste de la Junte suprême, où il était dit : « Les Français sont véritablement stupéfiés et terrifiés, et l'espoir de les vaincre est aussi assuré que toutes les probabilités humaines peuvent le faire concevoir. (1) »

A la fin de juillet 1808, l'armée d'Andalousie (30.000 hommes environ) débouchait dans la Manche ; celle de Galice (12.000 hommes environ) était à Manzanal ; celle de Catalogne (10.000 hommes environ) bloquait Duhesme dans Barcelone. Palafox tenait en échec les forces confiées au général Verdier.

Telle était la situation respective des deux partis : d'un côté, une armée solide de 80.000 hommes, dont 30.000 environ pouvaient faire face à Castanos ; de l'autre, trois armées agissant séparément, au gré de leurs chefs.

II

Retraite de l'armée française sur l'Ebre.

Epouvanté, le roi Joseph ne pensa pas qu'il était possible de résister aux Espagnols et résolut de se retirer sur l'Ebre avec toute l'armée.

Il aurait dû tout tenter pour rester à Madrid, en admettant même que l'ennemi eût marché résolument dès le lendemain de sa victoire.

---

(1) 23 août 1808. L'armée française était en pleine retraite.

Le 2 août, les troupes reprirent le chemin de Burgos, emmenant avec elles un immense convoi. A Miranda, le corps Bessières rallia l'armée du roi.

Le jour où cette retraite commençait, un assaut furieux avait été tenté contre Saragosse. Le 4 août, le général Verdier avait réussi à pénétrer dans la ville et la reddition était imminente. Mais tout à coup arriva l'ordre de se retirer et les troupes partirent pour Tudela, où elles arrivèrent le 17 août.

Cette retraite et l'abandon des Castilles devant un ennemi imaginaire eurent un effet moral désastreux pour l'armée française.

Jugeant la situation avec netteté, un chef digne de ce nom n'aurait pas oublié qu'il avait 20.000 hommes à Madrid, que Bessières disposait de 24.000 hommes et que Verdier allait avoir 12.000 hommes. Comme Bessières ne pouvait plus songer à entrer en Galice, on pouvait le placer en observation entre Burgos et Valladolid et lui prendre 9.000 à 10.000 hommes. Sans aucun inconvénient on pouvait demander à Verdier deux excellents régiments, les 14e et 44e, quelques escadrons et un certain nombre de pièces.

Le corps de Madrid eût pu s'élever bientôt à 36.000 hommes.

En tenant compte des distances et du temps nécessaire pour la transmission des ordres, il est à peu près certain que les divers éléments seraient arrivés, au plus tard, aux jours ci-dessous :

1° Troupes venant de Burgos (division Bonnet), le 8 août ;

2° Troupes venant de Benavente (divisions Mouton et Lasalle), le 12 août ;

3° Troupes venant de Saragosse (14e et 44e, etc.), le 13 août.

De Baylen à Madrid on compte 240 kilomètres, soit

douze jours de route, sans repos. La capitulation ayant été signée le 22, les Espagnols pouvaient repartir le 23 ; mais c'était peu probable, car il fallait organiser le départ de trois divisions prisonnières et les escorter.

Admettons pour un moment qu'ils aient laissé le strict nécessaire à la garde du corps Dupont et qu'ils se soient mis en marche immédiatement. Ils pouvaient au plus tôt paraître près de Madrid le 4 août ; mais ce calcul ne tient compte ni de la fatigue, ni de la chaleur.

Une avant-garde lancée sur Madrilejos et manœuvrant en retraite leur aurait certainement fait perdre plusieurs jours.

La réunion était donc possible.

Le roi Joseph n'eut pas le sang-froid nécessaire. S'il avait connu son ennemi et ne se fût pas ému des bruits répandus, nul doute qu'il fût resté sur le Tage et qu'il eût exécuté les instructions de son frère : « Il se serait tenu réuni et aurait renoncé pour le moment à toute opération offensive. Il aurait choisi une bonne position à un ou deux jours de Madrid, car il n'était pas probable que l'ennemi pût remporter la victoire sur cette force-là, et enfin, quand il en aurait eu l'entière conviction, il se serait retiré selon les règles de l'art. »

Par bonne position, l'Empereur entendait que le terrain fût bien étudié et que les troupes y fussent bien disposées, de manière à combattre avec des avantages sérieux.

L'Empereur n'a jamais voulu revenir à la guerre de positions ; nous en aurons une preuve éclatante en lisant ses notes et ses instructions.

Le 5 août, il apprit à Rochefort l'évacuation de Madrid. Il écrivit aussitôt au Ministre pour lui prescrire :

1° De mettre en état de défense les places des Pyrénées ;

2° D'établir à Bayonne et à Perpignan d'immenses magasins.

En même temps il dicta les ordres nécessaires pour la

rentrée en France, en septembre, d'une partie de la Grande Armée (Ier, VIe et IVe corps, et deux divisions de dragons; puis Ve corps, deux divisions de dragons et Garde). Tous ces mouvements devaient se faire en secret.

« Je vois, disait-il, plus de rapidité dans l'évacuation de Madrid que je ne l'avais cru. Un événement comme celui-là a sans doute beaucoup de pouvoir sur les imaginations. »

Aussi la Grande Armée fit-elle diligence. Quand le VIe corps quitta Glogau, il fallut, dit Jomini (1), faire préparer à l'avance des parcs de voitures du pays ; au moyen de ces relais, les corps firent 14 à 16 lieues par jour.

Ces marches soutenues, de l'Oder jusqu'à la Bidassoa (2), par divisions constituées pour certains corps d'armée, donnent une idée de la valeur des troupes, car il y avait peu de repos et les étapes étaient très longues.

L'Empereur avait bien raison de dire qu'il envoyait aux Espagnols des loups pour les dévorer.

Il y comptait bien. Aussi ordonna-t-il de fêter, par toute la France, le passage des régiments. Il y eut des banquets somptueux et des réjouissances magnifiques.

Les mesures de défense et la réunion d'une nouvelle armée à Bayonne exigeaient un certain temps dont Napoléon croyait bien pouvoir disposer. Il était loin de supposer que son frère irait d'une seule traite jusqu'à Miranda. Voici, en effet, la substance d'une note du 5 août. Elle mérite qu'on s'y arrête :

Puisque Madrid est évacué, disait l'Empereur, il faut tenir les hauteurs de Buytrago, au débouché sud des montagnes de Guadarrama, afin de permettre à Bessières de revenir de Galice et de posséder une entrée en Nouvelle-Castille. Il faut former trois corps : le 1er, fort de 36.000

---

(1) Jomini était chef d'état-major du VIe corps.

(2) *Histoire de l'infanterie*. (*Revue d'Infanterie*, année 1900.)

hommes, sera le corps principal et sera sous les ordres de Ney, à Aranda ; le 2e, sous le commandement de Bessières, sera composé de trois divisions dont la première occupera Valladolid, la deuxième une position entre Valladolid et Aranda, mais plus près de cette dernière ville, et la troisième en avant-garde vers Madrid ; le 3e, sous le commandement de Verdier, sera à Soria.

« Il ne faut point faire une guerre timide, ajoutait-il. Si l'ennemi s'approche, il faut aller à lui.

» Le corps du centre (maréchal Ney) restera toujours réuni, ayant une division de Bessières à une demi-marche à droite et une division de Verdier à gauche.

» Il faut relever par des coups d'éclat le moral des troupes ; à une marche, il ne doit être toléré aucun rassemblement.

» Si Castanos arrive, il faut le bousculer sur Madrid et y rentrer si l'affaire est décisive. »

Ces instructions respirent l'énergie et surtout la confiance que donne l'esprit manœuvrier. Elles s'adressaient malheureusement à un esprit qui ne pouvait les comprendre. Elles arrivèrent du reste trop tard.

L'Empereur avait envisagé toutes les éventualités. Les Espagnols pouvaient se porter à la rencontre des Français : 1o par la Galice et l'Estrémadure ; 2o par Aranda ; 3o par la vallée de l'Ebre.

Mais ces combinaisons étaient difficiles. « Si alternativement les Français prenaient l'offensive, tantôt à leur droite en renforçant Bessières pendant que le centre se tiendrait dans une bonne position, derrière la rivière et à l'abri de toute attaque, tantôt au centre avec les deux tiers du corps de droite et un tiers du corps de gauche, l'ennemi sera bientôt obligé à la plus grande circonspection. »

L'Empereur voulait une défense active. Jamais maître n'a donné une meilleure leçon de tactique générale.

L'éventualité d'une retraite sur Burgos avait bien été

envisagée ; mais il fallait de puissantes raisons, disait-il, pour se retirer jusque-là. Il avait à peine pensé à une retraite jusqu'à l'Ebre.

Quel dut être son désappointement en apprenant que la Vieille-Castille et l'Aragon étaient abandonnés ! On peut en juger par ces deux lettres à Berthier (16 août 1808) :

1re *lettre*. — « Le major général écrira au général Belliard (1) que je ne conçois pas ce qui peut obliger à évacuer ainsi l'Espagne sans avoir vu l'ennemi, sans essayer de le battre ; qu'il y a une ignorance complète de la guerre à faire ainsi une retraite aussi précipitée ; qu'après avoir donné légèrement l'ordre au général Verdier d'évacuer Saragosse, ce qui a empêché de prendre cette place, on lui ordonne de continuer le siège lorsqu'il n'a plus de moyens.

» Comment peut-on parler d'évacuer Burgos quand on ne sait pas encore si l'ennemi est à Madrid ? Et quel est le militaire qui a fait six mois la guerre qui ne sente que dans une position pareille on doit se prémunir contre les rapports qui voient l'ennemi partout et avec une grosse loupe ?

. . . .

» Qu'est-ce que ce projet de faire marcher le maréchal Bessières sur Frias, en étendant la droite sur Bilbao ou Santander ? Est-ce qu'on a adopté le système des cordons ? Est-ce qu'on veut empêcher la contrebande de passer ou l'ennemi ? Après dix ans de guerre, doit-on revenir à ces bêtises-là ?

» Saint-Cloud, 16 août. »

Tous les mots portent.

2e *lettre*. — « Tout ce qui se passe en Espagne est bien déplorable. L'armée paraît commandée, non par des géné-

---

(1) Chef d'état-major du roi, en attendant Jourdan.

raux qui ont fait la guerre, mais par des inspecteurs des postes. Comment peut-on faire évacuer l'Espagne sans raison, sans même savoir ce que fait l'ennemi? Car il résulte des rapports du 8 août qu'on ne savait pas le 10 à Burgos si le général Castanos avait fait son entrée à Madrid. »

Ces dates ont leur importance. C'est le 11 août que Joseph quitta Burgos (1) et c'est le 13 que la division Roca (armée de Valence) entra dans Madrid, bien avant l'armée d'Andalousie.

On se demande pourquoi le roi, renforcé par tout le corps Bessières, abandonna Burgos si utile à conserver.

« Le pays qui vous convient pour faire la guerre, écrivait l'Empereur, est un pays de plaine, et vous vous enfoncez dans le pays de montagnes, sans raison ni nécessité. Dans une retraite aussi précipitée, que de choses on doit avoir perdues, oubliées! Et l'armée, se retirant ainsi, ne peut être qu'excessivement démoralisée (2)..... »

Les prévisions de l'Empereur étaient fondées. Tout le matériel évacué à la hâte arriva sur l'Ebre dans un état lamentable; en un jour, près de Buytrago, il fallut brûler 60 voitures d'artillerie inutilisables.

Et il avait fallu abandonner dans Madrid 3.000 blessés ou malades!

---

(1) Correspondance du roi Joseph.
(2) Lettre à Joseph.

III

Etat d'âme du roi Joseph.

Comme il le dit lui-même dans ses *Mémoires,* le roi Joseph était surtout un roi philosophe. Il avait de l'esprit, aimait les lettres et les arts ; mais il était vaniteux, égoïste, et si certains contemporains ont laissé de lui d'agréables portraits (1), la postérité, connaissant mieux les motifs de ses actes, ne peut avoir la même indulgence (2). Il lui manquait le caractère et la fermeté, vertus qui sont l'apanage des grands hommes d'Etat.

Napoléon connaissait bien ses frères ; mais il sacrifiait tout, à cette époque, à sa « conception du grand Empire (3) ». Il eut le grand tort d'imposer à Joseph une couronne dont ce dernier ne voulait point et de l'enlever à l'affection « de ses chers Napolitains (4) ».

Joseph ne connaissait pas les Espagnols. Il était plein d'illusions. Aussi ne comprit-il pas l'esprit de la lutte qui ne faisait que commencer. Il se posa en roi vraiment espagnol, s'imagina qu'avec des discours il pourrait gagner les cœurs et mit onze jours pour se rendre de Bayonne à Madrid, s'arrêtant partout pour prononcer des paroles de paix.

L'armée, qui souffrait, ne pouvait comprendre les idées bienveillantes du roi à l'égard des insurgés. Aussi y eut-il

---

(1) Georges Bertin, *Joseph Bonaparte en Amérique,* p. 70 et 71, p. 134 et 135. (Paris, 1893.)
Mémoires de Stanislas Girardin, t. II, p. 314 et 315.
(2) Frédéric Masson, *Napoléon et sa famille,* t. IV, p. 76 et 271.
(3) *Ibid.* p. 56.
(4) Correspondance du roi Joseph.

dès le début, conflit entre le pouvoir royal et les généraux. Joseph se plaignit, non sans raison, de ne pas avoir toute autorité sur l'armée; mais Napoléon ne l'écouta pas.

Le 15 juillet, Joseph était encore à Briviscia. Il venait d'apprendre la victoire de Medina et l'annonçait à l'Empereur.

C'était le moment d'accabler l'armée de Galice et de penser activement à l'armée d'Andalousie. Le roi ne pensa qu'à son rôle de pacificateur et marcha à petites journées. Le 17, il était encore à Burgos, au moment même où l'Empereur lui écrivait : « Il faut soutenir le général Dupont. »

Ce qui arriva après Baylen était presque inévitable, étant donné le caractère du roi. Mais pourquoi l'Empereur ne s'était-il pas mis lui-même à la tête de l'armée?

Il est incontestable que l'Empereur, afin de conserver en Allemagne toute son influence et tout son prestige, feignait de se méprendre sur l'importance de l'insurrection et semblait ajouter peu de créance aux lamentations de son frère (1) plutôt mal reçu par les Madrilènes, malgré les fêtes, les divertissements et les courses de taureaux (2). Il se contentait de lui recommander d'être gai!

La nouvelle de la capitulation de Baylen troubla profondément le roi Joseph et son entourage. Les bruits les plus alarmants circulaient dans Madrid et déjà l'on annonçait l'arrivée de l'armée espagnole. Le monarque vit de suite 100.000 ennemis (3) à sa porte « pour le faire prisonnier ». (27 juillet.)

Le trouble ne fit qu'augmenter le jour suivant et l'évacuation de Madrid fut décidée. Le 30, à la nuit tombante, le corps Moncey partit pour Buytrago.

---

(1) *Mémoires d'un Apothicaire*, t. I, p. 55.
(2) Lettres de Joseph des 18 et 22 juillet 1809.
(3) *Ibid.*, 27, 28 et 29 juillet.

« Je suis résigné à tout », voilà ce qu'écrivait le frère
de Napoléon en des circonstances aussi graves. En même
temps il assurait que la force d'âme ne lui manquait pas !
Peut-on appeler force d'âme la vertu qui consiste à
accepter avec résignation un malheur dont on peut, avec
quelque énergie, atténuer les conséquences ?

Le 17 août, l'armée était sur l'Ebre et, le 22, Jourdan,
« fin matois, approuvant toujours le roi », arriva au
quartier général. Le calme revint alors, mais après quelles
souffrances pour les troupes !

Et Joseph se mit à établir des plans de campagne et à se
croire grand général (1).

Les Espagnols, qui n'étaient arrivés que dans le milieu
du mois d'août à Madrid, avaient le droit d'espérer.

IV

Entrevue d'Erfurth.
Situation en Espagne (septembre et octobre 1808).

Les événements d'Espagne, bientôt suivis de l'abandon
du Portugal, eurent pour conséquence de diminuer notre
prestige en Europe et d'encourager l'Autriche à presser la
réorganisation de son armée. La présence de la Grande
Armée avait suffi à rendre cette puissance très prudente ;
mais, comme elle était appelée en toute hâte à Bayonne, il
était indispensable d'opposer l'armée russe à l'armée
autrichienne.

Aussi l'Empereur revint-il rapidement à Paris pour
négocier une entrevue avec l'empereur Alexandre. Elle
eut lieu à Erfurth le 27 septembre et dura plusieurs jours.

----

(1) Frédéric Masson, *Napoleon et sa famille*, t. IV, p. 271.

Napoléon fit à dessein de grandes concessions à l'empereur Alexandre, qui consentit à donner carte blanche à son allié du côté de l'Espagne.

Voici la teneur de l'article :

« Il sera proposé à l'Angleterre de traiter sur la base de l'*uti possidetis*, en y comprenant l'Espagne, et la condition *sine qua non*, dont les hautes parties contractantes s'engagent à ne se départir jamais, sera que l'Angleterre reconnaisse : d'une part la réunion de la Valachie, de la Moldavie et de la Finlande à l'empire russe et, de l'autre, Joseph Bonaparte comme roi d'Espagne et des Indes. »

Napoléon, en permettant à Alexandre d'étendre sa domination sur les provinces danubiennes, devenait libre de prendre le commandement de l'armée d'Espagne et de rappeler en France la majeure partie de la Grande Armée.

L'alliance franco-russe, dans la pensée de l'Empereur, devait en imposer à tout le continent, surtout à l'Autriche qui armait.

Pendant le voyage de l'Empereur en Allemagne, le roi avait conservé le commandement de l'armée d'Espagne et l'avait ainsi répartie en arrivant sur l'Ebre (17 août) :

1º L'excellente brigade mixte Godinot (26e chasseurs, 51e et 43e de ligne), formant la droite, occupait Bilbao ;

2º Le corps Bessières, au centre, avait son gros à Cubo et ses avant-postes à Briviscia ;

3º Le corps Verdier, à gauche, était à Tudela ;

4º La réserve (Garde et brigade Rey, de la division Mouton) occupait Vitoria ;

5º Le corps Moncey, le plus démoralisé, était établi le long de l'Ebre, entre Logrono et Tudela.

De Bilbao à Tudela on compte 45 lieues. L'armée se trouvait donc dispersée en cordon, malgré la recommandation de l'Empereur ; mais le roi Joseph avait étendu ses cantonnements à cause des réquisitions à exercer, le seul magasin de Bayonne ne pouvant ravitailler, disait-il, 60.000 hommes.

Le mois de septembre fut employé à la réorganisation de l'armée ; le 20, elle était terminée et les troupes, bien reposées, étaient ainsi placées :

I° CORPS DE DROITE : corps Bessières (17.600 hommes).

Avant-garde : division de cavalerie Lasalle (1.486 hommes), près de Burgos ; 1re division, Briviscia.

Gros : 2e et 3e divisions, Cubo.

II° CORPS DU CENTRE : corps Ney (9.000 hommes).

Division Dessoles et détachement du général Merlin, vers Logrono ;

Cavalerie Franceschi (790 hommes), observant les routes d'Orduna et Portugalete.

III° CORPS DE GAUCHE : corps Moncey (20.749 hommes).

4 divisions d'infanterie, cavalerie Wathier (596 hommes) à cheval sur l'Ebre, à l'ouest de Tudela, la cavlerie vers Peralta.

IV° RÉSERVE : général Lepic (6.086 hommes).

Division d'infanterie de la Garde, garde royale, cavalerie de la Garde, à Miranda.

Jourdan arriva le 22 août.

D'après les ordres de l'Empereur (1) (17 août 1808), trois corps d'armée au grand complet et plusieurs divisions de dragons devaient commencer à arriver à Bayonne vers le 15 octobre. Les approvisionnements en vivres, en munitions, en outils, en équipement, étaient prévus pour toute l'armée. Les recrues devaient rejoindre leurs régiments en des points déterminés (2). Un équipage de siège était créé. D'immenses magasins, une cartoucherie et des ateliers de réparation étaient formés à Bayonne et Perpignan. Ces ordres, très nombreux, montrent quel travail fut imposé

---

(1) Lettres à Clarke et à Dejean, du 19 et du 22 août.
(2) Les bataillons devaient compter 840 hommes.

aux états-majors et aux bureaux du ministère pour la préparation des longues marches exécutées par la Grande Armée, le transport en poste de certaines unités, l'arrivée des recrues dans les dépôts, le remplacement des effets, etc.

Napoléon avait pensé à tout.

Ses soins ne s'arrêtèrent pas là. Prévoyant de grands efforts, il appela 60.000 hommes sur les classes 1807 à 1809 et 80.000 hommes de la classe 1810 ; 20.000 recrues des plus anciennes classes, les plus robustes, furent dirigées sur Bayonne.

Dans le courant de septembre, le 19, le général Monthion, détaché à Bilbao, fut menacé par quelques troupes espagnoles. Le roi envoya le général Merlin à son secours et dirigea une brigade de Bessières sur Orduna. Mais cette dernière n'arriva pas à temps et la ville de Bilbao fut évacuée. C'est alors que le roi disposa du corps du centre et l'appela sur Mondragon.

Le 26, le corps de Ney rentrait dans Bilbao ; mais il était aussitôt rappelé sur la Guardia (5 octobre).

Tout semblait annoncer un mouvement des Espagnols contre le maréchal Moncey, qui avait évacué Tudela, et la crainte de voir ce corps d'armée compromis eut pour conséquence l'abandon de Bilbao par le détachement qu'y avait laissé le maréchal Ney (12 octobre).

C'est à cette date que la division Leval (IVe corps) arriva à Durango et la division Sébastiani (IVe corps) à Murguia.

Ces mouvements continuels et timides avaient fatigué les troupes ; aussi furent-ils vertement blâmés par l'Empereur comme étant le résultat d'un commandement irrésolu.

Tout le monde en faisait à sa tête.

Les maréchaux Ney et Mortier allaient même jusqu'à écrire au roi que les ordres étaient dictés par un homme « n'entendant rien au métier » et qu'ils ne voulaient pas compromettre leurs corps d'armée.

Napoléon était de leur avis puisqu'il écrivait :

« Avec une armée composée toute d'hommes comme ceux de la Garde et commandée par Alexandre ou César, s'ils pouvaient faire de telles sottises, on ne pourrait répondre de rien, à plus forte raison dans les circonstances où est l'armée d'Espagne. »

Mais ces réflexions n'empêchaient pas le roi de s'imaginer — c'était Jourdan qui le lui affirmait — qu'il était un foudre de guerre !

Heureusement pour le roi, l'armée espagnole, forte de 104.000 hommes, était encore plus mal commandée.

Elle ne formait pas une seule masse obéissant à un seul chef, malgré les désirs de la Junte de Séville et ceux de la Junte centrale réunie à Aranjuez le 25 septembre 1808. Le contingent de chaque province, n'obéissant qu'à sa Junte particulière, voulait agir pour son propre compte. A part l'armée d'Andalousie, ces troupes ne constituaient en réalité que des foules armées(1).

Après Baylen, ce fut un véritable chaos dans l'armée espagnole.

L'armée de Valence et de Murcie (général Llamas) entra la première à Madrid (13 août), tandis que la tête de celle d'Andalousie n'y arriva que le 23. Les divisions allaient où elles voulaient, suivant le caprice des généraux. C'est ainsi que la 2e division (Saint-March) de l'armée de Valence rejoignit à Calatayud la division de Versage et se porta sur Saragosse.

Le 5 septembre, un conseil de guerre se réunit à Madrid. Y assistaient : Cuesta, Castanos, Llamas, Calvo de Rosas et le corregidor de Saragosse ; mais les rivalités qui régnaient entre les généraux empêchèrent la nomination d'un généralissime.

---

(1) Commandant Balaguy, *Napoléon en Espagne*, t. I, p. 97.

Guerres d'Espagne.   9

On convint d'un mouvement général sur l'Ebre, mais chaque général prit la direction qui lui plut.

L'armée de Valence (divisions Roca, Saint-March et Villaba) se dirigea sur Tarrazona.

L'armée d'Andalousie (division La Pena) se porta partie sur Soria (division La Pena), partie sur Lodosa (division Grimarest). Les 1re et 3e divisions étaient encore dans la Manche.

L'armée de Castille, à Ségovie, prit pour objectif Logrono.

L'armée d'Estrémadure n'arriva à Madrid que le 8 octobre.

Quant à Blake, il refusa de se rendre à Aranda, comme l'avait décidé le conseil de guerre.

Ainsi, au commencement d'octobre, les Espagnols présentaient deux masses, à 150 kilomètres l'une de l'autre (33.000 hommes en Biscaye, 55.000 en Aragon).

Ces mouvements, qu'aucune idée de manœuvre n'avait dictés, étaient en voie d'exécution lorsque se réunit à Aranjuez une Junte suprême centrale (25 septembre.)

Cette Junte de vingt-quatre membres, qui s'intitula Majesté, réunie malgré les efforts de certaines Juntes provinciales et surtout du Conseil de Castille, lequel voulait garder la direction des affaires bien que discrédité depuis qu'il s'était soumis aux Français, avait une situation difficile. Son président, Florida Blanca, était un vieillard. Cependant elle fit preuve d'activité et sut donner satisfaction aux Juntes provinciales tout en mettant un peu d'ordre et de méthode dans les opérations militaires.

C'était ce qui pressait le plus.

Elle nomma, sous la présidence de Castanos, une Junte centrale militaire qui se réunit le 2 octobre et arrêta la formation de quatre armées :

Armée de droite (général Vivès), indépendante, en Catalogne ;

Armée du centre, comprenant les troupes d'Andalousie, de Castille et d'Estrémadure, sous le commandement de Castanos ;

Armée de gauche (Blake), comprenant les troupes de Galice et des Asturies ;

Réserve (Palafox), comprenant quelques éléments venant de Catalogne et les Aragonais.

Mais ces armées n'obéissaient pas à un même commandement. C'était une faute grave.

En même temps, la Junte centrale avait élaboré un plan de campagne qui consistait à « envelopper l'armée française par Bilbao et Pampelune ».

Ce plan était absurde parce qu'il avait pour conséquence l'éparpillement des forces et que l'accord entre les différentes fractions de l'armée, qu'allaient séparer des obstacles infranchissables, était impossible. Le premier principe de l'art de la guerre, l'économie des forces, était inconnu des généraux espagnols.

L'armée de gauche (40.000 hommes) eut pour mission de s'avancer de Léon sur Bilbao et Saint-Sébastien par Espinosa.

L'armée du centre (33.000 hommes dont 3.300 cavaliers, avec 50 pièces) devait se porter sur Miranda par la rive gauche de l'Ebre, par Logrono et Calahorra. Le marquis de Belveder, avec les troupes d'Estrémadure, suivit, par ordre de la Junte, la route de Burgos.

L'armée de réserve, forte de 18.000 hommes, eut pour mission de prendre pour objectif Pampelune et de déborder la gauche française.

Le 17 octobre, Castanos arrivait à Tudela, après avoir communiqué à Blake le plan qui venait d'être arrêté. C'était l'armée de gauche qui devait attaquer la première ; mais, pendant que Castanos était à Saragosse pour s'entendre avec Palafox, ses généraux attaquèrent sur toute la ligne sans but défini ; aussi furent-ils repoussés sur tous les points. La division Pignatelli, abandonnant son artillerie, s'enfuit jusqu'à Malda (20 au 27 octobre 1808).

Castanos accourut et donna des ordres pour que toutes les divisions, après avoir été ralliées, fussent arrêtées. Les armées du centre et de réserve ne bougèrent plus jusqu'à la veille de la bataille de Tudela.

L'examen attentif de la correspondance de l'Empereur et de celle du roi, les observations critiques de Napoléon sur les dispositions prises par son frère prouvent que si Castanos se fût montré un tant soit peu audacieux et la Junte suprême un peu plus autoritaire, ce n'est pas sur l'Ebre que l'armée française se fût arrêtée, mais sur l'Adour.

L'Empereur, d'abord désolé de la retraite de l'armée jusqu'à Miranda, finit par en prendre son parti et c'est alors qu'il dicta plusieurs notes ayant trait à la défense de l'Ebre.

Il désirait:

1º L'occupation de Tudela, afin de menacer Saragosse et de pouvoir déboucher offensivement sur la rive droite de l'Ebre;

2º Le désarmement de la Biscaye et de la Navarre;

3º L'occupation de Burgos, afin de pouvoir déboucher offensivement en Castille;

4º Des pointes vigoureuses sur Santander et Soria.

Ses désirs restèrent lettre morte. Il voyait en artiste consommé et il n'y avait pas à la tête de son armée un chef capable de le comprendre.

Ses notes sont précieuses parce qu'elles nous révèlent sa doctrine.

« On a pris, disait-il, la ligne de l'Ebre, tant pis. Mais il faut surtout ne point quitter cette ligne sans un projet déterminé qui ne laisse aucune incertitude dans les opérations à suivre.

» A la guerre, les trois quarts sont des affaires morales; la balance des forces réelles n'est que pour un autre quart.

» En gardant la ligne de l'Ebre, il faut que le général ait bien prévu tout ce que l'ennemi peut faire dans toutes les hypothèses.

» L'ennemi peut se présenter devant Burgos, partir de Soria et se présenter devant Logrono, ou, partant de Saragosse, se porter sur Estella et menacer Tolosa.

» Il faut, dans toutes ces hypothèses, qu'il n'y ait pas un long temps perdu en délibération ; qu'on puisse se ployer de la droite à la gauche ou inversement, sans faire aucun sacrifice ; car, dans les manœuvres combinées, les tâtonnements, l'irrésolution qui naissent des nouvelles contradictoires qui se présentent rapidement conduisent à des malheurs. »

Joseph et Jourdan n'avaient rien prévu ; aussi firent-ils exécuter aux corps Ney et Bessières des marches et contremarches dans le courant d'octobre. Ils furent tellement surpris de voir les Espagnols à Bilbao et à Olite qu'un conseil de guerre fut réuni. Le roi voyait partout des masses énormes et voulait se retirer à Vitoria afin de mieux protéger les débouchés au sud des Pyrénées !

Le même fantôme le poursuivait toujours.

En prévision d'une attaque, l'Empereur ajoutait :

« L'ennemi, qui a intérêt à masquer ses forces en cachant le véritable point d'attaque, opère de manière que le coup qu'il veut porter n'est jamais indiqué d'une façon positive, et le général ne peut rien deviner que par la connaissance bien approfondie qu'il a de la situation et par la manière dont il fait entrer son système offensif pour protéger et garantir son système défensif. »

Quelle grande leçon !

Et cependant nous ne voyons pas le roi et le maréchal Jourdan renoncer au système de cordon. Ils n'ont pas d'avant-garde, pas de système offensif ; ils sont hypnotisés par l'idée préconçue de voir arriver 100,000 hommes sur Burgos et ne se gardent que de ce côté, et encore timidement. Aussi ne savent-ils rien ou presque rien de l'ennemi. Le roi s'en plaint ; il a hâte de voir son frère à la tête de l'armée. Ce dernier est obligé de lui apprendre les moyens de se procurer des renseignements : otages, saisie des lettres, etc., gros détachements, fortes reconnaissances poussées à plusieurs marches en avant du front

Le 30 août, l'Empereur développa ses critiques en ces termes : « Prendre, disait-il, au lieu d'une position menaçante, offensive, honorable comme Burgos, une position honteuse, c'est dire à l'ennemi : vous n'avez rien à craindre, portez-vous ailleurs ; nous avons fait nos dispositions pour aller plus loin où nous avons choisi un champ de bataille ; vous, ici, ne craignez point d'être inquiété.

» C'est la première fois qu'il arrive à une armée de quitter toutes ses positions offensives pour se mettre dans de mauvaises positions défensives ; d'avoir l'air de choisir des champs de bataille, lorsque l'éloignement de l'ennemi, les mille et une combinaisons différentes qui peuvent avoir lieu ne permettent pas de prévoir si la bataille aura lieu à Tudela, vers Pampelune, Soria, ou entre Burgos et Miranda.

» A la guerre les hommes ne sont rien, c'est un homme qui est tout.

» Une rivière, fût-elle large comme la Vistule et aussi rapide que le Danube, n'est rien si on n'a des débouchés sur l'autre rive (1) et une tête prompte à prendre l'offensive. Quant à l'Ebre, c'est moins que rien, si on ne le regarde que comme un tracé.

» Il faut occuper offensivement Tudela et être massé.

» Le moindre bruit inquiète le quartier général parce qu'on n'est pas dans une bonne position. A la guerre, les espions, les renseignements ne comptent pour rien ; ce serait

___

(1) Napoléon donna la même leçon au prince Eugène en 1813 (*Manœuvre de Lutzen*, par le général Bonnal.)

aventurer la vie des hommes sur de bien faibles calculs que de s'y fier. Il faut voir l'ennemi de près, avoir des détails précis.

» Le système des cordons est des plus nuisibles. Une ligne fluviale ne peut se soutenir qu'en occupant des ponts qui permettent de reprendre l'offensive. L'ennemi a tout à craindre et doit se garder partout. »

L'armée, dans la pensée de l'Empereur, aurait dû être ainsi placée :

1° Corps Bessières à Burgos, occupant une position menaçante au premier chef ;

2° Corps Moncey campé à Tudela, ayant les trois quarts de son effectif sur la rive droite de l'Ebre. Son rôle était séparé ; il devait avoir sa ligne d'opérations particulière sur Pampelune ;

3° Corps Ney et réserve en deuxième ligne, entre Burgos et Logrono.

Il est certain qu'ainsi placée l'armée avait une attitude menaçante. Le double mouvement de Blake et de Castanos était rendu impossible, de même que toute attaque directe.

Pour quelles raisons le roi Joseph ne se conforma-t-il pas aux ordres de Napoléon ? Sa lettre du 23 octobre va nous l'apprendre. Il craignait l'insurrection des provinces basques et il avait 100.000 hommes devant lui !

Mais le meilleur moyen de maintenir les provinces basques n'était-il pas d'en imposer aux forces organisées de l'adversaire par un système offensif judicieux ? En s'exposant à être battu par elles, il courait au-devant du double danger qu'il redoutait.

Les notes de l'Empereur, peu connues encore parce qu'elles se rapportent à une campagne qui n'a pas été suivie du même succès que les autres, méritent d'être méditées. Il a mis à les écrire toute la fermeté de ses convictions et toute la puissance de son génie.

Ecoutons encore sa réponse à Joseph qui voulait marcher sur Madrid en abandonnant ses communications avec la France (22 septembre 1808) :

« L'art militaire est un art qui a des principes qu'il n'est jamais permis de violer. Changer sa ligne d'opérations est une opération de génie ; la perdre est une opération tellement grave qu'elle rend criminel le général qui s'en rend coupable.

» S'enfermer dans l'Espagne sans avoir aucun centre organisé serait une folie si grande qu'elle serait sans exemple dans l'histoire du monde.....

» Il faut faire ce que j'ai dit.

» Tout est opinion à la guerre, opinion sur l'ennemi, opinion sur ses propres soldats. Après une bataille perdue, la différence du vainqueur au vaincu est peu de chose ; c'est cependant incommensurable pour l'opinion, puisque deux escadrons suffisent alors pour produire un grand effet. On n'a rien fait pour donner de la confiance aux Français ; il n'y a pas de soldat qui ne voie que tout respire la timidité et il se forme en conséquence l'opinion de l'ennemi. Il n'a pas d'autre élément pour savoir ce qui lui est opposé que ce qu'on lui dit et la contenance qu'on lui fait prendre. »

Ces dernières observations nous expliquent pourquoi l'Empereur augmentait toujours dans ses ordres et bulletins le nombre de ses bataillons, exaltait ses victoires, diminuait au contraire le nombre des troupes ennemies et amoindrissait leurs succès, trompant ainsi volontairement ses soldats et même ses maréchaux pour leur inspirer une confiance sans limites. Aussi chefs et soldats croyaient-ils que rien ne pouvait leur résister.

Les marches inutiles, les déploiements timides et prématurés, les paniques, l'énervement, tous ces indices d'un commandement faible, étaient inconnus dès que l'Empereur paraissait. La « contenance » qu'il faisait prendre à ses troupes, pleine de hardiesse, en imposait à l'ennemi et assurait à ses soldats la puissance morale, gage du succès.

Il était loin d'en être ainsi à l'armée d'Espagne, avant son arrivée.

Napoléon s'est fait lui-même justice en écrivant à Saint-Hélène :

« J'ai eu grand tort de le faire roi, surtout en Espagne. Il fallait un roi ferme et militaire. Joseph ne pensait, à Madrid, qu'aux femmes et à faire des jardins. Il a de l'esprit ; mais il se croit militaire et il n'en pas les moindres connaissances. Il m'a fait bien du mal en Espagne. »

CHAPITRE IX

I

Organisation de l'armée d'Espagne (1).

Avant de parti pour Erfurth, l'Empereur avait organisé par décret l'armée d'Espagne. Elle devait comprendre six corps d'armée et une puissante réserve ; mais bientôt le V⁰ corps (maréchal Mortier) fut appelé à Bayonne et le corps du maréchal Gouvion-Saint-Cyr prit le numéro VII.

Le 30 octobre, le total de l'armée s'élevait à 134.787 hommes ; au début de décembre il était de 286.488 hommes et 52.734 chevaux.

Le 15 novembre, la situation de l'armée française était la suivante :

Garde impériale (10.038 hommes).

Une division d'infanterie (2) de 5.181 hommes ;
Une division de cavalerie (2) de 2.996 hommes ;
36 pièces (3).

Garde du roi (1.902 hommes).

Deux bataillons ;

---

(1) Balagny, *Napoléon en Espagne*.
(2) Huit bataillons et dix-sept escadrons.
(3) Six pièces de 12, douze de 8, six de 4, six obusiers de 6 pouces, six obusiers de 24 pouces.

Quatre escadrons ;
Quelques pièces.

Ier *corps* (1) *Victor* (48 pièces).

Divisions Rufin, Lapisse et Villatte (20.163 hommes) ;
Division de cavalerie légère Beaumont (2.638 hommes).

IIe *corps* (2) *Soult* (32 pièces).

Division Merle ;
Division Bonnet (un régiment seulement) ;
Division Mouton   (13.912 hommes) ;
Division de cavalerie légère Lasalle (2.662 hommes).

IIIe *corps* (3) *Moncey* (44 pièces).

Divisions Maurice Mathieu, Musnier et Morlot ;
Division Grandjean   (18.983 hommes).
Division de cavalerie légère Wathier (1.657 hommes).

IVe *corps* (4) *Lefebvre* (12.782 hommes, 24 pièces).

Division Sébastiani ;
Division Leval ;
5e dragons.

VIe *corps* (5) *Ney* (28.056 hommes, 4.437 chevaux, 39 pièces).

Division Lagrange (ancienne division Bisson) ;
Division Mermet ;

---

(1) Corps excellent venant en entier d'Allemagne.
(2) Ancien corps Bessières, composé en grande partie de régiments organisés au début de l'année 1808.
(3) Ce corps était composé de régiments de nouvelle formation.
(4) La division Valence rejoignit à Madrid. La division allemande était peu solide.
(5) Corps excellent.

Division Dessolles, disposant du 26e chasseurs ;

Cavalerie légère Colbert ;

Division provisoire (deux régiments de dragons et 13e cuirassiers).

1re division de dragons (trois brigades) (1) du général Latour-Maubourg, comprenant 3.737 hommes, 4.037 chevaux et, en plus, une compagnie d'artillerie.

3e division de dragons (deux brigades) du général Milhaud, comprenant 1.785 hommes, 1.943 chevaux et, en plus, une compagnie d'artillerie.

Mais ce n'était pas tout. Bientôt allaient arriver à Burgos :

1° Le Ve corps (maréchal Mortier), fort de deux divisions (Suchet et Gazan) et d'une brigade de cavalerie légère ;

2° Le VIIIe corps (Junot) (2), fort de trois divisions ;

3° La 4e division de dragons (deux brigades) du général La Houssaye ;

4° La 5e division de dragons (deux brigades) du général Lorge ;

5° La 2e division de dragons du général Kellermann.

Au 31 octobre 1808, les armées espagnoles opposées à l'armée française sous les ordres du roi s'élevaient à un effectif de 114.638 hommes ainsi répartis :

Armée de Galice : 36.103 hommes, 303 chevaux et 38 pièces. Cette armée était composée de quatre divisions, dont deux divisions asturiennes. Elle allait être renforcée par la division Romana, forte de 8.327 hommes, dont 6.165 rejoignirent Blake ;

Armée d'Estrémadure : 13.520 hommes et 1.772 chevaux formant trois divisions ;

Armée du centre : 26.150 hommes, 3.292 chevaux et

---

(1) La brigade Digeon rejoignit à Madrid.

(2) Après avoir été débarqué par la flotte anglaise, ce corps fut dirigé sur l'Espagne.

50 pièces, formant quatre divisions, dont trois d'Andalousie et une de Castille. L'artillerie était mal montée et l'équipement manquait ;

Armée de réserve : 39.000 environ, mais deux divisions seulement étaient organisées (March et O'Neille, vers Sanguersa et Caparoso). Le reste était en voie de formation.

II

Instructions pour le rassemblement des Ier et IVe corps.

Le 11 octobre, le major général avait écrit au roi pour lui dire la pensée de l'Empereur au sujet du rassemblement des troupes qui commençaient à entrer en Espagne.

Le IVe corps devait se réunir vers Bilbao et la 3e division de dragons (général Milhaud) devait rejoindre le corps Bessières.

Le Ier corps « tout réuni » devait se concentrer à Vittoria vers le 5 novembre, les hommes ayant 50 cartouches et huit jours de biscuit en réserve.

Le roi pourrait, « s'il n'y avait pas d'obstacle majeur », porter Bessières et Ney sur Burgos, bon débouché en Castille ; le IVe corps occuperait Santander, où il prendrait position.

Le jour où Napoléon dictait ces instructions, il ignorait les dispositions prises par les Espagnols sur la marche desquels il avait des renseignements fort vagues. Il tenait à l'occupation du débouché en Castille afin de préparer une manœuvre, et il y tenait tellement qu'il donnait au roi la latitude de tenir Burgos avec deux corps d'armée ; les IIIe et IVe corps, en position, couvraient ses flancs ; en arrière de l'avant-garde générale, le roi devait disposer d'une réserve incomparable, le Ier corps et la Garde.

III

Opérations des Iᵉʳ et IVᵉ corps, du 31 octobre
au 5 novembre.

Dans le courant de septembre, Blake avait quitté Léon avec 23.000 hommes environ, tandis qu'une de ses divisions était entrée dans Bilbao que Ney avait réoccupée, puis abandonnée pour revenir vers Logrono (5 octobre).

Le général espagnol, passant par Villarcayo et Frias, avait rejoint sa division et, couvert à droite par une division dirigée sur Orduna, avait continué sur Orduna, puis Durango, où était le général Merlin (corps de Ney), que le roi avait secouru avec la division allemande Leval (1) (IVᵉ corps) et trois régiments du Iᵉʳ corps (27 octobre).

Blake hésitait à attaquer et il avait raison, tandis que Lefebvre voulait attaquer directement pendant que sa 2ᵉ division (général Sébastiani), venant de Murguia, attaquerait le flanc droit des Espagnols ; mais le roi, inquiet des mouvements de troupes signalés sur le front des corps Ney et Moncey, le lui défendit, rappela les régiments du Iᵉʳ corps et lui adjoignit la division Villatte (Iᵉʳ corps), qui venait d'arriver, et envoya au maréchal la division Sébastiani.

Lefebvre, qui ne connaissait rien des intentions de l'Empereur, n'était pas homme à rester sur la défensive à portée de fusil des Espagnols (2). Comme tous les commandants de corps d'armée, il n'avait aucune confiance dans les

----

(1) Cette division comprenait les contingents de Bade, de Nassau, de Darmstadt.
(2) Balagny, *Napoléon en Espagne,* p. 126.

talents militaires du roi et de Jourdan. Aussi profita-t-il d'une fusillade aux avant-postes pour prendre l'offensive. Cette fusillade ne fut qu'un prétexte, car à 6 heures du matin, à l'aube, il rendit compte au roi qu'il ne pouvait faire autrement puisqu'il était attaqué.

Or, Blake était bien loin de penser à prendre l'offensive; il avait ses divisions éloignées les unes des autres et son artillerie était en arrière.

Les Espagnols se défendirent de leur mieux; mais ils durent abandonner tout le terrain entre Durango et Zornoza sous la pression des divisions françaises formées en colonne serrée, les voltigeurs en avant. Leurs lignes de défense tombèrent successivement sans que leurs réserves aient pu intervenir.

Le 1er novembre, Lefebvre était maître de Bilbao.

A la nouvelle de la marche en avant du IVe corps, le roi dirigea la division Rufin et la 2e brigade de la division Lapisse sur Amurrio et Balmaseda (Ier corps), tandis que la division Mouton (IIe corps) fut envoyée à Barbarena; de là elle devait se porter sur Orduna ou Medina, suivant le cas.

Quant au maréchal Lefebvre, il reçut l'ordre de rester en position à Balmaseda et de renvoyer au Ier corps qui devait, d'après les instructions de l'Empereur, se concentrer à Vittoria, la division Villatte.

Ainsi le mouvement intempestif du commandant du IVe corps détourna le IIe corps de l'objectif qui lui était assigné et la dislocation du Ier corps.

Le maréchal Victor ne put cacher son dépit en apprenant que son corps d'armée était divisé, qu'il devait combiner un mouvement avec Lefebvre sur Balmaseda (ordre du 1er novembre). Néanmoins il se dirigea sur Amurrio, où il s'arrêta pour attendre des ordres au lieu d'aller à Balmaseda. N'ayant aucun renseignement sur la marche de son collègue; croyant, d'après un renseignement erroné, que Balmaseda était inoccupée, il crut suffisant de diriger la brigade Labruyère sur la route de Balmaseda et d'envoyer des reconnaissances vers Orduna et Bilbao (2 novembre).

Le 3 novembre, la brigade Labruyère eut ses communications interrompues ; mais le maréchal ne bougea pas. Il avait appris cependant l'arrivée de la division Sébastiani à Llodio et savait qu'elle continuait sur Oquenda.

Le 4, il se décida enfin à secourir son avant-garde ; mais, dans la même journée, il marcha sur Orduna au lieu de rejeter l'ennemi signalé à Areniaga soit sur Leval qui occupait Balmaseda, soit sur Sébastiani, et envoya l'ordre à Villatte de le rejoindre au plus tôt.

Le 6, le maréchal Victor atteignit Osma. Il n'avait qu'un désir, réunir le Iᵉʳ corps.

Or, ce jour-là même, Napoléon avait pris connaissance des mouvements du Iᵉʳ corps. Victor reçut immédiatement, avec l'ordre de repartir pour Orduna, ce blâme mérité : « Le premier principe de la guerre veut que dans le doute du succès (La Bruyère et Villatte s'étaient battus le 5) on se porte au secours d'un de ses corps attaqués, puisque de là peut dépendre le salut. »

Le général Roguet, un des brigadiers du IVᵉ corps, a dit à ce sujet : « Les fautes de nos armées devaient être les auxiliaires de l'insurrection ; ainsi, dans cette campagne, on avait déjà paru oublier que, lorsque deux corps sont liés dans leurs opérations, chacun doit autant se préoccuper de ce qui arrive à son collègue qu'à lui-même (1). »

Quand deux, trois corps sont réunis pour la même opération, il ne doit y avoir qu'un chef. Le roi avait oublié ce principe et l'Empereur lui-même l'oubliera !

Alors que Victor suspendait son mouvement sur Bal-

---

(1) *Mémoires* du général Roguet, t. IV.

maseda (2 et 3 novembre), le maréchal Lefebvre, maître de cette dernière ville, y laissait la division Villatte et rejoignait Bilbao. Il était tellement irrité de l'ordre que Victor avait envoyé à Villatte pour le rappeler à lui qu'il voulait aller trouver le roi.

Dans la journée du 5, la division Villatte, attaquée sur son front et sur ses flancs, se dégageait difficilement après avoir abandonné un canon et plusieurs caissons. Blake, venant de Nava, l'avait attaquée de front ; les troupes du général Acevado, dégagées par le départ du général La Bruyère (Ier corps) et du général Sébastiani (IVe corps), avaient pu menacer les derrières de Villatte, tandis qu'elles devaient logiquement, sans la faute des deux maréchaux qui ne purent se concerter, être prises en entier à Arcinierza.

« C'était un échec humiliant ! »

IV

Arrivée de l'Empereur.

Berthier était arrivé à Bayonne le 30 octobre et y avait trouvé une situation assez embrouillée. Tout n'avait pas marché aussi facilement qu'on l'avait pensé à Paris ; on était en retard pour tout (1).

Napoléon arrivait à son tour le 3 novembre entre 2 et 3 heures du matin, et se mettait immédiatement au travail pour réparer le désordre qu'il constatait : approvisionnements insuffisants, un corps d'armée (le Ier) disloqué, des maréchaux mécontents, une masse de manœuvre (Garde)

____

(1) Berthier à Napoléon, 31 octobre.

insuffisante. Ses instructions du 12 octobre n'avaient pas été suivies.

Sa première observation, ayant trait à l'éparpillement des troupes, fut envoyée au roi le 3 novembre, à 3 heures du matin : « Toutes vos troupes sont disséminées », disait-il.

Immédiatement après il dicta un ordre de rassemblement : le VIe corps, inutile à Pampelune, rejoindra la Garde à Tolosa ; la 2e brigade (1) de la division Lapisse et la cavalerie du Ier corps, à Miranda, rejoindront le IIe corps ou le Ier. C'était une masse que l'Empereur voulait former au plus vite ; mais le 4 novembre, à minuit, une partie du VIe corps fut dirigée (division Bisson et cavalerie Colbert) sur Logrono, pour appuyer le maréchal Ney.

Jusqu'au 7 novembre une activité fébrile régna au grand quartier général. L'Empereur passait l'inspection des corps de passage à Bayonne ; s'occupait de l'habillement, des vivres, du recrutement, etc. Il essayait de réparer le mal causé par l'incurie des uns, par les fautes des autres, et aussi par les longues marches que venaient d'accomplir les corps d'armée venant de Pologne, de Silésie et d'Allemagne.

Ses lettres à Dejean, directeur du matériel au ministère, nous montrent jusqu'à quels détails il descendait, s'emportant contre les lenteurs du service central. « Je suis indignement servi », lui écrivait-il tous les jours.

Le 4 novembre, l'Empereur connaissait l'occupation de Bilbao par le IVe corps et pensait que le Ier était toujours vers Amurrio. C'est dans cette disposition d'esprit qu'il pressa le roi d'occuper Burgos avant de partir pour Tolosa, où il arrivait à 6 heures du soir.

Le 5 novembre, dans la nuit, il était à Vitoria et prenait le commandement de l'armée.

---

(1) La 1re était avec le maréchal Victor, qui était sans cavalerie.

V

Mouvement des Ier et IVe corps sur Espinosa.

Le 7 novembre, le maréchal Lefebvre, qui avait marché au secours de la division Villatte battue le 5, bouscula à Guenes l'armée de Blake, qui se retira sur Nava en assez grand désordre. Le lendemain 8, Victor, obéissant aux ordres de l'Empereur, paraissait à Orrantia.

Le 9, le IVe corps atteignait Borcerna et le Ier occupait Nava. C'est alors que le maréchal Victor reprit la division Villatte sans prévenir le maréchal Lefebvre. Ce dernier proposa un entretien à son collègue pour s'entendre avec lui ; mais Victor ne voulut pas s'y rendre.

A partir de cette date, les deux maréchaux agirent pour leur propre compte.

Le Ier corps, qui n'avait ni cavalerie ni artillerie à cause des difficultés du terrain, vint donner à Edesa contre l'arrière-garde de Blake (10 novembre) et un combat très opiniâtre s'engagea entre cette dernière et la division Villatte. Il dura jusqu'à 10 heures du soir. Le lendemain 11, la bataille recommença par la faute de Blake, qui ne sut pas profiter de la nuit pour faire franchir la Trueba à ses troupes fatiguées. A 10 heures du matin, les Espagnols, après une résistance sérieuse, après avoir même essayé de prendre l'offensive, étaient culbutés.

Mais le maréchal n'avait ni artillerie, ni cavalerie, ni cartouches. Il ne put donc pas recueillir les résultats de sa victoire. Tout contact fut même perdu.

Tel fut l'effet de la mésintelligence des deux maréchaux.

Dans la même journée le maréchal Lefebvre, qui avait de l'artillerie et le 5e dragons, avait marché de Quintanilla sur Villarcayo; mais, en route, il avait entendu le bruit du canon (1) et s'était dirigé vers Espinosa. Au cours de ce mouvement il avait arrêté une colonne espagnole qui rejoignait Blake et l'avait rejetée sur Medina.

Bien qu'il n'y ait pas eu de poursuite, les pertes des Espagnols furent considérables — 5.000 hommes sur 23.000 présents à la bataille! — et les fuyards arrivèrent, le 12, dans un état lamentable à Reynosa. Le 15, la ville était occupée par le IIe corps arrivant de Burgos, puis par le Ier, qui avait dû attendre d'être ravitaillé en cartouches avant de quitter Espinosa (14 novembre).

Quant au IVe corps, il s'était dirigé sur Villarcayo.

<h1 style="text-align:center">VI</h1>

<h3 style="text-align:center">Affaire de Burgos.</h3>

C'était en vain que Napoléon avait ordonné au roi (4 novembre) de marcher sur Burgos.

Ce n'est que le 7 que le IIe corps s'échelonna sur la route de Briviscia à Miranda. Le même jour, le maréchal Bessières, désigné pour prendre le commandement de la réserve de cavalerie, reçut l'ordre de faire occuper Miranda pendant les opérations du Ier corps. Cet ordre arrêta net le IIe corps pendant toute la journée du 8 et cependant le maréchal connaissait l'arrivée du 31e léger à Miranda.

Le lendemain 10 novembre, Napoléon, informé dès le 9 des succès du IVe corps, avait hâte d'occuper le débouché de Burgos afin de pouvoir manœuvrer soit contre l'armée du marquis de Belveder, soit contre Blake, soit contre Castanos.

---

(1) C'était le canon espagnol.

Il disposait (10 novembre) à Vittoria et environs d'une masse comprenant :

1° La division de dragons Latour-Maubourg ;

2° Les divisions Mermet, Marchand et Dessoles (cette dernière appelée de Logrono) ;

3° La Garde.

Mais, le réseau routier ne permettant de marcher qu'en une seule colonne, ces troupes ne pouvaient déboucher vers Burgos que le 11 au soir. Aussi Napoléon avait-il engagé Soult, le nouveau commandant du IIe corps, à se montrer prudent.

Dès le 8, il y avait eu quelques escarmouches sur le front de la cavalerie Lasalle. Le marquis de Belveder occupait Burgos depuis la veille avec l'armée d'Estrémadure (13.000 hommes). Tout donnait à penser que la résistance serait sérieuse.

Le 10 au matin, la cavalerie française s'éleva sur les flancs des Espagnols et la division Mouton, en colonne serrée, sans tirer un coup de fusil, pénétra comme un bloc dans le bois de Gamonal, brisant ainsi le centre espagnol.

C'en était fait de l'armée d'Estrémadure.

Ce fut l'affaire d'un instant.

Dans la soirée du 10, la cavalerie du IIe corps, sabrant les fuyards sur la route de Madrid, était à 18 kilomètres de Burgos, que la division Mouton avait traversée.

La ville fut pillée !

L'Empereur rejoignit le maréchal Soult le 11 novembre et prit immédiatement les mesures nécessaires pour tirer profit de ce succès.

VII

Manœuvre du II· corps sur Reynosa.

La division Bonnet (un seul régiment) fut poussée en avant-garde à Huermeces, sur la route de Santander. Une brigade provisoire de cavalerie (général Debelle), mise à sa disposition, devait envoyer des reconnaissances sur Villarcayo et Reynosa; quelques compagnies lui servaient de soutien.

Pendant ce temps le VI⁰ corps et la Garde serraient sur Burgos et la cavalerie faisait de l'air autour du II⁰ corps. La brigade Beaumont poussait ses reconnaissances sur Soria; la brigade Franceschi, attachée à la division Milhaud, sur Valladolid, et la division Lasalle sur Lerma.

Le 12 au matin, le II⁰ corps en entier s'ébranla sur Reynosa. L'Empereur espérait que Blake, accroché par Victor et Lefebvre dans les montagnes, perdrait du temps, ce qui permettrait de lui infliger un désastre complet. Il ignorait le combat d'Espinosa et ses suites.

Le 15 novembre, le maréchal Soult entrait à Reynosa (90 kilomètres en trois jours), où il prenait possession d'un matériel considérable que Blake n'avait pas eu le temps d'évacuer.

VIII

Manœuvre de Tudela.

Le 14 novembre, l'Empereur savait d'une façon positive que Blake fuyait vers Reynosa et Léon. D'autre part, la cavalerie, dont les pointes allaient jusqu'aux montagnes de Guadarrama, rendait compte que toute la région au sud de Burgos jusqu'au Douro était libre. Vers Calahorra, Castanos n'avait fait aucun mouvement.

Ces renseignements, dont l'importance est évidente, permettaient à l'Empereur d'opérer librement contre les armées du centre et de réserve.

Le 18, il ordonna à Ney de se porter d'Aranda sur Soria, où il intercepterait à l'ennemi la route de Madrid à Pampelune, tandis que Lannes, avec le corps Moncey (IIIe) et la division Lagrange, attaquerait directement Castanos à Calahorra. Cette attaque devait avoir lieu le 22, le jour même où le VIe corps serait à Soria.

En même temps, l'Empereur faisait surveiller particulièrement les directions de Valladolid et de Somo Sierra, plus particulièrement la première en raison de l'arrivée possible d'une armée anglaise venant du Portugal.

L'Empereur conservait comme masse de manœuvre la Garde et le Ier corps venant de Reynosa.

C'est de Burgos, où il reste jusqu'au 23 novembre, que Napoléon dirige tous les mouvements. Rien ne lui échappe ; rien n'est laissé au hasard. Toutes les notes, tous les ordres portent l'empreinte d'un esprit positif, d'un génie infatigable, quoi qu'on ait dit.

Il eût mieux valu sans doute fixer au 24 novembre l'attaque de Lannes afin de permettre au VIe corps d'arriver à temps ; mais n'était-il pas surprenant de voir Castanos immobile le 18 et ne valait-il pas mieux l'empêcher de se dérober, chose qu'il devait faire au plus vite. Car c'était s'exposer que rester à Calahorra.

L'ordre envoyé le 18 au commandant du VIe corps était ainsi conçu :

« Le maréchal Lannes se portera sur Lodosa le 21 ; il y sera le 22, où il se réunira au maréchal Moncey, marchera sur Calahorra et, le 23, sur Tudela. Vous, Monsieur le Duc, vous serez le 21 à Almazan ou le 22 à Soria... Le premier but de votre armée est de couper l'armée de Castanos ; le deuxième, de soumettre la ville de Soria. »

Ainsi, le premier but du maréchal était de couper l'armée de Castanos. L'Empereur lui donnait une directive ; à lui de choisir les moyens.

Le maréchal se mit en marche le 19 et, le même jour, il reçut l'ordre de retarder son départ d'un jour, « le mouvement par la gauche n'étant faisable qu'autant que l'ennemi aurait pris une position défensive sur la montagne », ce dont l'Empereur n'était pas sûr. La cavalerie Lasalle avait, en effet, rendu compte dans la journée que des partis ennemis se trouvaient au nord des montagnes.

Ney, qui était en route, continua sa marche.

Le 20, la situation s'étant éclaircie, l'Empereur se décida à appuyer le VI⁰ corps avec toute l'armée, qui se porta en partie sur Almazan. Le mouvement se faisait sous la protection d'un épais rideau de cavalerie (24 et 25 novembre).

Le II⁰ corps, entré le 17 à Santander, devait laisser la division Bonn⸱t dans cette ville et se rassembler à Reynosa, tandis que le IV⁰, en observation à Carrion, avait pour mission de menacer Toro et Lévin.

Le général Mathieu Dumas, en qui Napoléon avait toute confiance, restait à Burgos. Il devait tout ordonner en l'absence de l'Empereur sur la ligne de communications que suivaient la division Valence, le V⁰ corps appelé sur Burgos et bientôt le VIII⁰ corps, qui rentrait en Espagne.

L'Empereur n'avait encore reçu, le 25 novembre, aucune nouvelle de Lannes, et il était inquiet (1), ainsi qu'en témoigne sa correspondance du 24 et du 25.

Dans la nuit du 25 au 26 il reçut deux lettres du maréchal Ney datées du 24. Dans la première le maréchal ren-

---

(1) Commandant Balagny, *Napoléon en Espagne*, t. II, p. 229.

dait compte que ses reconnaissances avaient entendu le canon vers Tudela ; mais « qu'il se bornait à défendre les positions qu'il occupait, l'éloignement rendant les communications difficiles pour les hommes isolés (1) ».

, Ainsi le maréchal Ney, sans nouvelles précises de ce qui se passait vers Tudela ; parce qu'il ne pouvait pas communiquer avec le maréchal Lannes, pensait qu'il faisait assez en prenant position.

Il était alors midi (24 novembre) (2).

A 3 heures du soir il annonçait à l'Empereur qu'il venait de recevoir l'ordre du 21, lui enjoignant de marcher sur Agreda et qu'il partirait le 26.

Mais le 26, à 8 heures du matin, l'Empereur apprit officiellement la victoire de Tudela ; il jugea aussitôt que le grand mouvement qu'il avait préparé (ordres du 26 à 3 heures du matin) était inutile (3). La manœuvre était en effet manquée.

Ordre fut envoyé immédiatement (9 heures du matin) à Ney « de poursuivre Castanos l'épée dans les reins, telle direction qu'il puisse prendre. Si vous eussiez pu être à Agreda le 23 ou le 24, vous auriez pris le reste de l'armée ».

Ce blâme contenait une inexactitude, car le VI⁰ corps ne pouvait atteindre Agreda que le 23 au soir au plus tôt et l'armée espagnole traversa Tarazona dans la nuit du 23 au 24, à 28 kilomètres d'Agreda (4).

L'Empereur répéta la même inexactitude dans une lettre à son frère (27 novembre); et l'aggrava même en y ajoutant des considérations qui sont devenues une légende.

---

(1) De Rocca, *Mémoires sur la guerre des Français en Espagne*, p. 27 et 28.
(2) Commandant Balagny, *Napoléon en Espagne*, t. II. p. 290.
(3) *Ibid.*, p. 233.
(4) *Ibid.*, p. 284.

« Si le maréchal Ney ne s'en était pas laissé imposer par les habitants et ne fût pas resté à Soria le 23 et le 24, parce qu'il s'imaginait que les Espagnols avaient 80.000 hommes et autres bêtises, il devait être arrivé le 23, d'après mon ordre, à Agreda et aucun homme ne lui eût échappé. »

Lorsque Napoléon écrivait cette lettre, il ignorait la direction suivie par les Espagnols en retraite et il savait que son lieutenant n'avait pas reçu à temps l'ordre de pousser sur Agreda.

Il est vrai que le maréchal avait écrit le 23 au major général « qu'on portait la force réelle de Castanos à 60.000 hommes » ; mais ces renseignements n'étaient pas de nature à intimider un homme tel que Ney. Ce qui le prouve, c'est qu'il n'hésita pas à quitter Soria au reçu de l'ordre qui lui parvint le 24.

Le commandant Balagny a détruit une erreur, une légende que l'Empereur déçu avait créée (1).

La seule critique que l'on puisse adresser au maréchal (2) est de n'avoir pas laissé des postes de correspondance entre Aranda et Soria (3) et de ne pas avoir saisi l'esprit de l'ordre qui lui avait été donné le 18.

La manœuvre n'aurait pu réussir qu'à la condition de faire partir le VI⁰ corps le 18 au lieu du 19 ; mais, le 17, l'Empereur ne pouvait donner un tel ordre puisqu'il ne savait pas s'il pourrait faire un mouvement sur la gauche.

Les circonstances — il en sera toujours ainsi à la guerre — firent que les projets de l'Empereur ne purent recevoir un commencement d'exécution que le 19. Dès lors les

---

(1) Commandant Balagny, *Napoléon en Espagne*, t. II, chap. VII, p. 279 à 291.

(2) Le VI⁰ corps disposait de la brigade légère Beaumont.

(3) Le major général s'en plaignit vivement. Il fallait quarante ou cinquante heures pour la correspondance au lieu de quatorze ou quinze heures (110 kilomètres environ) (Berthier à Ney, 25 novembre, 2 heures matin).

Espagnols étaient sauvés parce que l'ordre de marcher sur Agreda, fût-il parvenu le 22, ne pouvait pas modifier la situation.

En effet, Castanos, bien renseigné sur la marche du VIe corps vers Osma, avait reculé de Calahorra sur Tudela. Il voyait donc le piège. La bataille de Tudela fut une surprise pour l'armée espagnole, car Castanos ne voulait pas combattre. S'il se battit, c'était pour permettre à l'armée de réserve de passer l'Ebre.

Quand le maréchal Lannes, encore malade des suites d'une chute de cheval, arriva pour prendre le commandement de l'armée française, il trouva le IIIe corps (16.000 hommes) désorganisé (1). Il n'y avait ni capotes, ni ambulances, ni moyens de transport.

Le maréchal disposait en outre de la division Lagrange (VIe corps), de la brigade légère Colbert (VIe corps) et de la brigade de dragons Digeon (division Latour-Maubourg).

Le 22, le IIIe corps passa l'Ebre à Lodosa et marcha sur Tudela.

Le 23, à 9 heures du matin, les divisions Morlot et Maurice Mathieu arrivèrent sur les hauteurs en face de Tudela.

A la même heure, l'armée de réserve espagnole, venant de Capparrosa, traversait l'Ebre.

Castanos, qui attendait l'approbation de Blake au plan de Palafox, avait appris le 10 novembre qu'il était en retraite. Pour le dégager, il avait formé le projet d'attaquer Moncey ; mais Palafox tenait à marcher sur Pampelune.

Le 13 novembre, pendant une indisposition de Castanos, les généraux espagnols tentèrent une attaque qui fut très décousue. Castanos voulait la recommencer ; mais O'Neille et Palafox refusèrent de marcher.

---

(1) Rapport du général Lacoste, 19 novembre 1808.

Il fut enfin décidé qu'on battrait en retraite sur Tudela dans la nuit du 21 ; un conseil de guerre se réunit ensuite dans la nuit du 22 au 23, pour savoir si on livrerait bataille et il fut décidé que O'Neille traverserait l'Ebre le 23 seulement avec les deux divisions dont il disposait ; l'armée de réserve devait ensuite défendre Tudela.

L'armée du centre recevait pour mission d'occuper Cascante (4e division, La Pena), à 10 kilomètres de Tudela, Agreda (avant-garde, général Cartavjal et Tarazona, 1re et 2e divisions), à 12 kilomètres en arrière.

Ce dispositif linéaire, sur un front énorme pour un effectif de 32.000 hommes, est la preuve évidente que le meilleur des généraux espagnols ne possédait pas le talent nécessaire pour lutter, même avec un effectif bien supérieur, contre le plus inhabile des divisionnaires de l'Empire.

Et que dire du commandement espagnol au début et au cours de la bataille ? Dès les premiers coups de canon, Palafox abandonne son armée prise en flagrant délit de manœuvre ; quant à Castanos, il reste avec O'Neille et ne commande plus son armée.

Lannes avait beau jeu contre de tels adversaires !

Dès son arrivée sur le champ de bataille, il a jugé la situation. Aux divisions Maurice Mathieu et Grandjean d'attaquer le saillant formé par la Croix de Santa-Barbara et la ville de Tudela ; à la division Morlot, appuyée par la division Musnier, de déboucher du bois de Cardete et de tenir en échec la division Saint-March pendant que la cavalerie Colbert menacera le flanc et les derrières de cette division.

Le principal effort était donc dirigé sur Tudela.

Les Espagnols se défendirent bravement ; mais leurs dispositions vicieuses les condamnait à une défaite.

Ce fut un échec sanglant, qui eût été un désastre si le terrain, parsemé de fossés, couvert d'oliviers, eût été plus favorable à la cavalerie. Les Espagnols perdirent 3.000

hommes (1), 26 canons et deux drapeaux, tandis que le IIIe corps n'eut que 557 hommes mis hors de combat.

Plus au sud, la brigade de dragons Digeon avait suffi pour empêcher La Pena de faire un mouvement sur sa droite.

La brigade Wathier avait surveillé Tarazona.

Après la bataille, O'Neille dirigea les fuyards sur Saragosse et l'armée du centre se dirigea sur Calatayud où elle arriva en piteux état le 25 novembre. Castanos, suspect depuis quelque temps, fut alors rappelé par la Junte et La Pena prit le commandement de cette armée qui eût pu jouer un tout autre rôle.

La poursuite avait commencé aussitôt après la bataille ; mais le maréchal s'alita le lendemain et tout s'en ressentit. Il dut laisser la direction des opérations à Moncey. Les divisions Lagrange et Musnier, avec la cavalerie Wathier marchèrent sur Calatayud ; le général Maurice Mathieu les commandait. La division Grandjean assurait les communications et le reste du corps d'armée prit Saragosse pour objectif.

Les journées du 24 et du 25 se passèrent en allées et venues (2). Les ordres succédaient aux contre-ordres et il fallut, pour remettre un peu d'ordre dans les colonnes, l'intervention de Lannes.

Le maréchal Moncey « semblait n'avoir en vue que Saragosse ».

Il n'arriva que le 28 à Calatayud, trois jours après les Espagnols. Il pouvait encore espérer atteindre Castanos ; mais son obsession le poursuivait. Il venait d'apprendre l'arrivée du VIe corps à Alagon et cette nouvelle était de nature à lui faire entrevoir la chute rapide de Saragosse. Aussi ne resta t-il que quelques heures à Calatayud, à

---

(1) Sans compter les prisonniers (environ 3.000).
(2) Division Lagrange.

peine le temps de remettre le commandement au général Maurice Mathieu, dont la division (1) n'avait plus de cartouches. La division Musnier avait ordre de suivre le maréchal.

C'était le salut pour l'armée du centre.

Les maréchaux Ney et Moncey s'entendirent pour investir Saragosse le 1er décembre; mais, la division Marchand ne pouvant arriver à temps, l'opération fut remise au lendemain. Les ordres étaient donnés quand arrivèrent (dans la nuit du 30) les ordres de Napoléon datés du 26.

« L'ennemi, disait le major général, paraissait prendre la direction de Calatayud. L'Empereur ordonne, Monsieur le Maréchal, que vous le poursuiviez vivement et l'épée dans les reins, telle direction qu'il puisse prendre (2). »

Cet ordre arrivait trop tard; le maréchal Ney avait cinq ou six marches à rattraper et son corps d'armée était très fatigué. Néamoins l'intrépide commandant du VIe corps se mit immédiatement en marche; mais, compliquant encore la situation, il emmena avec lui tout son corps d'armée, la cavalerie Beaumont, la brigade de dragons Digeon. De plus, il prit au passage la cavalerie Wathier et la division Maurice Mathieu alors que les circonstances exigeaient que l'avant-garde commençât immédiatement le mouvement en avant.

Cette malencontreuse décision — Ney n'avait pas voulu écouter les conseils de Lannes — devait empêcher Moncey d'investir Saragosse. Ce maréchal, déjà aigri, ne disposant que de jeunes troupes, se plaignit vivement à l'Empereur (3). Il se retira à Alagon, et Palafox put ainsi organiser à loisir la défense du boulevard de l'Aragon. Le 27 décembre seulement, le Ve corps arriva à la rescousse.

---

(1) Division Lagrange.
(2) Ordre daté du 26, 9 heures du matin, et parti d'Aranda.
(3) Le maréchal Moncey à l'Empereur, Alagon, 4 décembre 1808.

Pendant ce temps le VIe corps avait essayé en vain de regagner le temps perdu.

Le 7 décembre, il était à Guadalaxarra (1); mais déjà La Pena était loin. Le duc de l'Infantado, qui avait pris le commandement de l'armée du centre, après avoir essayé de gagner Aranjuez, s'était jeté dans les montagnes et s'était dirigé sur Cuença. »

Napoléon apprit le 8 décembre ce qui s'était passé sous les murs de Saragosse. Il écrivit aussitôt au maréchal Moncey une lettre rassurante. Cette lettre contenait un blâme à l'adresse de Ney : « Ce maréchal a, dans tous ses mouvements, fait de fausses dispositions et a manqué le but de son opération (2). »

Le même jour, le major général écrivait à Ney pour lui recommander de renvoyer à Moncey tout ce qui avait suivi le VIe corps et lui dire qu'il « n'avait pas suivi l'esprit de ses premières instructions qui étaient de couper et de poursuivre Castanos et, par conséquent, de se porter rapidement sur Agreda (3) ».

IX

Marche sur Madrid.

Le 23 novembre au matin, alors que le VIe corps approchait de Soria et le IIIe de Tudela, le IVe corps, appelé sur Carrion, avait sa tête à hauteur d'Herrera ; le IIe corps était encore dans les montagnes, la droite (division Bonnet) à Santander.

---

(1) Il y a 230 kilomètres d'Alagon à Guadalaxarra. Le VIe corps venait donc d'accomplir de longues marches.
(2) Berthier à Moncey, Chamartin, 8 décembre, midi.
(3) Commandant Balagny, *Napoléon en Espagne*, t. III, p. 231.

Au sud et au sud-ouest, la cavalerie couvrait le mouvement de l'armée. Les pointes allaient si loin que des chevaux tombaient morts de fatigue (1).

L'Empereur eut un moment d'hésitation le 19 novembre. Milhaud avait rendu compte qu'une reconnaissance poussée sur Benavente avait appris par des paysans qu'il y avait un corps anglais dans cette ville; d'autre part, Lasalle s'était heurté à un fort parti espagnol vers Sepulveda.

Le 26, le Ier corps était en marche vers l'est lorsque Napoléon apprit la victoire de Tudela.

Immédiatement ordre fut donné de marcher sur Madrid et une brigade de la Garde, formant l'avant-garde, se dirigea sur le défilé de Somo-Sierra défendu par 8.000 à 9.000 Espagnols sous les ordres du général San-Juan. La route était barrée par quatre batteries placées aux coudes principaux. Sur les flancs escarpés était postée l'infanterie espagnole.

L'obstacle était difficile à franchir de vive force.

La 96e (division Rufin), placée sur la chaussée, ne pouvait faire un pas et, pour avancer, il fallait attendre le mouvement des colonnes qui cheminaient très lentement sur les hauteurs. Il était midi et l'Empereur voulait en finir. C'est alors qu'il fit porter par de Ségur au chef d'escadron Rozietulki l'ordre de charger avec l'escadron de chevau-légers qui était de service.

Cet escadron partit au galop, par quatre, sur la route.

Cette charge héroïque (2), qui dura sept à huit minutes (2.500 mètres), eut un plein succès. 57 cavaliers avaient été tués ou blessés; mais le chemin de Madrid était ouvert à l'armée française.

L'infanterie espagnole se débanda et les chevau-légers

---

(1) Les reconnaissances allaient jusqu'à Mayorga, Léon, Toro, Ségovie.
(2) Commandant Balagny, *Napoléon en Espagne*, t. II, p. 403 à 428.

poursuivirent les fuyards jusqu'à Buytrago (30 novembre). Pendant la déroute, les soldats espagnols massacrèrent leur général.

X

Capitulation de Madrid.

Le 2 décembre, alors que Napoléon arrivait en vue de Madrid qui avait fermé ses portes dans l'espoir de pouvoir arrêter la Grande Armée, la situation était nette en avant et sur les flancs de l'armée. L'Empereur avait bien reçu du général Milbaud un avis l'informant qu'un corps anglais était signalé vers Salamanque (rapport du 29 novembre) ; mais le renseignement était assez vague et il jugeait que les Anglais, en admettant qu'ils eussent franchi la frontière du Portugal, n'avaient qu'une chose à faire, la repasser au plus vite.

C'est dans cette disposition d'esprit qu'il donna l'ordre à Milhaud, à Lasalle et au IVᵉ corps de le rejoindre à Madrid par Ségovie et l'Escurial. Seule, la brigade légère Franceschi devait rester à Palencia, tenant Valladolid et Medina del Rio Secco.

Le IVᵉ corps, précédé par les deux divisions de cavalerie Milhaud et Lasalle, arriva en vue de Madrid le 8 décembre. Il y fut bientôt rejoint par la division polonaise du général Valence.

Dans le nord, le IIᵉ corps, couvert par la brigade de cavalerie Debelle, était près de Saldana, couvrant Burgos, observant Léon et les mouvements de l'armée de La Romana qui, manquant de tout, se réorganisait lentement (4 décembre).

A l'est, le VIᵉ corps se reposait à Guadalaxarra et, dans

la vallée de l'Ebre, le IIIe corps préparait le siège de Saragosse.

Le 3 décembre au matin, Madrid fut sommée de se rendre; mais, les Espagnols étant résolus à se défendre, il fallut procéder à l'investissement de la ville et attaquer le Retiro.

Une nouvelle sommation (11 heures du matin) resta sans effet; mais Napoléon ne voulut pas procéder à une attaque générale sans avoir fait preuve de générosité. Il attendit jusqu'à 5 heures du soir.

Enfin Morla vint demander un jour de répit, nécessaire, disait-il, pour calmer l'effervescence populaire. L'Empereur accorda jusqu'au lendemain à 6 heures du matin.

Le 4 décembre, la ville capitulait.

XI

Napoléon à Madrid.

Au moment même de la capitulation de Madrid l'armée du centre avait paru à Guadalaxarra et Napoléon avait dû envoyer de ce côté Bessières avec seize escadrons et huit pièces, puis la division Villatte (Ier corps). Mais La Pena échappa à Bessières et continua sa route sur Arganda et Aranjuez. Le maréchal Victor dut revenir à Alcala pour, de là, se porter sur Villarejo (6 décembre); mais il ne put joindre les Espagnols; La Pena, apprenant en route la capitulation de Madrid, l'arrivée de Bessières sur ses derrières et la présence de la brigade de dragons Oullembourg à Aranjuez, s'était retiré vers Cuença.

La poursuite s'arrêta à Tarancon.

L'Empereur, n'ayant plus rien à redouter, songea alors

à marcher avec toute l'armée sur Lisbonne, par la vallée du Tage.

C'est dans ce but qu'il appela le VIIIe corps sur Burgos, le VIe corps à Madrid et qu'il lança (7 décembre) une avant-garde, composée des divisions Lasalle et Milhaud, sur Talavera. Le Ier corps devait garder Madrid, « centre de tout », transformée en place du moment. Il fit fortifier Ségovie, Somo-Sierra (deux bataillons), le Retiro; des ateliers, un arsenal, des magasins et des hôpitaux furent organisés à Madrid (ordres administratifs du 5 au 11 décembre).

Depuis son entrée en Espagne l'armée avait beaucoup souffert. Elle avait exécuté de longues marches à travers un pays montagneux, au milieu d'une population hostile fuyant à son approche; les privations avaient été dures. Aussi Miranda, Burgos, Aranda avaient elles vu des scènes de pillage sans exemple, accomplies par des soldats exaspérés. La maraude, en usage à la Grande Armée, avait pris des proportions effrayantes (1).

Le maréchal Victor écrivait d'Ocana le 10 décembre : « Jamais le soldat n'a, dans aucun temps de guerre, commis autant d'excès qu'il en commet depuis quelques jours. Les exemples de la plus grande sévérité ne peuvent arrêter ses brigandages; il est temps de lui donner le repos que je supplie Sa Majesté de lui accorder, afin de le ramener à la discipline. Son esprit d'insubordination est porté à un tel degré que, malgré les efforts des officiers pour le retenir dans ses rangs, on peut à peine disposer d'un quart; les autres se débandent pour aller dans les campagnes où ils commettent des horreurs que l'on a peine à concevoir. »

Les paysans n'osaient plus venir à Madrid.

---

(1) De Rocca, *Mémoires sur la guerre des Français en Espagne*, p. 24.

Il fallut faire des exemples dans tous les corps, même dans la Garde (rapports de Milhaud et de Lasalle) et décider que tout soldat voleur ou qui maltraiterait un habitant serait fusillé (ordre daté de Chamartin, 12 décembre 1808).

Le travail politique, administratif et militaire de l'Empereur était énorme.

Il avait obligé son frère à rester au Pardo et il s'occupait du royaume d'Espagne sans le consulter.

Immédiatement après la capitulation de la capitale, l'armée espagnole ayant violé l'article 8 de la capitulation en se retirant alors qu'elle devait rester prisonnière de guerre, Napoléon fit arrêter les principaux membres du conseil de Castille et du conseil de l'Inquisition ; leurs biens furent séquestrés.

Les décrets succédèrent aux décrets, les bulletins aux bulletins, les proclamations aux proclamations. L'Empereur, tout en se montrant ferme et menaçant, pensait pouvoir, pure illusion, prendre les Espagnols par la persuasion.

Il s'adressa aux paysans, plaignant leur sort et allant même jusqu'à les comparer aux fellahs d'Egypte (1) ; il pensait que le peuple se détacherait des moines « qui possèdent tout et l'ont abruti (2) ». Il flattait ainsi sa vanité et ses intérêts. Cependant le paysan continua à considérer cette guerre comme une croisade et à porter un ruban rouge avec cette inscription : « *Vincer o morir pro patria et pro Ferdinando septimo.* »

Les deux tiers des couvents furent supprimés et leurs biens destinés à la garantie de la dette publique (3). L'In-

---

(1) 12ᵉ Bulletin.
(2) 4ᵉ Bulletin.
(3) Il y avait alors en Espagne 184.802 religieux jouissant d'un revenu total de 275.000.000 de francs. Le décret de suppression est du 4 décembre. Commandant Balagny, *l'Empereur en Espagne*, t. III, p. 10.

quisition, les droits féodaux et les douanes provinciales disparurent. Peu après, le Conseil de Castille, « qui avait montré autant de fausseté que de faiblesse », fut dissous et l'Empereur créa une Cour de cassation soumise à l'autorité impériale.

Ce ne fut pas tout. L'Empereur permit aux grandes villes d'avoir une garde nationale (15 décembre); mais, tout en se montrant généreux, il passa des revues pour en imposer par le spectacle de superbes parades.

En vain Joseph réclamait, disant qu'il « était honteux devant ses prétendus sujets » de voir prendre de pareilles mesures (8 décembre) et qu'il voulait renoncer à la couronne d'Espagne.

Il avait d'autres idées que son frère et Napoléon lui en avait tenu rigueur depuis son arrivée à Vitoria. « Sa tête s'est perdue »; il veut être doux, clément et vraiment espagnol; « il est devenu tout à fait roi » (1) !

Napoléon ne l'entendait pas ainsi; il ne s'agissait pas, disait-il, de recommencer Philippe V.

Cependant, après une scène des plus vives il passa condamnation (2) et fit décider que Joseph serait demandé pour roi par les grands corps de l'Etat et le peuple madrilène. Le 15 décembre, une députation se rendit auprès de l'Empereur qui promit d'appeler Joseph dès que les citoyens de Madrid auraient juré sur les autels d'être fidèles au roi et donné ainsi l'exemple aux provinces.

Les registres se couvrirent vite de signatures (3). Le 23 décembre, dans toutes les églises de la capitale, eut lieu la cérémonie solennelle du serment (4).

Ces manifestations n'étaient pas sincères.

Au commencement de janvier 1809, le bruit s'étant ré-

---

(1) Frédéric Masson, *Napoléon et sa famille*, t. IV, p. 275.
(2) *Ibid.*, p. 280.
(3) Il y eut en tout 27.600 signatures.
(4) Commandant Balagny, *Napoléon en Espagne*, t. III, p. 48 et 49.

pandu que le duc de l'Infantado marchait sur Madrid, des soldats isolés furent assassinés en pleine rue. Le général Belliard, commandant de place, dut faire arrêter 300 individus suspects ainsi que quelques membres des conseils de Castille et de l'Inquisition restés à Madrid.

Il fallut la victoire d'Uclès (13 janvier) pour tout faire rentrer dans l'ordre à Madrid.

Napoléon permit enfin à son frère de faire une entrée solennelle dans la capitale. Le 22 janvier, alors que son frère se dirigeait sur Vitoria, Joseph, en grand uniforme espagnol, portant au chapeau la cocarde espagnole, se présentait à l'église San-Isidoro.

XII

Les Anglais à Salamanque.

En apprenant le soulèvement de l'Espagne, Shéridan (juin 1808) s'était écrié: « Jamais circonstance plus heureuse et plus opportune ne s'offrit à la Grande-Bretagne pour frapper un coup hardi et délivrer le monde. »

Des officiers et divers agents furent chargés de parcourir la Péninsule ; d'apporter aux soldats improvisés levés par les Juntes des chaussures, des armes, des munitions. Mais bientôt ces mesures ne parurent plus suffisantes et, au mois d'octobre 1808, M. Frère partit pour Madrid comme envoyé extraordinaire de la Junte centrale. Il était chargé de coordonner tous les efforts.

C'est à la même époque que le général Moore, commandant en chef à Lisbonne, reçut des instructions précises (6 octobre). Il était chargé d'aider les Espagnols et d'établir, après s'être concerté avec la Junte centrale alors à Madrid, un plan d'ensemble.

Il disposait de 20.000 Anglais réunis à Lisbonne et d'un corps (général Baird) qui devait débarquer à la Corogne. Il avait comme auxiliaires quelques milliers de Portugais.

Le général Moore résolut de se porter d'abord à Salamanque; mais, ajoutant foi à de mauvais renseignements lui indiquaient la route d'Almeida comme impraticable à l'artillerie, il forma une colonne comprenant quatre bataillons, presque toute la cavalerie et l'artillerie en entier. Le général Hope, commandant cette colonne, devait par Talavera et l'Escurial, gagner Salamanque.

Du 13 au 23 novembre, les trois premières colonnes arrivant d'Almeida se concentrèrent à Salamanque. Or, depuis le 10 au soir, les divisions Milhaud et Lasalle avaient dépassé Burgos.

La situation du général anglais était des plus délicates. Il manquait d'argent, de moyens de transport, et éprouvait mille difficultés avec les autorités locales. (Lettres à Frère, 10 novembre; à lord William Bentinck, 13 novembre.)

Le 15, il apprenait que les Français occupaient Valladolid!

Il était impuissant, n'ayant ni cavalerie, ni artillerie; il se sentait isolé après le double désastre de Blake et de Belveder. (Lettres à Frère, du 16 et 19 novembre; à lord Castelreagh, du 24 novembre; à son frère, du 26 novembre.)

Il n'avait plus l'espoir de concentrer son armée. Baird, mal renseigné par Blake, était reparti pour la Corogne et la colonne de Hope était loin.

Ce fut bien pis quand il apprit (28 novembre) la défaite de Castanos à Tudela. Il prit immédiatement la résolution de quitter l'Espagne au plus vite (lettre à Stuart, 29 novembre), malgré les récriminations de Frère (30 novembre), de la Junte et des généraux espagnols pour lesquels il avait un profond dédain. Sa décision semblait irrévocable.

Cependant il se ravisa en apprenant que les Madrilènes étaient décidés à défendre héroïquement leur cité (lettre de M. Frère, 2 décembre), et il écrivit aussitôt à lord Castelreagh et au marquis de la Romana qu'il allait se porter vivement sur Burgos pour dégager Madrid (5 décembre).

La résistance de la capitale ne dura qu'un jour. Le 4 décembre, elle ouvrit ses portes.

Néanmoins Moore persista dans son projet. Il ignorait la présence du IIᵉ corps à Carrion, l'arrivée prochaine du VIIIᵉ corps à Burgos et pensait que l'armée française ne s'élevait pas à plus de 90.000 hommes (1). Les renseignements inexacts ou incomplets qu'il possédait eurent une grande influence sur sa décision. Il crut que l'Empereur, ayant un gros détachement devant Saragosse, n'aurait pas trop de ce qu'il avait amené à Madrid pour faire face aux levées des provinces du Sud.

Entre temps, il avait été rejoint par Hope, qui avait fait preuve de sang-froid et de décision. Dès qu'il avait eu connaissance de la présence de la cavalerie française au sud de Valladolid, il s'était jeté vers Avila, en pleine montagne, couvert par un rideau de cavalerie, et avait atteint Salamanque, sans que sa marche eût été signalée à l'Empereur par les reconnaissances françaises.

Napoléon, jusqu'au 19 décembre, ne reçut que des renseignements très vagues sur la situation des Anglais, chose qui étonne au premier abord. Mais il faut se rendre compte que les excellents cavaliers de Milhaud opéraient dans une contrée où il n'était pas possible d'avoir un espion et d'obtenir un renseignement des habitants. Les guides étaient chose rare; la plupart s'échappaient ou trompaient les officiers commandant les détachements.

Cependant ce fut miracle si les pointes ne réussirent pas à fournir des renseignements précis.

---

(1) Commandant Lalagny, *Napoléon en Espagne*, t. III.

Le 2 décembre (1), une reconnaissance du 12e dragons, commandée par M. Ribet, s'approcha de Salamanque. Un maréchal des logis et quatre cavaliers atteignirent le village de Moriscos, à une lieue au nord de la ville. D'après les habitants, Salamanque était remplie de troupes anglaises.

La reconnaissance rendit compte; mais le renseignement ne fut pas contrôlé.

Ce fut une faute.

D'autre part, le général Hope franchit la Guadarrama le 30 novembre, se jeta sur Avila, par Espinar, en suivant des chemins de traverse et rejoignit Salamanque par Fontiveros où sa colonne arriva le 2 décembre. La cavalerie formait rideau vers le nord-est.

Or, le 30 novembre, les reconnaissances du général Milhaud, dont le gros était encore à Valdestillas, le duc de Dantzig ayant prié le général de ne faire aucun mouvement avant son arrivée (2), ne dépassaient pas Arevalo. Cependant il y eut une rencontre entre deux détachements de cavalerie auprès de cette dernière localité, le 2 décembre. Les Anglais ne furent pas suivis et, chose surprenante, aucun rapport de Milhaud ne fit mention de cette échauffourée à laquelle assistait le marquis de Londonderry.

---

(1) Commandant Balagny, *Napoléon en Espagne*, t. III, p. 164.
(2) Rapport de Milhaud, 1er décembre, 5 heures matin.

XIII

Manœuvre de Moore contre le II corps. — Manœuvre de Benavente.

L'Empereur, tranquille du côté de Cuença et de Tolède, n'ayant que des renseignements très vagues sur la présence ,d'un corps anglais vers Salamanque, se préparait à suivre avant-garde qu'il avait poussée sur Almaraz.

Cette avant-garde comprenait les divisions Lasalle et Milhaud, ainsi que le IVᵉ corps (divisions Sébastiani et Valence).

Le 19 décembre, Lasalle était près d'Almaraz et Milhaud à Talavera ; le IVᵉ corps était en marche sur Talavera.

L'Empereur avait sous sa main le Iᵉʳ et le VIᵉ corps, la Garde, la division de dragons Latour-Maubourg, la division Leval du IVᵉ corps (affectée à la garnison de Madrid) et un équipage léger de siège.

La division de dragons Lahoussaye (une brigade) avait été poussée de l'Escurial sur Avila.

La division de dragons Lorge avait l'ordre de marcher de Burgos sur Ségovie.

Mais de graves événements allaient donner aux affaires une tout autre tournure que celle arrêtée dans l'esprit de l'Empereur.

Ce fut un changement complet et tout à fait imprévu.

Depuis le 4 décembre, le maréchal Soult occupait Saldana avec deux divisions (1) couvertes à Sahagun par la

---

(1) La division Bonnet était à Santander.

Le maréchal Soult avait une division excellente (division Bonnet). Les autres, surtout la division Bonnet (119ᵉ et 120ᵉ), avaient des corps de formation récente. Le 1ᵉʳ régiment supplémentaire des légions de réserve manquait de tout.

brigade Debelle (500 cavaliers du 8ᵉ dragons et du 1ᵉʳprovisoire), ayant un poste à Céa, et par la brigade Franceschi (600 chevaux), tenant Medina del Rio Secco et Valladolid.

Cette dernière brigade ne fut mise à la disposition de Soult que le 15 décembre.

Le maréchal vivait dans une quiétude absolue. Il savait d'une façon positive que l'armée espagnole qui lui faisait face était dans l'impossibilité de faire un mouvement.

Le 12 décembre, une reconnaissance de la légion hanovrienne (30 hommes et 40 fantassins, ces derniers de passage) fut surprise à Rueda, en pleine nuit, par la cavalerie anglaise guidée par les habitants. Le général Franceschi, averti par les fuyards, fit vérifier les renseignements que ces derniers lui avaient donnés par une autre reconnaissance qui, poussée vers Tordésillas, fut vivement ramenée.

Soult en fut informé le 15.

La situation n'était pas sans gravité. Valladolid semblait sérieusement menacée et devant lui il avait 20.000 Espagnols à Mansilla; son flanc droit pouvait aussi être menacé par les forces asturiennes.

Le 10 décembre, Napoléon lui avait écrit, en lui dévoilant ses projets de marche par la vallée du Tage : « Vous avez à vous rendre maître de Léon, rejeter l'ennemi en Galice, vous emparer de Benavente et Zamora..... Il n'y a pas d'Anglais devant vous, comme tout porte à le croire, et vous pouvez marcher droit et tête baissée. Notre avantgarde est aujourd'hui à Talavera. »

Le porteur de cette lettre, écrite au moment même où Moore se décidait à marcher sur Valladolid, fut assassiné par les Espagnols et le général anglais connut, le 13, les intentions de l'Empereur. Il apprit en même temps que le VIIIᵉ corps arrivait à Burgos.

Pensant qu'il ne pouvait plus continuer son mouvement vers l'Est et qu'il lui était possible d'infliger un échec au

IIᵉ corps qui devait se porter sur Léon, il dirigea ses deux colonnes sur Mayorga, point de réunion assigné à Baird. La cavalerie masqua le mouvement en occupant Valladolid (un escadron) momentanément et en se dirigeant sur Medina del Rio Secco (15 novembre). Ce même jour, les colonnes atteignaient Toro et Zamora.

En même temps il avait invité La Romana, en qui il n'avait qu'une confiance limitée, a coopérer à l'action contre le maréchal Soult.

Moore disposait de 26.000 hommes, dont 2.500 cavaliers, et de 66 pièces. Cette armée comprenait :

1º Trois divisions d'infanterie (Baird, Hope, Fraser) ;

2º Une réserve (lord Paget) ;

3º Deux brigades légères (Crawfurd et Alten) ;

4º Deux brigades de cavalerie.

Le temps était très mauvais. La terre était couverte de neige et l'infanterie marchait lentement. Ce fut pour faire serrer ses colonnes et leur donner quelque repos que le général anglais ne dépassa pas Sahagun les 22 et 23 décembre.

La cavalerie anglaise, supérieure en nombre à la division Franceschi, avait pu masquer le mouvement et l'alerte fut vive au quartier général du IIᵉ corps quand arriva la nouvelle de la surprise de la brigade Debelle à Sahagun (1). Deux régiments de hussards étaient arrivés, le 20, à 18 kilomètres de Sahagun sans avoir été signalés !

La grand'garde française fut bousculée et la brigade, réunie tant bien que mal, n'ayant pas su profiter du terrain, perdit le quart de son effectif.

Mais le maréchal Soult avait pris des précautions. D'accord avec le général Mathieu-Dumas, qui commandait à Burgos, il avait déjà arrêté la brigade de dragons Four-

____

(1) Journal d'un officier d'ordonnance du maréchal Soult.

nier (division Lorge) vers Palencia, avait appelé à lui la brigade Franceschi et dirigé la division Delaborde (VIIIᵉ corps) sur Paredes.

L'inaction de Moore (22 et 23 décembre) le servait d'ailleurs très bien.

Le maréchal avait pris une attitude défensive ; il comprenait bien que plus les Anglais s'enfonceraient vers l'est, plus ils se compromettraient. Une lettre de Berthier, reçue le 24, lui donnait raison. Moore avait donné ses ordres pour arriver devant le Carrion le 24 au matin ; il avait l'intention d'agir par surprise sur le flanc gauche du IIᵉ corps pendant que les Espagnols attaqueraient directement.

Mais le 23, à 6 heures du soir, le marquis de la Romana l'informa que les troupes françaises signalées à l'Escurial (il s'agit probablement d'un mouvement des dragons La Houssaye) s'étaient mises en marche vers le Douro le 18.

C'était un renseignement faux, mais Moore n'avait pas confiance dans le succès. Il savait que des troupes arrivaient à Palencia et à Burgos. Il n'était pas à l'aise ; il était inquiet, ainsi qu'il le mandait à M. Frère le 22, un jour avant la réception de l'avis que le marquis devait lui adresser : « Le mouvement que j'exécute, lui écrivait-il, est des plus dangereux ; je ne risque pas seulement de me voir entouré d'un moment à l'autre par des forces supérieures, mais encore d'avoir ma communication coupée avec la Galice. »

Dans cette disposition d'esprit, au reçu de la lettre du marquis, il jugea qu'il avait assez fait, arrêta les troupes déjà en mouvement et ordonna la retraite, mais pour le 25 seulement.

Les divisions Hope et Fraser, avec la majeure partie de l'artillerie, gagnèrent Benavente en passant par Mayorga.

La division Baird se dirigea sur le bac de Valencia de San-Juan.

La réserve resta à Sahagun et les brigades légères res-tèrent en position à Villada. Ces troupes devaient se dérober le 26 et passer par Benavente.

La cavalerie couvrit le mouvement en inquiétant, les 25 et 26, les avant-postes du II⁰ corps.

Moore voulait battre en retraite par la Galice, puisqu'il avait recommandé aux autorités anglaises de diriger la flotte sur Vigo et la Corogne. Dès lors il eut tort de prendre avec la majorité de ses troupes la route la plus longue, celle de Benavente. Il pouvait par Valencia, San-Juan et Mansilla, et gagner ainsi plusieurs marches. Il pensait pouvoir se retirer tranquillement (1).

Sans le faux renseignement que lui transmit le 23 le marquis de La Romana, il eût essuyé un désastre complet, car Ney était à Tordesillas le 24, plus près par conséquent de Benavente que ne l'eût été Moore le même jour, puisqu'il avait donné des ordres pour attaquer Carrion ce jour-là (2).

Que s'était-il donc passé à Madrid depuis le jour où la cavalerie Franceschi avait donné l'alarme (13 décembre)?

Le 18 novembre, le général La Houssaye, qui était avec ses dragons à l'Escurial, avait rendu compte que trois Français ayant déserté l'armée anglaise affirmaient la présence de 16.000 Anglais à Salamanque. Ils ne faisaient au moment de leur départ, disaient-ils, aucun préparatif de retraite (3).

Ce renseignement précieux parvint au quartier général le 19 au matin, jour de grande parade.

Vers 11 heures, arriva une lettre du général Mathieu-Dumas (datée de Burgos, 17 décembre, 11 heures du

---

(1) Lettre au marquis, 23 décembre 1808.
(2) Ney aurait eu 45 kilomètres d'avance sur Moore.
(3) Commandant Balagny, *Napoléon en Espagne*, t. III, p. 392.

matin) (1) annonçant la surprise du 13 à Rueda. Le général signalait que l'armée espagnole et le corps anglais d'Astorga étaient en mouvement. Il avait, en raison de ces circonstances, arrêté la brigade Fournier (de la division de dragons Lorge) et pressé la marche du VIII⁰ corps.

Immédiatement l'Empereur prépara un mouvement vers le nord.

Il donna l'ordre au maréchal Ney de partir pour Guadarrama avec la brigade légère Colbert; les divisions Maurice Mathieu et Marchand, destinées à former l'avant-garde, devaient se tenir prêtes à marcher au premier signal. La division Lahoussaye, qui fut mise le 21 à la disposition de Ney, reçut l'ordre de se porter à Avila et d'envoyer des reconnaissances sur Salamanque. Deux aides de camp de l'Empereur partirent pour aller aux renseignements avec ces reconnaissances.

Le même jour, la division Dessoles fut appelée à Madrid.

Dans la soirée, Napoléon interrogea les trois soldats venant de l'Escurial et ce fut à la suite de cet interrogatoire qu'il écrivit au général Mathieu-Dumas et à Soult pour approuver leurs dispositions et leur faire part de ses projets : « Si donc, disait-il, tous les Anglais sont venus avec de l'infanterie et toutes leurs forces sur Valladolid, manœuvrez et agissez, Monsieur le Duc, comme sachant que nous manœuvrons pour leur couper la communication de Salamanque, l'Empereur ne se mettra lui-même en marche que s'il apprend qu'il y a possibilité de donner une bonne leçon aux Anglais. »

Ainsi, dans ce cas, le II⁰ corps devait manœuvrer en retraite pour attirer les Anglais vers l'est.

Mais l'Empereur ne pouvait se décider à croire que les

---

(1) Les renseignements passant par le II⁰ corps, toute relation de Franceschi avec Madrid étant interrompus, venaient d'un point situé à 440 kilomètres de Madrid (110 kilomètres par jour).

Anglais tenteraient une opération aussi dangereuse avec toute leur armée. Il croyait à une pointe sur Valladolid et, avant d'agir vigoureusement, il voulait des renseignements précis.

En attendant, il se tenait prêt. Le IVe corps reçut l'ordre de se préparer à marcher sur Avila et Salamanque. Lasalle devait pousser des reconnaissances sur Plasencia et Salamanque.

Dans la journée du 21, entre 2 et 3 heures, une lettre du général Tilly, commandant à Ségovie, leva tous les doutes. Une reconnaissance signalait d'une façon positive que les Anglais occupaient Rueda, Valdestillas et Medina del Campo. La lettre du général était datée du 19; mais le courrier avait dû traverser les montagnes et faire 112 kilomètres par une violente tempête de neige.

L'Empereur était fixé.

Le 21, à 3 heures, ordre était donné au VIe corps, à la Garde et à la division Lapisse de partir immédiatement pour Villacastin.

Napoléon se mit en route le 22.

Ces journées du 21 et du 22 furent cruelles pour les troupes. Une violente tempête retarda leur marche. La température était descendue à 9° au-dessous de zéro; il y eut des cas nombreux de congélation (1) autour des feux, de bivouac.

Napoléon, injurié par les soldats de la division Lapisse dût faire la sourde oreille, donner l'exemple et marcher à pied à leur tête.

Ney atteignit Arevalo le 22.

Des rares renseignements recueillis le 23 Napolèon conclut que les Anglais étaient au nord du Douro et qu'il pouvait par Tordesillas les devancer à Castro-Gonzalo, sur l'Esla, s'ils étaient toujours vers Valladolid.

---

(1) *Mémoires* de Larrey, p. 251 et 252.

Le 24 au matin, l'avant-garde du VI⁰ corps arrivait à Tordesillas (1) et toute l'armée qui, le 22, formait une longue colonne de 120 kilomètres de profondeur, serra le plus possible sur la tête. La ligne d'opérations fut alors raccourcie ; elle devait désormais passer par Ségovie.

C'était avec une masse de 42.000 vieux soldats, capables des plus grands efforts, que Napoléon se portait à marches forcées sur les communications de Moore. Certaines divisions avaient fait des étapes successives de 50, 35 et 42 kilomètres par un temps abominable ; elles avaient bivouaqué sur un sol glacé.

L'Empereur se trompait sur la situation de l'armée anglaise, ainsi que le montre cette lettre à Joseph, du 23 décembre au soir : « Les Anglais paraissent être à Valladolid, probablement avec une avant-garde (!) et être en position à Zamora et Benavente avec le reste de leur armée.

» Faites mettre dans les journaux de Madrid que 20.000 Anglais sont cernés et perdus (2). »

A ce moment précis Moore était avec toute son armée à plus de 100 kilomètres de la zone où Napoléon pensait la trouver.

Le 24, l'armée anglaise était encore à Sahagun.

Le 26, le VI⁰ corps atteignit Medina de Rio Secco et la Garde arriva à Tordesillas. Le dégel était arrivé, les routes étaient défoncées, la marche était très lente. Ainsi que le

-----

(1) De Madrid à Arevalo on compte 210 kilomètres et d'Arevalo à Tordesillas plus de 100 kilomètres.

L'avant-garde du VI⁰ corps comprenait : la brigade Colbert, six compagnies de voltigeurs et deux pièces de 4.

Derrière venaient le VI⁰ corps (division Marchand et Maurice Mathieu), puis la Garde et la division Dessoles.

(2) Le chef de bataillon Lejeune, trompé par les Espagnols, donna de faux renseignements à l'Empereur. Il avait été envoyé en reconnaissance sur Salamanque. (Commandant Balagny, *Napoléon en Espagne*, t. III, p. 469.

raconte le général Boulard, alors chef d'escadron d'artillerie de la Garde, l'artillerie s'embourbait à chaque instant : « Nous voyions, dit-il, se renouveler les fameuses boues de Pultusk. »

Le général Colbert rendit compte que les Anglais étaient à Sahagun. Ce rapport était en contradiction avec les renseignements envoyés par Durosnel, officier d'ordonnance de l'Empereur ; ce général (1) avait rencontré en pleine nuit une colonne anglaise se retirant de Sahagun sur Benevente.

Le rapport de Colbert n'était pas d'une exactitude absolue ; il n'avait vu à Sahagun que l'arrière-garde de Moore et non l'armée anglaise en entier.

L'Empereur, qui avait une confiance absolue en la perspicacité de Colbert, au lieu de conclure de ces deux rapports contradictoires que les Anglais pouvaient bien exécuter un mouvement de retraite, vit les Anglais rassemblés à Sahagun et, persuadé que leur défaite était proche, il poussa le VIe corps sur Valderas.

La joie de l'Empereur était sans bornes. Il écrivit immédiatement à Soult : « Si les Anglais passent cette journée (26 décembre) dans leur position, ils sont perdus ; si, au contraire, ils vous attaquent avec toutes leurs forces, repliez-vous à un jour de marche : plus loin ils iront, tant mieux pour nous ; s'ils se retirent, serrez-les de près. »

Le lendemain 27, il écrivait à son frère : « Si les Anglais n'ont pas déjà battu en retraite, ils sont perdus ; et s'ils se retirent, ils seront poursuivis jusqu'à leur embarquement, de manière que la moitié certainement ne se rembarquera pas.

---

(1) Le général de Ségur, attaché au grand quartier général, est très affirmatif sur ce point. Il était alors absent ; mais Durosnel lui raconta souvent les événements de cette campagne.

» Faites mettre dans les journaux que je suis à Béna-
vente (!) sur leurs derrières. »

Il est difficile de se décider à la guerre. La vérité reste
toujours voilée et l'on est à la merci des événements et des
circonstances qui peuvent déranger et faire échouer les
meilleures combinaisons.

Si Napoléon avait su d'une façon positive, le 26 au matin,
qu'il n'y avait qu'une arrière-garde anglaise à Sahagun, il
aurait certainement dirigé la Garde et les divisions Lapisse
et Dessoles droit sur Benavente.

Napoléon aurait pu être renseigné par la cavalerie
du IIe corps, forte de trois brigades (Debelle, Lorge, Franceschi). Cette cavalerie se laissa tromper par l'occupation
de Sahagun jusque dans la soirée du 26.

D'autre part, le IIe corps ne montra aucune activité. Le
maréchal Soult, mal renseigné par sa cavalerie, attendit
l'attaque et ne s'accrocha pas aux Anglais, qui purent
ainsi manœuvrer à leur aise et se dérober en toute tranquillité.

Or, le maréchal avait été informé dans la nuit du 25 au
26 par le commandant du VIe corps, qui lui avait écrit le
24, de l'arrivée de l'armée sur le Douro. Les ordres du
major général lui étaient parvenus le 24.

Dans la nuit du 25 au 26, Soult écrivit au major général : « Demain (27) j'attaquerai l'ennemi s'il tient (!) à
Villada ou Villalon et me porterai ensuite sur Mayorga. »

Cette décision venait trop tard.

De Benavente à Tordesillas on compte 68 kilomètres,
soit deux étapes pour les troupes incomparables qu'avait
l'Empereur. Le 28, dans la journée, l'infanterie de la Garde
aurait donc pu se présenter devant cette ville.

Si l'on songe que l'armée anglaise était encombrée
d'équipages et que, sans avoir été inquiétée le moins du
monde, elle ne put évacuer Benavente que le 29 dans la

soirée, n'est-on pas en droit d'affirmer que l'inaction du IIe corps la sauva ?

Le VIe corps, égaré sur une fausse piste, ne put atteindre Valderas que le 28, après des fatigues excessives causées par la marche sur des chemins de traverse défoncés. Les ruisseaux étaient débordés et il fallait les traverser « ayant de l'eau jusqu'à la ceinture».

Le 29, enfin, la cavalerie de la Garde prit le contact de l'armée anglaise à Benavente. Le 30, la brigade légère Franceschi arrivait à Mansilla, bousculait les colonnes espagnoles et entrait dans Léon (31 décembre), le jour même. où l'armée anglaise avait évacué Astorga, dans le plus grand désordre.

Le 1er janvier, l'Empereur entrait dans Astorga et la cavalerie du IIe corps parvenait à Moral de Orbigo.

Sir John Moore, qui avait commis la double faute de ne pas se couvrir du côté de Madrid dans son mouvement sur Carrion et de se rapprocher des colonnes françaises pendant sa retraite, ne dut son salut qu'au hasard : 1° à un faux renseignement ; 2° au mauvais temps qui retarda la marche des Français ; 3° au peu d'activité de la cavalerie du IIe corps.

En réalité, « Moore agit à l'aventure, contrairement aux règles de l'art » (1).

Sa diversion généreuse ne rendit aucun service à l'Espagne. Victor à Uclès, Lefebvre à Almaraz suffirent à la destruction des corps espagnols échappés aux coups de l'Empereur et l'armée anglaise, poursuivie, traquée, fut sur le point d'être prise en entier.

---

(1) Commandant Balagny, *Napoléon en Espagne*, t. III, p. 646.

XIV

La poursuite.

L'armée anglaise, désorganisée, fuyait vers la Galice. La discipline n'existait plus; des bandes de traînards avinés pillaient et saccageaient tous les villages. Le mauvais temps, les longues marches et la crainte avaient produit autant de résultats qu'une bataille perdue. La cavalerie abandonnait ses chevaux et l'artillerie ses caissons.

Sir J. Moore, avec le gros de l'armée, avait pris la route de Lugo et les brigades légères s'étaient dirigées sur Orense. Le marquis de la Romana, après l'évacuation de Léon, vint se jeter dans les colonnes anglaises, ce qui amena une horrible confusion qui ne cessa qu'après l'entrée en Galice. Les Espagnols, se séparant des Anglais, se retirèrent dans la haute vallée du Sil.

L'Empereur espérait ajouter encore à la désorganisation de son adversaire par une poursuite acharnée : « Le temps est mauvais, écrivait-il à Joseph le 1er janvier 1809, mais cela ne nous arrêtera pas. »

Dès son départ de Tordesillas pour Benavente, il avait prévu l'embarquement possible des Anglais et chargé le major général d'avertir le maréchal Soult qu'il serait chargé d'occuper le Portugal.

En arrivant à Astorga, il reçut de Paris des nouvelles alarmantes : l'Autriche se préparait à recommencer la lutte. Aussitôt son parti fut pris de revenir à Paris avec la Garde et de laisser continuer la poursuite par les IIe et VIe corps.

Le IIe corps devait comprendre quatre divisions d'infanterie, une division de dragons et deux brigades légères :

Infanterie.

Division Merle (ancienne division Mouton);
Division Mermet;
Divisions Delaborde et Heudelet, du VIIIe corps.

Cavalerie.

Brigade légère Colbert (VIe corps);
Brigade Franceschi (attachée au corps du centre, puis au IIe corps);
Division de dragons Lahoüssaye (4e).

Le VIIIe corps fut dissous et Junot remplaça Moncey, que ses démêlés avec Lannes et Ney avaient aigri et dégoûté, à la tête du IIIe corps. La division Loison (VIIIe corps) resta en Castille pour assurer l'ordre sur la ligne de communications.

Le VIe corps garda ses deux divisions (Maurice Mathieu et Marchand) et reçut une brigade de dragons en échange de sa brigade légère donnée au II^a corps.

La division Lapisse (Ier corps), avec des dragons, devait rester en observation à Benavente, prête à seconder le IIe corps quand il serait arrivó à Oporto. La division Dessoles revint à Madrid.

Le maréchal Soult mena vivement la poursuite. La première résistance eut lieu à Villafranca le 3 janvier; le général Colbert, appuyé par quelques compagnies de voltigeurs, attaqua vigoureusement l'arrière-garde anglaise, mais ne put l'entamer. Le général Colbert fut tué.

Le 5 janvier, l'armée anglaise harassée s'arrêta à Lugo. Sir J. Moore hésitait à se diriger sur la Corogne; mais, comme cette route était la plus courte, il se décida à la prendre à cause de l'état de son armée.

L'infanterie française n'arriva devant Lugo que le 7 janvier. Le maréchal Soult, jugeant d'après les renseignements recueillis, qu'il se trouvait en face de toute l'armée anglaise, résolut d'attendre le VIe corps dont la tête était à Villafranca ; mais les troupes de ce corps d'armée étaient épuisées.

Dans la nuit du 8 au 9 janvier sir J. Moore décampa. Le mauvais temps, des erreurs de direction et les marches de nuit fatiguèrent les colonnes anglaises. La débandade s'ensuivit, sauf dans la réserve de lord Paget, qui sut en imposer à la cavalerie française (1).

Le 11 janvier, l'armée anglaise arrivait à la Corogne, talonnée par l'avant-garde du VIe corps.

La situation semblait désespérée.

Sir J. Moore résolut de ne capituler qu'à la dernière extrémité. Du côté français, le IIe corps dut attendre son artillerie jusqu'au 15. La flotte anglaise était en vue.

Le 16, le maréchal Soult attaqua les Anglais retranchés ; mais le combat resta indécis. Frappé à mort, le général anglais eut la consolation d'apprendre que son armée avait eu le temps de s'embarquer.

« Peu d'opérations de guerre furent plus pénibles que cette poursuite, a dit Jomini, et il fallut séjourner à Lugo deux ou trois jours pour réunir nos bataillons (VIe corps) échelonnés sur la route. »

La cavalerie française, appuyée par quelques compagnies légères, malgré les privations et les souffrances, avait un tel mordant que les Anglais virent leur retraite souvent compromise.

---

(1) Charles-William Vanes, marquis de Londonderry, *la Guerre dans la Péninsule*, p. 263.

CHAPITRE X

**LE ROI JOSEPH A MADRID
DISPERSION DE L'ARMÉE DU DUC DE L'INFANTADO .**

Le roi Joseph était resté à Madrid, en qualité de lieutenant. de l'Empereur, avec Jourdan pour chef d'état-major.

D'après les ordres de l'Empereur (22 décembre) les troupes mises à la disposition du roi étaient ainsi établies :

*Maréchal Lefebvre, IVe corps (10.000 hommes),
à Talavera.*

Division Sébastiani ;
Division Valence ;
24 pièces ;
5e dragons ;
Chevau-légers westphaliens ;
Division de dragons Milhaud (1.300 hommes), au pont de l'Arzobispo (trois régiments) ;
Division légère Lasalle (2.000 hommes), à Naval-Moral, tenant Almaraz et observant Plasencia (quatre régiments, deux brigades).

Maréchal Victor, Ier corps (11.000 hommes, 40 canons).

Division Villatte : gros, à Aranjuez ; détachement, à Tolède ;
Un détachement à Guadalaxarra (un régiment, 55e) ;

Division Rufin, à Madrid (26e chasseurs, à Tolède) ;

Division Latour-Maubourg (six régiments de dragons, six pièces) ; une brigade à Aranjuez, une brigade à Tarancon, une bridade à Madrilejos.

Garnison de Madrid : division Leval (3.000 hommes et huit pièces) du IVe corps.

Garde du roi (2.300 hommes), au Prado.

Le Retiro avait été fortifié pour servir de réduit à la garnison.

Dans la pensée de l'Empereur, le IVe corps devait devenir bientôt disponible puisqu'il avait l'ordre d'attaquer les Espagnols postés à Almaraz et de les disperser. Le Ier corps seul, composé d'excellentes troupes, était d'ailleurs bien suffisant, croyait-il, pour faire face aux troupes signalées à Cuença et dans la Manche.

A peine l'Empereur avait-il quitté Madrid que le duc de l'Infantado, disposant à Cuença de 25.000 hommes environ, résolut de marcher sur la capitale.

Dès qu'il en fut informé par sa cavalerie, le maréchal Victor ordonna à la division Latour-Maubourg qui, placée à une ou deux journées de marche de la division Villatte, assurait au Ier corps sa liberté d'action, de resserrer ses cantonnements (24 décembre).

La brigade de Madrilejos vint à Trembleque, celle de Tarancon à Santa-Cruz ; un régiment resta à Ocana avec le 27e léger et un autre régiment fut dirigé sur Alcala pour surveiller la haute vallée de là Tajuna.

Le 25 décembre eurent lieu quelques engagements qui firent penser au duc de Bellune qu'il serait bientôt attaqué ; il réclama l'appui des divisions Rufin et Leval ; mais le roi (1) ne voulait pas dégarnir Madrid. Il avait, c'était son frère qui le lui avait dit (2), « à garder Madrid ; tout

----

(1) *Mémoires* du roi Joseph, t. V, p. 223.
(2) Instructions de Napoléon du 22 décembre.

le reste était de peu d'importance » et, prenant au pied de la lettre cette recommandation qui n'excluait pas d'ailleurs l'idée de manœuvre, il n'envoya rien. Il vint à Ocana (27 décembre) pour juger de l'état des choses et repartit tranquille pour le Prado.

Le roi pensait, d'après les renseignements qui lui étaient parvenus, que l'ennemi se porterait sur Arganda et non sur Aranjuez (1).

Il n'était certes pas nécessaire d'agir avec tant de prudence vis-à-vis des armées espagnoles.

Néanmoins, le roi crut bien faire d'appeler à lui tout le IVᵉ corps (26 décembre). La division Rufin et la Garde se tinrent prêtes à partir.

L'Empereur avait dit à Joseph, dans ses instructions du 22 décembre, qu'il pouvait appeler à lui le IVᵉ corps, mais seulement en cas de nécessité.

Le 27 décembre, à 3 heures du matin, il lui écrivit de Tordesillas que « l'ennemi n'avait rien pouvant résister aux divisions Villatte et Rufin »; qu'il pouvait cependant appeler à Tolède la division de dragons Milhaud et la division Sébastiani.

« C'est plus qu'il n'en faut. »

Mais le duc de Dantzig, après avoir battu les troupes espagnoles de Galluzo (24 décembre), prétendit qu'il avait l'ordre de se porter sur Ciudad-Rodrigo et ne voulut rien entendre. Le général Merlin, avec 1.500 Polonais et la division Lasalle, vinrent à Tolède; mais le IVᵉ corps se porta vers le nord (2).

Dès qu'il eut connaissance de ces faits, l'Empereur ordonna au duc de Dantzig, à qui il avait fait entrevoir,

---

(1) Jourdan à Victor, 26 décembre.
(2) Au delà du Tiétar, vers Ciudad-Rodrigo, par Avila et Salamanque.

mais seulement entrevoir, la possibilité d'un mouvement sur Ciudad-Rodrigo (note du 20 décembre 1808), de revenir sur Madrid par Avila.

Le IVe corps arriva près de la capitale le 10 janvier, deux jours après la division Dessoles (VIe corps).

Napoléon était alors à Valladolid (depuis le 7 janvier).

Depuis le 31 décembre, le maréchal Victor était à Arganda, observant les Espagnols, mais sans les inquiéter.

Cette attitude défensive est incompréhensible ; elle caractérise le roi Joseph et son chef d'état-major.

Il aurait mieux valu, a-t-on dit, que Napoléon fût sans famille.

Il fallut l'intervention de l'Empereur pour décider le roi à lâcher la bride au Ier corps (7, 8, 9 et 10 janvier, lettres de Napoléon à Joseph).

Le 10 janvier, le maréchal Lefebvre, « qui ne savait pas lire ses instructions », était relevé de son commandement et remplacé momentanément par Jourdan, qui restait chef d'état-major.

D'après les nouvelles instructions de l'Empereur, il fallait tenir Almaraz et déblayer le terrain au delà, jusqu'à Truxillo. Cette mission fut confiée à la division Lasalle appuyée par la division Leval.

La division Valence fut envoyée à Tolède et la garnison de Madrid fut composée des divisions Sebastiani (IVe corps), Dessolles (VIe corps) et des dragons Milhaud.

Ce fut le 9 janvier que le Ier corps prit l'offensive. Le 13, la division Villatte se heurta, à Uclès, aux troupes de Venegas, lieutenant du duc de l'Infantado et les attaqua sans hésiter. Sur ces entrefaites arriva par une autre route la division Rufin. Les Espagnols furent culbutés et mis en déroute.

Venegas perdit 6.000 hommes environ et les Français 150.

Le duc de l'Infantado, venu au secours de Venegas avec

8.000 hommes, fit aussitôt demi-tour ; mais les dragons atteignirent son arrière-garde à Tarrazona et s'emparèrent de presque toute son artillerie.

C'en était fait de cette armée espagnole dont les débris mirent une telle hâte à s'enfuir que les dragons ne purent les atteindre.

Le 30 janvier 1809, Victor arrivait à Madrilejos.

Pendant que cette poursuite, conduite avec la plus grande énergie, éloignait tout danger du côté de Cuença et de Valence, la cavalerie Lasalle avait passé le Tage à Almaraz (21 janvier) et sabré quelques bandes ; mais, le 27, elle fut obligée de repasser le Tage et de se replier sur la division Leval. Les Espagnols, sous les ordres de La Cuesta, occupèrent Almaraz et firent sauter le pont sur le Tage.

Les rapports de Lasalle parvinrent au roi le 29 janvier et immédiatement Victor reçut l'ordre de se porter sur Almaraz, conformément aux instructions de l'Empereur. Les dragons Latour-Maubourg furent laissés à Madrilejos et ceux de Milhaud à Ocana. Ces deux divisions de cavalerie étaient appuyées par la division Valence (IVe corps) à Tolède et la division Sebastiani (IVe corps) à Aranjuez.

A la fin de janvier les affaires avaient pris bonne tournure autour de Madrid. Il existait bien çà et là quelques bandes ; mais le manifeste de la Junte (1er janvier) appelant tous les mâles à l'activité n'avait produit encore aucun effet. Il n'existait plus aucune force organisée capable de tenir la campagne. La route de Madrid à Bayonne était infestée de bandits ; avec des colonnes mobiles, de la patience et une ferme politique, on en fût venu à bout. Des gouverneurs sages, des administrateurs consciencieux et la main puissante de l'Empereur auraient fini par assurer la conquête.

Mais l'Empereur était parti pour Paris, où la Garde allait bientôt le suivre, et la direction des affaires restait confiée au roi Joseph, méprisé par les Espagnols et les Français, objet de risée des uns et des autres (1).

A partir du départ de Napoléon il n'y eut plus d'unité de commandement et, par suite, plus de discipline. Le responsable de ce désordre, c'est Napoléon lui-même. « En invitant chacun des commandants des corps d'armée à correspondre directement avec le prince de Neuchâtel, en sa qualité de major général; puis, lorsque Berthier l'eut suivi en Allemagne, avec le Ministre de la guerre; en transmettant et en faisant transmettre à chacun d'eux des ordres de mouvements qui, vu les distances, de Paris, puis de Schœnbrünn à Madrid, ne s'appliquaient plus aux circonstances; en retenant ainsi, non seulement la direction générale, mais le détail même des opérations, il montrait ouvertement en quelle défiance il mettait les talents de son frère et il atteignait sans remède possible le prestige du commandement (2). »

Avant de quitter Valladolid (17 janvier) l'Empereur avait laissé au roi et au maréchal Soult des instructions détaillées au sujet des mouvements à faire.

Le IIe corps, renforcé, devait marcher sur Oporto, occuper Lisbonne et tendre la main au Ier corps marchant sur Cadix.

Le VIe corps avait pour mission de pacifier la Galice.

Le Ier corps, marchant sur Séville et Cadix par Mérida, devait soumettre l'Andalousie.

Dans la pensée de l'Empereur, ces forces était suffisantes pour briser toute résistance.

A Madrid, le roi disposait du IVe corps (division Valence et Sébastiani), de la division Dessoles, de sa garde et de sept régiments de cavalerie.

---

(1) De Rocca, *Mémoires sur les Guerres des Français en Espagne* p. 117 et 118.
(2) Frédéric Masson, *Napoléon et sa famille*, t. IV, p. 300.

Le nord de l'Espagne restait en partie soumis au maréchal Bessières ayant sous ses ordres :

1° Momentanément la division Lapisse (Ier corps), alors à Zamora ;

2° La division Loison (VIIIe corps dissous), à Léon ;

3° La division Bonnet (IIe corps), à Santander ;

4° Des garnisons de Burgos, Aranda, Valladolid et Soria ;

5° La division de dragons Kellermann.

Mais si l'Empereur croyait que « tout ce qu'il y avait d'Espagnols armés ne pouvait faire tête à 10.000 Français », il était préoccupé de savoir ce qu'allaient faire les Anglais. Suivant le point qu'ils choisiraient pour débarquer, Cadix ou Lisbonne, ses instructions devaient être modifiées.

La guerre d'Autriche ne lui permit pas de s'occuper des affaires d'Espagne et ses premières instructions ne purent être suivies à la lettre.

Mais leur esprit fut-il compris ?

Nous verrons comment elles furent interprétées quand surgit l'obstacle, le seul obstacle redouté de l'Empereur, l'armée anglaise.

CHAPITRE XI

I

Etat des affaires au commencement de 1809.

Au commencement de février 1809, l'Espagne semblait conquise. En Aragon, le siège de Saragosse touchait à sa fin (1) ; en Catalogne, Roses venait de se rendre ; Lisbonne et Cadix étaient menacés.

La situation matérielle et morale avait bien changé depuis l'arrivée de l'Empereur. Le commerce renaissait, les boutiques se rouvraient et les Français se faisaient des partisans.

Le 8 décembre 1808, la municipalité de Madrid avait entendu les promesses solennelles de Napoléon : « Restriction du nombre des moines, abolition de l'Inquisition et des droits féodaux, garantie de la liberté individuelle, réforme de la justice, etc., etc.

» Vos neveux, c'est ainsi qu'il avait terminé sa harangue, me béniront comme votre régénérateur. »

L'esprit public n'était pas mûr pour ces réformes, car « sous le rapport des connaissances et du perfectionnement des habitudes sociales, l'Espagne était de plus d'un siècle en arrière des autres Etats du continent (2) ». Le

____

(1) Un assaut furieux avait eu lieu le 26 janvier.

(2) De Rocca, *Mémoires sur la guerre des Français en Espagne,* p. 5.

génie de Napoléon les eût fait peut-être accepter, mais son frère en était incapable. La guerre allait continuer, guerre implacable et funeste, « chancre rongeur » qui épuisa l'armée impériale. Le départ de l'Empereur pour la campagne d'Autriche ranima le courage des Espagnols et de nouvelles armées s'organisèrent.

Alors parut à Lisbonne un homme d'un caractère ferme, d'un esprit élevé, doué de toutes les qualités qui manquaient au frère de l'Empereur. Cet homme, le duc de Wellington, fut le libérateur de la Péninsule.

En quelques mots éloquents, l'Empereur a exprimé quelques années plus tard ses regrets de n'avoir pas dirigé en personne les affaires d'Espagne en 1809.

« Je dus renoncer au plan que j'avais formé pour assurer la soumission entière de l'Espagne. Je voulais de la Corogne marcher sur le Portugal et revenir par Cadix et Madrid.

» Je n'ai pas fait en Espagne la faute d'aller trop vite, mais on a fait celle d'aller trop doucement après mon départ ; si j'y fusse resté quelques mois, j'eusse pris Lisbonne et Cadix, réuni les partis et pacifié le pays.

» Personne ne peut nier que si l'Autriche, en ne me déclarant pas la guerre, m'eût permis de rester quatre mois (?) en Espagne, tout n'eût été terminé.

» Pas un de mes généraux n'était de force à exercer un grand commandemant indépendant ; ce n'est pas l'armée romaine qui a soumis la Gaule, mais César. »

L'Empereur eût triomphé, c'est certain, s'il lui avait été possible de rester en Espagne. Mais pourquoi, à la fin de 1809, alors que la situation s'était « embrouillée (1) » par sa propre faute, n'a-t-il pas voulu réparer le mal fait à sa propre cause ? Pourquoi resta-t-il à Paris pour négocier un

---

(1) Frédéric Masson, *Napoléon et sa famille*, t. VI, p. 89.

mariage avec Vienne et Saint-Pétersbourg, au lieu d'en finir avec cette guerre qui l'irritait, immobilisait ses meilleurs soldats et détruisait sa réputation ?

II

La doctrine napoléonienne.

Au cours de la campagne conduite par l'Empereur en Espagne il n'y a pas eu de grande bataille, mais les manœuvres en vue de l'écrasement des forces organisées ont été dirigées avec une telle méthode que le militaire trouvera toujours dans son étude des enseignements de premier ordre.

C'est contre une armée de plus de 100.000 combattants que l'armée d'Espagne (cinq corps d'armée au début des opérations) pouvait avoir à lutter au commencement du mois de novembre 1808.

Une armée anglaise marchait à la même époque sur Salamanque.

Quand Napoléon prit le commandement, il trouva ses corps dispersés et une avant-garde générale (IIe corps et réserve de cavalerie) comme figée autour de Briviesca.

Ses instructions n'avaient pas été comprises.

Il fallut tout remettre en état. Aussi sa correspondance avec Bessières, Victor, Moncey et Lefebvre est-elle précieuse.

Lefebvre a abandonné une de ses divisions et Victor n'a pas aidé son collègue ; Bessières n'a pas compris la nécessité d'occuper Burgos. Ces trois maréchaux reçoivent immédiatement un blâme et une leçon ; le maréchal Bessières est même relevé sur l'heure de son commandement pour son manque d'activité. C'est au duc d'Istrie que Napoléon envoyait de Vitoria, le 9 novembre, à 9 heures du matin, ce sanglant reproche : « Vous étiez à 10 lieues de votre avant-garde ! Vous ne me donnez aucun renseignement... Est-ce ainsi que vous m'avez vu faire la guerre ?... »

D'un coup d'œil l'Empereur a jugé le talent de Jourdan et de son maître. Il les relègue aux convois.

C'est le maréchal Soult, en qui il reconnaît les talents d'un habile manœuvrier, qui prend la direction de l'avant-garde et aussitôt le centre espagnol est broyé. Comme en 1796, le système linéaire montre sa faiblesse et dès le 11 novembre l'Empereur, maître de Burgos, peut menacer les masses de Blake et de Castanos d'une destruction complète.

Les manœuvres contre l'armée de la gauche, puis contre Castanos, ne réussirent pas en raison de circonstances défavorables et il n'y a pas lieu de s'en étonner.

Mais l'esprit n'a pas seulement à rechercher des résultats ; ce sont les principes qui doivent l'attirer.

L'Empereur n'a jamais d'idée préconçue. Il s'attache à avoir des renseignements qu'il contrôle sévèrement. Il reste aux écoutes à Burgos, à Aranda, à Madrid, couvert de tous côtés, libre d'agir avec sa masse, prêt à la manœuvre en tous sens. Peu à peu, la situation se précisant, l'idée jaillit et c'est à marches forcées qu'il se porte vers l'ennemi avec tout ce qui est disponible.

De l'économie des forces découle toute sa doctrine.

Il agit en Espagne comme il eût fait en Allemagne, avec prudence et méthode, et tous ses mouvements sont calculés avec minutie. Il écrit que les Espagnols n'entendent rien à la guerre et il manœuvre comme s'il se fût trouvé en face d'un adversaire digne de lui. Il craint que Soult n'aille trop vite à Burgos, parce que la masse de manœuvre est trop loin ; il ne lance le IIe corps sur Reynosa que le 12 novembre, toujours pour le même motif. Il se porte sur les montagnes de Guadarrama par bonds successifs, couvert sur son front par deux divisions de cavalerie et sur son flanc droit par un corps d'armée et une forte masse de cavalerie dont les pointes vont jusqu'à 130 kilomètres de l'armée. Il n'amorce la manœuvre contre Castanos avec le 1er corps et la Garde, le VIe servant d'avant-garde, que lorsqu'il est certain qu'il n'y a pas un fantassin ennemi à moins de 100 kilomètres sur son front. Encore fait-il couvrir cette marche de flanc par un fort rideau de cavalerie qui dispose d'un certain nombre de pièces. Il aura ainsi sa liberté d'action.

C'est avec raison que le colonel Rousset a pu écrire, en parlant de Napoléon : « Son incomparable maîtrise, abstraction faite du concept, réside surtout dans cet art de rester toujours libre, en qui Napoléon synthétisait l'art de la guerre lui-même. »

Mais Castanos, malgré ses dispositions vicieuses, échappe au piège. La maladie du maréchal Lannes, la timidité de Moncey au lendemain de Tudela, le sens des instructions de l'Empereur mal saisi par le maréchal Ney à Soria, font qu'il n'y a pas de poursuite et, au moment où Madrid ouvre ses portes, l'armée du centre paraît sur la Tajuna.

A peu près au même moment, la colonne anglaise du général Hope échappe aux patrouilles de Milhaud et rejoint Moore à Salamanque.

L'Empereur ne saurait être rendu responsable de cette situation. Toutes les précautions avaient été prises. Il faut accuser les circonstances, l'état des chemins, la difficulté d'avoir des renseignements, l'éducation des maréchaux qui n'aiment pas à faire preuve d'initiative, enfin le manque d'activité cérébrale à l'état-major de la division Milhaud. Cette division de dragons eut des avis précieux, mais ils ne furent pas contrôlés.

Jamais l'Empereur n'a peut-être tant travaillé que pendant son séjour en Espagne. Ses ordres de chaque jour, sur un théâtre d'opérations aussi vaste, ses instructions diverses, ses décrets, tout cela nous donne une idée d'une prodigieuse activité. Il ne fut pas le général de 1796, il le dépassa.

Sa manœuvre contre l'armée de Moore restera comme un modèle du genre. Le IIe corps étant menacé, il lui ordonne de combattre en retraite, d'attirer vers l'est le général anglais et de l'accrocher s'il fait mine de se retirer. Tout ce qui est en route sur Burgos et Valladolid est mis à la disposition de ce corps d'armée. Quant à lui, ayant pris ses précautions sur le Tage, il pique droit sur Tordesillas sans se laisser apitoyer par les plaintes et même les insultes de ses soldats, sans s'arrêter aux craintes que peuvent faire naître le mauvais temps et l'état des routes.

Il mène avec lui 42.000 vétérans. Où aura lieu la bataille, nul ne le sait; mais il la veut, il la désire et si le IIe corps a manœuvré comme il l'a indiqué, les Anglais seront écrasés.

Un faux renseignement et le manque d'activité du IIe corps sauvent Moore d'un désastre!

Alors commence une poursuite acharnée et c'est dans un désordre inexprimable que les Anglais arrivent à la Corogne, où leurs vaisseaux les arrachent à l'étreinte du maréchal Soult.

Si maintenant nous nous demandons comment les maréchaux français entendaient la guerre, nous sommes obligé de reconnaître que simples agents d'exécution, « se laissant toujours conduire les yeux fermés (1) », conséquence funeste du système de commandement de leur maître, ils oubliaient souvent les premiers principes de l'art.

Le maréchal Lefebvre manque d'obéissance, de prudence et de jugement. Il attaque sans ordres à Zornoza, laisse

---

(1) Lieutenant-colonel Rousset, *les Maîtres de la guerre*, 1er vol., p. 102.

une division isolée à Valmaseda, en face de l'armée de Blake, se brouille avec Victor, en face de l'ennemi. A Almaraz, par pure fantaisie, il désobéit au roi et se porte sur Avila, sans aucun but défini. L'Empereur lui retire brutalement le commandement de son corps d'armée.

Le maréchal Victor n'a aucune idée de la solidarité; il refuse son concours à un collègue et se sépare de lui sans avoir pensé aux conséquences de cette séparation. Le 10 novembre, à Espinosa, une division s'engage seule contre l'armée de Blake. Les résultats de la journée du 11 eussent été considérables, si la cavalerie du IVe corps se fût montrée sur le champ de bataille.

Le maréchal Ney, homme valeureux par excellence, se tint en deçà de ses instructions et resta à Soria.

Le maréchal Soult, estimé de l'Empereur, resta inactif les 24, 25 et 26 décembre et ne se porta en avant que le 27, alors que tout lui ordonnait d'attaquer.

Ce même maréchal sera plus tard surpris à Oporto, en plein jour !

Le maréchal Moncey, qui se plaignait toujours de ses soldats, s'arrêta hésitant après Tudela, malgré les conseils de Lannes, et laissa Castanos se retirer en toute tranquillité sur Guadalaxarra.

Mais une noble figure émerge au-dessus de toutes, celle du maréchal Lannes. Il était apte à la grande guerre, disait l'Empereur, et il ne se trompait point. Ses dispositions pour la bataille de Tudela, ses conseils à Moncey et à Ney pour la poursuite, tout prouve qu'il était capable de saisir l'ingéniosité et l'économie des projets de l'Empereur.

Il parut, dit Marbot, et mena à l'ennemi ces conscrits du IIIe corps dont Moncey avait la plus triste opinion : « Voilà ce que peut la présence d'un seul homme capable et énergique ! »

Son départ pour l'Autriche fut une perte irréparable pour l'armée d'Espagne.

CHAPITRE XII

INSTRUCTIONS LAISSÉES PAR NAPOLÉON EN QUITTANT L'ESPAGNE

Dans la nuit du 16 au 17 janvier 1809, l'armée de sir John Moore avait échappé à l'étreinte du maréchal Soult en s'embarquant.

Le IIe corps (divisions Merle, Mermet, Delaborde et Heudelet; cavalerie légère Franceschi; divisions de dragons La Houssaye et Lorge) était très fatigué. Derrière lui arrivait péniblement le VIe corps (deux divisions d'infanterie et une brigade de cavalerie légère), dont tous les éléments avaient beaucoup souffert.

Le premier de ces corps d'armée avait pour mission de conquérir le Portugal; celle du second était de pacifier la Galice.

L'Empereur espérait que le duc de Dalmatie serait à Oporto vers le 1er février et à Lisbonne « avant le 16 (1) ». L'état du Portugal, le départ des Anglais et l'effet moral qui en était la conséquence pouvaient lui permettre de croire que cette marche ne rencontrerait aucun obstacle.

Toutes les précautions étaient prises pour faciliter le mouvement du maréchal Soult.

Le Ier corps (maréchal Victor), fort de quatre divisions et disposant de dix régiments de cavalerie (Lasalle et Milhaud), devait attirer l'attention des Portugais en mar-

---

(1) Instructions du 17 janvier.

Dès le 1er janvier, l'Empereur avait écrit à son frère pour le décider à activer ses préparatifs. Il lui écrivit dans le même sens le 10 janvier.

chant sur Mérida et en menaçant Lisbonne ; la division Lapisse (Ier corps) et la brigade de cavalerie Maupetit (1) (IVe corps), placées en observation vers Zamora, ne devaient rejoindre le maréchal Victor par Ciudad-Rodrigo que lorsque le IIe corps aurait atteint Oporto,

Les derrières du maréchal Soult étaient gardés par le VIe corps, qui avait fait ses preuves et qui était capable de tenir en échec les bandes espagnoles qui s'étaient dissoutes vers Astorga pour se reformer dans la vallée du Sil.

En Castille, la ligne de communication était placée sous la surveillance du maréchal Bessières, qui disposait de nombreux détachements (2).

L'Empereur avait le génie de la prévoyance ; aucun détail n'échappait à sa puissante pensée quand il s'intéressait au succès d'une opération.

Dans son esprit les opérations entreprises au sud du Tage, sur le Minho, sur l'Ebre, présentaient un tout indivisible.

C'est ainsi que Victor, vainqueur à Uclès, devait faire une puissante diversion en faveur du IIe corps. Il devait ensuite, de Mérida, se rabattre sur Séville avec tout son corps d'armée renforcé de dix régiments de cavalerie, plusieurs compagnies de sapeurs-mineurs, d'un équipage de siège et de la division Leval, du IVe corps. Les officiers du génie ayant fait partie du corps Dupont lui étaient adjoints, de même que ceux du corps Junot étaient dirigés sur le IIe corps.

---

(1) Chevau-légers westphaliens et 5e dragons.
(2) Les trois Biscayes (Vittoria)......... général Thiébaut.
Burgos.............................. général Darmagnac.
Valladolid.......................... général Dufresne.
Léon .... Charlot.
Le maréchal duc d'Istrie disposait de la division Bonnet, qui occupait les Asturies ; de la faible division Loison, qui gardait Léon, et de la division de dragons Kellermann (quatre régiments).

Après la prise de Lisbonne, le maréchal Soult devait détacher en Andalousie, si les circonstances l'exigeaient, une ou deux divisions au complet, six régiments de cavalerie et quelques pièces de 12.

Un tel déploiement de forces aguerries devait vraisemblablement écraser toute résistance.

A Madrid, l'Empereur conservait une masse assez importante pour tenir en respect les partisans de Murcie et de Valence, ainsi que la capitale.

Le roi Joseph y disposait du IVᵉ corps réduit à deux divisions (Valence et Sébastiani), de la division Dessoles (attachée au début au VIᵉ corps), de sept régiments de cavalerie et de la garde royale.

Afin de tromper la Junte sur la direction que devait suivre l'armée destinée à envahir l'Andalousie, des postes retranchés devaient jalonner la route de Séville depuis Aranjuez jusqu'à Manzanarès.

Au besoin le roi était autorisé à diriger sur Madrid la 2ᵉ division de dragons (Kellermann), qui était à Burgos aux ordres du duc d'Istrie.

Dans ces directives l'Empereur n'avait pas tenu compte de l'intervention d'une nouvelle armée anglaise; cependant il avait prévu cet obstacle, « ce seul obstacle », à l'exécution de son plan. Il avait dit : « Il faut voir ce qu'ils feront », pensée bien naturelle, car on ne manœuvre pas avant d'avoir vu.

Malheureusement la perfection n'est pas de ce monde, et l'Empereur commit sciemment l'imprudence, sinon la faute, de ne pas réunir dans une même main l'autorité et la responsabilité de la conduite des opérations.

Le roi seul aurait dû commander.

L'Empereur, partant pour Paris, donna bien le commandement de son armée à son frère ; mais il ordonna à ses maréchaux d'obéir en même temps à ses ordres et aux instructions de Berthier qui, malgré la distance, resta major général.

La situation du roi devint « ridicule (1) ».

Ce fut une faute très grave. Comment l'Empereur, qui connaissait si bien les faiblesses humaines, put-il la commettre ? Lui, si autoritaire, concentrant tout, réglant tout, prescrit la division du commandement, ordonne l'irresponsabilité !

A Sainte-Hélène dans ses *Commentaires*, il s'est jugé lui-même en écrivant (2) : « L'unité de commandement est la chose la plus importante à la guerre. »

-----

(1) Joseph à Napoléon, 19 janvier 1809.
(2) *Commentaires*, t. VI, p. 90.

CHAPITRE XIII

OPÉRATIONS DU MARÉCHAL SOULT

I

Marche sur Oporto.

Le maréchal Soult réunit son corps d'armée à Santiago à la fin de janvier, après avoir laissé au VI⁰ corps le soin de garder la Galice et ses points importants (1) contre les bandes asturiennes et surtout contre La Romana qui avait rallié ses débris vers Orense, sur le Minho.

La cavalerie était sur cette rivière. Franceschi (cavalerie légère) occupait Vigo et Tuy ; les dragons étaient à Salvatierra (2).

Le pays était en pleine insurrection. Il était difficile de se procurer des vivres ; les fourrages étaient rares ; les isolés étaient assaillis et massacrés (3).

L'Empereur, qui n'avait pas dépassé Astorga, s'était trompé en comptant sur une marche rapide.

Le 9 février, tout le corps d'armée s'ébranla sur Pontevedra et Tuy ; mais, après un échec dans la nuit du 15, le duc de Dalmatie, manquant de bateaux, persuadé qu'il ne pourrait passer de vive force le Minho, près de son estuaire, résolut de marcher sur Orense (17 février) à travers les montagnes.

---

(1) Le Ferrol et la Corogne.

(2) Point d'appui important pour la flotte anglaise.

(3) L'évêque d'Orense, membre de la Junte de Séville, et tous les moines étaient à la tête des insurgés. Des compagnies entières disparurent.

Le 21, l'avant-garde (division Heudelet et cavalerie légère Franceschi) entra dans Orense après avoir balayé toute la contrée ; mais le gros de l'armée souffrit beaucoup. Il fallut même abandonner à Tuy 36 pièces et le parc d'artillerie presque en entier. Le sacrifice était lourd ; il ne resta au maréchal qu'un approvisionnement de 140 coups par pièce (22 canons) et de 30 cartouches par homme.

A partir du 24 février, toute communication cessa avec Madrid. Une brigade du VIe corps essaya vainement de franchir les défilés de Doncos gardés par La Romana.

Le 4 mars, l'avant-garde du IIe corps entra à Monterey et bouscula quelques bandes commandées par le marquis de La Romana ; mais tous les autres chefs insurgés (1) se contentèrent de harceler les colonnes françaises.

A Chaves, Soult quitta la vallée étroite du Tamego pour se porter sur Braga, cité florissante gardée par le général Frère qui disposait de 15.000 à 18.000 hommes mal organisés et de douze canons.

Le 20 mars, le peuple, qui désirait une bataille rangée, égorgea le général Frère, qui fut remplacé par Deben. Mais la cavalerie ouvrit la route aux colonnes du IIe corps, qui se dirigea droit sur Oporto, couvert par la division Delaborde et la cavalerie légère dans la direction d'Amarante. La division Heudelet garda Braga où étaient restés les malades, les blessés et les éclopés (700 à 800).

Les Portugais, devenus féroces, essayèrent vainement d'arrêter les Français sur l'Ave. Débordés, ils se retirèrent en désordre sur Oporto, s'y entassèrent et se livrèrent aux excès les plus violents. Le brigadier Vallongo avait été massacré en route.

L'évêque réussit à les rallier et à remettre un peu d'ordre dans cette cohue.

---

(1) Sylveira, Frère, Bernadin.

Le 29 mars, après une sommation sans résultat, les colonnes françaises pénétrèrent d'assaut dans la ville ; les ponts cédèrent sous le poids des fuyards et des milliers d'hommes, acculés au Douro, périrent dans les flots. Le maréchal Soult évalua à 18.000 le nombre des morts.

Cette marche du maréchal Soult, en pays insurgé, mérite notre attention.

Au début des opérations il échelonne son corps d'armée sur la route de Vigo et se prépare ainsi à exécuter la marche rapide ordonnée par l'Empereur.

Sa cavalerie est sur le Minho, recueille des renseignements, réunit les barques, prépare le passage du fleuve, opération toujours délicate.

La décision de **gagner** Orense (16 février) fait honneur au maréchal. Les obstacles ne l'intimident pas. A Chaves, à Braga, même esprit de résolution. Il est toujours le chef de 1806.

Mais, après l'occupation d'Oporto, deux mois après la date fixée par l'Empereur, il s'arrête et se cristallise dans cette résidence agréable. C'est un tout autre chef qui paraît.

Au bout de quelques jours de repos, le IIe corps aurait dû marcher sur Lisbonne. Il n'aurait eu affaire qu'aux 16.000 hommes de Cradock ; il eût disposé d'un mois entier pour accomplir sa mission et il aurait eu l'appui du Ier corps et du détachement Lapisse.

Le duc de Dalmatie préféra s'arrêter et se contenter de se couvrir par des détachements :

1° *Vers Lisbonne :* par la cavalerie légère Franceschi et le 31e d'infanterie ; les postes d'observation étaient sur la Vouga.

2° *Vers Amarante :* en première ligne par la brigade de dragons Caulaincourt et un régiment d'infanterie, ce dernier établi à Penafiel ; en seconde ligne par la division Delaborde, qui eut à combattre les bandes de Sylveira et dut rentrer de vive force dans Amarante (19 avril),

3º *Vers Braga* : par la division Heudelet et les dragons Lorge ; la division Heudelet dut aller chercher à Tuy tout le matériel laissé dans cette place pour l'empêcher de tomber aux mains des Portugais.

Mais ces forts détachements ne purent bientôt plus suffire. Il fallut porter la division Mermet sur Oliveira (mai).

Au commencement de mai l'insurrection avait pris de telles proportions qu'un désastre semblait inévitable. Oporto est à 13 marches seulement de la Corogne ; mais des rassemblements considérables s'étaient formés dans la vallée du Tamego et du Minho, Le dépôt de Chaves avait même était enlevé par les Portugais.

C'est au moment où la situation semblait si critique que le maréchal apprit l'arrivée de sir Arthur Wellesley sur la Vouga.

Il est triste, mais vrai, de dire que la conduite du maréchal avait singulièrement favorisé ses ennemis. N'étant plus sous les yeux de l'Empereur, il s'était flatté de devenir un jour roi du Portugal. Déjà, sans y être autorisé, il avait pris à Chaves le titre de gouverneur général. A Oporto, ébloui par ce rêve (1), il ne s'occupa plus que de sa réalisation, semblant oublier la mission qui lui avait été confiée.

L'armée vit dans ce désir une trahison. On parla d'abord d'arrêter le maréchal et on finit par en rire en le surnommant le roi Nicolas. La discipline s'en ressentit, à tel point qu'un capitaine nommé Argenton se mit en relation avec l'état-major anglais et dévoila notre faiblesse. Ce traître fut arrêté, échappa, fut repris et fusillé (2).

Pendant que tout le monde s'accusait et que les liens de la discipline se relâchaient de plus en plus dans l'armée,

----

(1) Des proclamations aux populations et à l'armée avaient été imprimées. (Guillon, *les Guerres d'Espagne*, p. 118 et 119.)
(2) En France.

son chef, instruit cependant du danger qui le menaçait, ne faisait aucun préparatif pour y parer.

Sir Arthur Wellesley avait débarqué à Lisbonne avec 10.000 hommes (22 avril). Ce renfort portait l'armée anglaise à 30.000 hommes.

Le premier soin du général anglais en arrivant à Coïmbre (2 mai) fut de se couvrir du côté d'Abrantès, que pouvait menacer le Ier corps français, par la division Mackenzie et les troupes portugaises, puis d'organiser les insurgés en leur donnant des instructeurs anglais. Cette dernière mission fut confiée au général Beresford, qui rejoignit les forces portugaises du général Sylveira à Lamego. Ce dernier devait marcher sur Amarante pour couper aux Français la route de Chaves.

Tenu au courant de la situation du IIe corps à Oporto, sir Arthur Wellesley résolut de se porter sur cette ville. Menacé de front par une armée aussi nombreuse que la sienne, sur ses flancs et ses derrières par des partisans audacieux et bien commandés, le maréchal Soult pouvait essuyer un désastre.

Le 10 mai, la cavalerie légère Franceschi, qu'appuyait le 31e de ligne, dut se retirer sur Oliveira après un brillant combat autour d'Albégaria.

Le lendemain, la division Mermet, après avoir recueilli la cavalerie, livra un combat en retraite jusqu'au Douro. Cette division de couverture passa le fleuve pendant la nuit et la cavalerie Franceschi vint s'établir en aval d'Oporto, ses patrouilles allant jusqu'à la côte. Une brigade de Mermet campa à Vallonga et l'autre vers Baltar.

Au même moment le général Loison, avec la division Heudelet, une brigade de la division Merle et une brigade de dragons, se trouvait aux prises autour d'Amarante, avec les Portugais. Mais le maréchal ne savait rien de ce qui se passait sur ce point, les chemins étant barrés par des paysans armés. Il croyait son lieutenant à l'est du Tamego, vers Mezanfrio, tandis que celui-ci avait de la peine à se maintenir vers Amarante.

Cette situation ne préoccupait cependant en aucune façon le commandant du II⁰ corps (1).

II

Surprise d'Oporto. — Retraite du II⁰ corps.

Le 12 au matin, tout était tranquille dans la ville quand par hasard, vers 10 heures, le général Foy s'aperçut qu'un détachement anglais avait passé le fleuve et s'était installé dans les jardins de l'évêché, sur la rive droite.

La surprise était complète. Elle avait lieu en plein jour (2)!

Grâce à l'énergique résistance du général Foy, à la tête du 17⁰ léger (3), il n'y eut pas de panique; mais l'effet moral fut désastreux. Les troupes, ralliées à la hâte, quittèrent la ville en désordre et prirent la route de Penafiel, abandonnant blessés et matériel.

Le 12 au soir, le gros du corps d'armée atteignit Baltar et là on apprit que le général Loison avait dû se retirer sur Guimaraens et que Beresford occupait Amarante.

La route se trouvait interceptée.

En ce moment critique, le maréchal retrouva toute son

---

(1) Le maréchal disposait, le 12 au matin, de deux divisions d'infanterie au complet (Delaborde et Mermet), d'une brigade de la division Merle, de la cavalerie du général Franceschi; en tout 17.000 hommes.

Les dragons du général Lorge (une brigade) étaient en route de Braga sur Amarante et la brigade de dragons Caulaincourt était à Penafiel.

(2) Jugement sur le maréchal Soult, par le général Thiébaut. (*Mémoires* du général Thiébault, t. IV, p. 412 à 415 et 465 à 468.)

(3) *Historique du 92⁰ régiment d'infanterie.*

énergie. Il n'y avait qu'un parti à prendre, se jeter vers le nord, par des sentiers escarpés, pour rejoindre Loison; mais il fallait sacrifier toute l'artillerie.

Soult n'hésita pas.

Le 13, après une marche de nuit des plus pénibles, le IIe corps se trouva réuni en entier à Guimaraens.

Le 14, le maréchal, ne voulant pas avoir à franchir de vive force le Cavado, la Limia et le Minho, dont la rive droite était tenue par des bandes portugaises, se rejeta dans la montagne, vers l'est.

Le moindre obstacle pouvait entraîner sa perte.

Le 15 mai, l'avant-garde culbuta 1.200 Portugais qui gardaient le pont de Ruivaens. Le jour même, Wellesley entrait dans Braga et Beresford était sur le point d'occuper Chaves.

Dans la nuit du 15 au 16, le major Dulong enleva le pont de Puente-Nova, en avant de Montalègre, sur le Cavado, et le 19 le IIe corps arriva à Orense, ayant gagné une marche sur l'armée anglaise et sur les Portugais. Il était hors d'atteinte grâce à l'énergie de son chef et au courage des lieutenants qui commandaient l'avant-garde.

Lord Wellington, à partir d'Oporto, ne mérite pas les mêmes éloges. Il voulait cependant la bataille, puisqu'il suivit son adversaire jusqu'à Orense (1). Pourquoi alors n'avoir pas profité de la surprise du 12 pour infliger un échec sérieux au duc de Dalmatie? Pourquoi n'avoir pas attaqué le 13?

Il semble que l'occupation de la ville et la réinstallation des autorités devaient passer après la destruction du corps français.

Le 23 mai, le IIe corps arrivait à Lugo, ayant perdu dans cette retraite de plus de 100 lieues (35 kilomètres en

---

(1) Le 18 mai, Wellington était à Montalègre et, le surlendemain (20 mai), Beresford entrait dans Orense, avec une avant-garde.

moyenne par jour et en pleine montagne) son artillerie,
ses bagages et bon nombre d'hommes. Quelques jours
après, arrivait le maréchal Ney qui venait de terminer
une courte, mais brillante campagne dans les Asturies.
Depuis plus de trois mois les deux maréchaux étaient sans
nouvelles l'un de l'autre! Et le roi n'apprit l'arrivée du
duc de Dalmatie à Lugo que le 14 juin!

III

Opérations en Galice et dans les Asturies.

Le maréchal Ney disposait de deux divisions d'un faible
effectif et de quatre régiments de cavalerie pour occuper
cette province et la pacifier (environ 16.800 hommes).

A peine le IIe corps eut-il franchi les frontières du
Portugal que des bandes et quelques détachements de
l'ancienne armée du marquis de La Romana se portèrent
sur les communications du IIe corps, et il fallut envoyer
une colonne mobile pour dégager le dépôt de Tuy.

Peu après Lugo fut menacé ; un bataillon fut entouré et
pris à Villafranca.

Tous les habitants prirent les armes et ce soulèvement
général isola du reste de l'Europe les Ier et VIe corps. En
vain une brigade essaya de passer de la vallée du Sil dans
celle de l'Esla ; elle dut revenir à Lugo (1).

La rupture des communications avec Madrid eut des
conséquences funestes. Tout le plan de l'Empereur croula
et le roi ne songea plus qu'à conserver sa capitale.

La situation particulière du VIe corps était fort délicate,
au milieu des hautes montagnes de Galice. A ce sujet, la

---

(1) *Guerre d'Espagne*, par Jomini, chef d'état-major du VIe corps.

lettre du prince de Neufchâtel (18 février 1809), écrite sous l'inspiration de l'Empereur, est un document d'une valeur inestimable qui fixe les principes de la défense des côtes et des régions montagneuses.

Au commencement de février 1809, le maréchal Ney avait écrit au major général pour lui demander d'approuver le projet de faire garder le Ferrol et la Corogne par 3.000 hommes et les autres villes par des détachements.

La réponse ne se fit pas attendre.

« Les côtes de Galice, disait le major général, ont plus de cent lieues d'étendue ; mais si vous ne pouvez tout garder, vous pouvez tout surveiller. En général, il faut avoir peu de troupes en station et beaucoup de forces mobiles.

D'après l'Empereur, le centre d'opérations devait être sur la route de Ferrol à Astorga, à Lugo par exemple. Là devaient se trouver les hôpitaux, les magasins, les dépôts. Mais le Ferrol et la Corogne ne devaient être tenus que par des avant-gardes (1), une colonne mobile (deux à trois escadrons, un régiment d'infanterie et deux pièces) observant Vigo, Tuy et Santiago « sans se fixer nulle part ».

D'après ce système, que les circonstances pouvaient naturellement modifier, le maréchal devait disposer d'une masse forte de cinq régiments d'infanterie au moins.

Le major général ajoutait qu'il fallait profiter des mois de mars et avril pour soumettre les Asturies et qu'il ne fallait pas compter sur des renforts.

Le maréchal Ney reçut-il cette lettre datée du 18 février ?

Il est probable que non. Si elle lui parvint, ce fut vers la fin de mars, car il resta vers la Corogne jusqu'au moment de l'arrivée du général Kellermann à Lugo.

---

(1) Au Ferrol : un régiment d'infanterie, deux escadrons, quatre pièces ;

La Corogne : un escadron, un bataillon, deux pièces ;

Betanzos : deux bataillons, un escadron, deux pièces.

L'Empereur était inquiet du sort des IIe et VIe corps, dont il n'avait pas de nouvelles. Les 26 et 27 mars, à la veille de partir pour l'Allemagne, il avait fait écrire au maréchal Jourdan « que les opérations lui paraissaient bien faibles », qu'il fallait détruire les troupes de La Romana, rouvrir les communications avec le duc d'Elchingen, même avec des troupes de Madrid si c'était nécessaire (1).

Quelques jours plus tard, Napoléon écrivait à son frère : « Dans les affaires d'Espagne, le Nord passe avant tout. Le rétablissement des communications avec le duc d'Elchingen est donc la première de toutes les opérations (2). »

Le roi Joseph obéit. Le Ve corps était disponible depuis la prise de Saragosse ; mais il devait rester momentanément à Logrono, l'Empereur désirant l'employer à son gré en Allemagne ou sur tout autre théâtre d'opérations.

On ne pouvait donc lui confier la mission de détruire La Romana et de conquérir les Asturies, province en pleine insurrection, par où les Anglais pouvaient faire passer armes et munitions.

En attendant l'arrivée du Ve corps en Vieille-Castille (il arriva le 3 mai à Valladolid), le roi prescrivit à Kellermann de réunir tous les détachements disponibles en Vieille-Castille (7.000 à 8.000 hommes, depuis le départ de la Garde), de se porter sur Lugo et d'entreprendre, de concert avec le maréchal Ney. la destruction de toutes les forces organisées dont pouvait disposer La Romana.

Le corps de Kellermann ne put quitter Astorga que le 27 avril. Le 3 mai, il arrivait à Lugo (160 kilomètres), après une marche des plus pénibles.

Il fut convenu que le maréchal Ney se porterait sur

---

(1) Depuis le 17 mars, Berthier était major général de l'armée d'Allemagne. Ce fut le ministre Clarke qui écrivit à Jourdan.
(2) Napoléon à Joseph, 2 avril 1809.

Oviedo par la haute vallée de la Nava et que Kellermann déboucherait par le puerto de Péjarès (1).

Le commandement du VI⁰ corps fut confié provisoirement au général Marchand, qui resta à la Corogne.

Le 13 mai, le maréchal Ney se mit en route (2) ; le 17, il atteignait Salas ; le 19, Oviedo était occupée et pillée par les Français, tandis que La Romana (3) s'enfuyait sur Gijon, où il s'embarquait.

Au col de Pejarès les insurgés n'avaient pas été plus heureux. Kellermann, qui disposait de la brigade Dumoustier (V⁰ corps) (4), les culbuta et rejoignit la colonne du VI⁰ corps.

Cette courte expédition eut pour résultat de dégager la division Bonnet compromise et de donner de l'air au VI⁰ corps.

Le 22 mai, les troupes de Kellermann reprirent le chemin de Iéon tandis que celles de Ney, marchant par Castropol, le long de la côte, revenaient à Lugo.

Les ducs de Dalmatie et d'Elchingen se rencontrèrent dans cette dernière ville.

Afin de se conformer dans la limite du possible aux instructions de l'Empereur, les deux maréchaux résolurent de se maintenir en Galice, et d'y briser toute résistance. Ils rédigèrent une convention (29 mai) d'après laquelle le II⁰ corps marcherait sur Orense, y appuierait sa droite et se mettrait ensuite en communication avec Madrid par Zamora ; en même temps le VI⁰ corps se porterait sur Vigo pour y écraser une colonne portugaise forte d'environ 1.200 hommes.

Réunis, les deux corps d'armée comptaient 29.000 com-

---

(1) Ney à Joseph, 21 mai 1809.

(2) Le maréchal disposait de la division Maurice Mathieu, de deux régiments de cavalerie et de huit pièces.

(3) Le général espagnol disposait à Oviedo de 3.000 à 4.000 hommes.

(4) Une division du V⁰ corps avait poussé jusqu'à Léon.

battants endurcis, plus que suffisants pour en finir avec les bandes mal organisées qui les entouraient et battre les Anglais si ceux-ci entraient en Galice.

Le IIe corps, ravitaillé par les soins du maréchal Ney, quitta Lugo le 2 juin et arriva à Montforte le 5, après avoir bousculé quelques bandes.

Le VIe corps (1), venant de la Corogne, trouva Vigo solidement défendu. Son chef attendit jusqu'au 10 juin pour donner le signal de l'attaque, qui fut préparée avec soin. Mais, sur ces entrefaites, un détachement poussé sur Ribadaria annonça que la ville d'Orense n'était pas occupée par le maréchal Soult qui avait gagné Zamora avec tout son corps d'armée.

Le maréchal Ney rétrograda immédiatement.

De retour à la Corogne, absolument furieux contre son collègue qui l'abandonnait sans même le prévenir, n'ayant aucune nouvelle, craignant d'être investi et d'être obligé de mettre bas les armes, il décida de partir en bloc, d'abandonner entièrement la Galice.

Cette province devint une place d'armes importante pour les Espagnols.

Son abandon fut une faute militaire que l'Empereur regretta vivement (2).

Le maréchal Ney n'abandonna pas un blessé; ceux du VIe corps furent évacués avec ceux du IIe (1.200 à 1.500 hommes).

L'évacuation commença le 22 juin. Le 7 juillet, l'avant-garde du VIe corps entrait à Astorga, où tout le corps d'armée se trouva bientôt réuni.

Au même moment le IIe corps occupait Zamora et s'étendait jusqu'à Salamanque.

---

(1) Une division du Ve corps avait poussssé jusqu'à Léon.
(2) « Les flancs sont les parties faibles d'une armée envahissante. » (Napoléon, *Commentaires*.)

Il est certain que le maréchal Soult ne remplit pas sa promesse, puisqu'il n'occupa pas Orense. Pourquoi ce départ sur Zamora sans prévenir son collègue ? Pourquoi ne pas avoir répondu à la lettre du duc d'Elchingen du 10 juin ? Pourquoi avoir prescrit au général Rouger, resté à Lugo, d'acheminer secrètement sur Zamora les blessés du II⁰ corps ?

Cette conduite est inqualifiable, car aucun motif sérieux n'exigeait que le duc de Dalmatie se rapprochât de Madrid.

L'irritation du maréchal Ney était fondée. Ce n'était pas au maréchal Soult, « le roi Nicolas » dont toute l'armée se moquait, et se méfiait (1), que Napoléon aurait dû confier le commandement d'une armée opérant dans la Péninsule, encore moins les fonctions de major général.

Il est vrai qu'il hésita beaucoup (2).

---

(1) Au cours de la bataille de Waterloo, un caporal, un vétéran, s'approcha de Napoléon et lui dit : « Soult vous trahit ! » (Napoléon, *Commentaires.*)

(2) Lettre de Napoléon à Soult, datée de Schœnbrünn, 26 septembre 1809.

CHAPITRE XIV

OPÉRATIONS SUR LE TAGE

La déroute complète des Espagnols et des Anglais à la fin de 1808 et en janvier 1909 n'avait pas découragé la Junte de Séville.

Au mois de février 1809, deux armées espagnoles avaient pour mission d'inquiéter les corps français restés sur le Tage. La première, dite armée du centre (général Cartojal), était campée dans la Manche entre Ocana et Val de Penas ; la deuxième, dite armée d'Estrémadure (2), occupait le pont d'Almaraz et s'étendait jusqu'à Mérida.

La mission du Ier corps était de marcher sur cette dernière ville et de menacer Lisbonne, afin de faciliter la marche du duc de Dalmatie.

C'était une forte diversion.

Mais l'impulsion donnée à l'exécution du plan de l'Empereur par le maréchal Jourdan et le roi Joseph était trop hésitante pour assurer l'harmonie entre les exécutants. Au roi il manquait « ce qui est le principal de l'homme de guerre, l'instinct et le sens du commandement, la vigueur dans la décision, la précision dans l'expression, l'entrain dans l'action ».

D'autre part, c'était la première fois que les armées françaises trouvaient devant elles des difficultés que les légions romaines n'ont jamais soupçonnées. Un dégoût profond pour cette guerre faite loin de l'Empereur, sans espoir de justes récompenses, sans la noble ardeur que donne la défense d'une grande idée, régnait dans tous les rangs, depuis le général jusqu'au simple soldat.

Aussi verrons-nous les commandants de corps d'armée, les instructions venues de Madrid leur paraissant vagues, hésiter à s'avancer seuls et se croire compromis à la moindre alerte. Ils trouveront toujours d'excellentes raisons pour ne pas s'aventurer. A tous les degrés de la hiérarchie règnera l'égoïsme le plus immoral ; il n'y aura plus de solidarité.

Une lettre du maréchal Victor, du 3 février 1809, explique ce mal dont souffrira jusqu'à la fin l'armée d'Espagne.

Comment le Ier corps pourrait-il bouger ?

« La division Lapisse est trop loin pour communiquer avec moi, et le maréchal Soult ne pourra me soutenir ! »

Tout le mois de février se passa à donner au roi des raisons pour rester inactif et le monarque ne sut prendre aucune résolution.

Pendant ce temps l'armée de Cartojal s'était avancée dans la Manche. Le 23 février, le général Sébastiani, commandant du IVe corps, disposant des dragons Milhaud et Latour-Maubourg, s'avança sur Consegrua ; mais le duc d'Albuquerque, commandant l'avant-garde ennemie, se retira sur Villa-Réal.

Le IVe corps fut alors disposé en couverture face au sud :

Division Sébastiani, Aranjuez ;

Division Valence, Tolède ;

Division de dragons Milhaud, Ocana ;

Division de dragons Latour-Maubourg, Tolède.

Déjà on n'a plus de nouvelles des VIe et IIe corps. Le roi et son état-major sont inquiets, et pressent Victor de se mettre en route; mais ce dernier n'est rassuré que lorsqu'il apprend que le IVe corps couvre son flanc gauche et il se décide enfin à partir le 15 mars !

D'après les prévisions de l'état-major de Madrid, le maréchal Soult devait arriver près de Lisbonne le 26 mars. Il fallait se hâter.

Mais Cuesta, peu inquiété jusqu'à ce jour, avait fait sauter le pont d'Almaraz et avait fortifié la rive gauche du Tage. Le maréchal Victor devait donc débuter par une attaque qui pouvait lui coûter fort cher.

Le Ier corps, renforcé (1), était en face des ponts de l'Arzobispo et d'Almaraz. Du premier de ces ponts partent des sentiers qui vont rejoindre la route de Mérida à Almaraz à travers un pays montueux, coupé et très difficile. Il fut fut donc décidé que la division de dragons et presque toute l'artillerie iraient passer par Almaraz où le colonel Sénarmont jetterait un pont tandis que la division de cavalerie légère passerait, avec l'infanterie, au pont de l'Arzobispo.

Les Espagnols ne purent résister.

Les mesures, d'ailleurs, furent bien prises. L'attaque se fit sur plusieurs colonnes, chacune protégeant le mouvement de l'autre.

Le 19 mars, Cuesta battit en retraite sur Mérida, poursuivi à outrance par Lasalle qui devait bientôt quitter l'Espagne.

La guerre commençait à prendre ce caractère de violence et de sauvagerie qu'elle devait désormais conserver. Les Espagnols mutilaient les prisonniers et les Français, par représailles, sabraient sans pitié les fuyards.

L'artillerie et les dragons ayant rejoint du 22 au 25 mars, le Ier corps continua sa marche sur Medellin, où la cavale-

---

(1) Division de cavalerie légère Lasalle ;
Division de dragons Latour-Maubourg ;
Division Villatte ;
Division Ruffin ;
Division Lapisse (à Salamanque) ;
Division Leval (du IVe corps).

rie, après avoir débordé les deux ailes de l'armée espagnole et s'être rabattue sur les lignes qu'elle formait, y sema une terreur telle qu'une terrible panique s'ensuivit. Les chasseurs et les dragons, exaspérés par les atrocités des Espagnols, ne firent aucun quartier : 4.000 hommes furent faits prisonniers, 9.000 à 10.000 furent mis hors de combat, 16 pièces furent abandonnées.

L'armée de Cuesta était dispersée.

Le Ier corps put s'installer à Mérida, après avoir couvert ses communications.

Aucune nouvelle de la marche du IIe corps (maréchal Soult) n'étant encore arrivée à Madrid, le Ier corps fit halte et attendit.

Le 19 avril, il fut rejoint à Mérida par la division Lapisse et la brigade Maupetit. Ce détachement s'était d'abord porté vers Ciudad-Rodrigo avec l'intention de se porter sur Abrantès ; mais, par prudence, il s'était dirigé sur Alcantara sans avoir fait aucun effort. Cependant l'objet de sa mission, était de se renseigner sur la situation du duc de Dalmatie et de lui venir en aide au besoin.

Les forces dont disposait le maréchal Victor ne lui parurent pas suffisantes pour tenter la diversion prescrite dans l'Alemtejo ; bientôt même Victor craignit de se trouver isolé à Medellin et, sans ordre formel, il se retira à Truxillo. Quelques rassemblements dans la sierra de Guadalupe et la présence de troupes portugaises vers Alcantara le décidèrent à exécuter ce mouvement rétrograde qui favorisa l'exécution du plan du général anglais (1).

Vers le commencement de mai, le roi Joseph apprit par un espion la situation de Soult à Oporto et l'arrivée prochaine d'une armée anglaise (2).

---

(1) Le général Wellesley arriva le 2 mai à Coïmbre. La surprise d'Oporto est du 12 mai.
(2) *Mémoires* du roi Joseph.

Il comprit alors, dit-il dans ses *Mémoires*, qu'une démonstration ne suffisait pas et qu'il était dangereux d'avoir deux lignes d'opérations. Il approuva donc Victor et se décida à renforcer le II⁰ corps par le nord.

Il est posible que le roi ait songé à envoyer à Oporto le V⁰ corps, par Astorga ou Zamora. Mais ce corps d'armée, dont la tête atteignit Valladolid le 3 mai, ne pouvait être d'aucun secours pour le duc de Dalmatie avant la fin de mai ; son intervention était donc tout hypothétique, tandis que celle du I⁰ʳ corps eût été effective. Il était d'ailleurs possible de lui adjoindre encore quelques troupes, le V⁰ corps pouvant arriver très vite à Madrid.

Le rôle du I⁰ʳ corps devait être de bousculer les Portugais à Alcantara et de menacer sérieusement Abrantès. Il fallait le considérer comme un détachement chargé d'une opération spéciale et non comme une colonne devant concourir à la prise de Lisbonne. Le danger de deux lignes d'opérations n'existait plus, et pour Soult c'eût été peut-être l'occasion d'une victoire, car les Portugais n'auraient pas tenu devant le I⁰ʳ corps et les Anglais auraient dû envoyer de ce côté la moitié de leur armée. Le roi ne connaissait pas les intentions du commandant du II⁰ corps et c'était un faux calcul que celui de projeter un grand mouvement par la Galice. Rien n'autorisait l'état-major à penser que le duc de Dalmatie resterait immobile à Oporto.

Le 8 juin, arriva à Madrid une lettre du maréchal Victor disant qu'il ne pouvait exécuter aucun mouvement en raison du manque de vivres et de la présence de forces portugaises importantes dans la vallée du Tage.

La retraite du I⁰ʳ corps sur Talavera fut en principe décidée et elle allait commencer quand arrivèrent les nouvelles les plus inquiétantes sur la situation des II⁰ et VI⁰ corps.

Pendant que le maréchal Victor opérait ainsi, contre

toutes les règles de l'art, tout était tranquille dans la Manche.

Vers la fin mars, l'armée de Cartojal s'était établie à Ciudad-Réal, mais avait poussé des pointes audacieuses sur le Tage. Afin de dégager le flanc gauche du Ier corps, le roi ordonna au IVe de rejeter les Espagnols vers la Sierra-Morena.

Le 24 mars, Sébastiani, disposant de 11.000 hommes (deux divisions d'infanterie et division de dragons Milhaud), était à Consuegra.

Le 27, la déroute des Espagnols était complète et le quartier général du IVe corps s'installait à Santa-Cruz, menaçant ainsi directement l'Andalousie et favorisant la marche du Ier corps.

Cette situation ne se modifia pas dans la Manche pendant les mois de mai et juin.

CHAPITRE XV

LA MANŒUVRE DE TALAVERA

Au commencement de juillet, le roi apprit le retour des
II\e et VI\e corps en Castille (1) et reçut du Ministre un ordre
daté du 22 juin lui enjoignant de former une armée de trois
corps dont le duc de Dalmatie devait prendre le commandement.

Cet ordre n'était que la copie d'une lettre de l'Empereur
datée du 12 juin : « Ces trois corps (2), disait-il, ne doivent
manœuvrer qu'ensemble, marcher sur les Anglais, les
poursuivre sans relâche et les jeter dans la mer.

» Il faut se réunir et ne pas marcher par petits paquets.
Cela est le principe général pour tous les pays, mais surtout pour un pays où l'on ne peut avoir de communications.
Je ne puis désigner de lieu de réunion, puisque je ne con-
nais pas les événements qui se sont passés. »

Le Ministre ajoutait que, le Ier corps restant inactif,
l'ennemi pouvait se porter avec toutes ses forces contre le
II\e pour l'écraser.

L'Empereur, alors en Autriche, se rendait compte que
tout marchait mal en Espagne. Il faisait blâmer Victor de
son inertie et, reconnaissant ses propres erreurs, il affirmait la nécessité d'un commandement unique, sans pouvoir toutefois se décider à donner à son frère la responsa-

---

(1) 7 juillet 1809.
(2) II\e, V\e et VI\e corps. — Les commandants des V\e et VI\e corps,
Mortier et Ney, ne supportaient pas le duc de Dalmatie.

bilité pleine et entière que celui-ci réclamait dans chacune de ses lettres (1).

La formation de cette armée était une demi-mesure. L'Empereur ne décida rien au sujet de l'obéissance des maréchaux envers le gouvernement de Madrid.

Napoléon avait des idées diamétralement opposées à celles de son frère, qui comptait sur la clémence pour ramener à lui les Espagnols, qui les armait et les équipait (2), au point qu'on le surnommait par dérision « le capitaine d'habillement ».

En février 1809, son frère lui écrivait : « Cette affiche de bonté et de clémence n'aboutit à rien. On vous applaudira tant que mes armées seront victorieuses ; on vous abandonnera quand elles seront vaincues. »

La politique des deux frères était absolument différente : « Je veux, répondait Joseph, l'union de l'Espagne à la France, mais non son asservissement. »

Le roi, qui se croit populaire, poursuit « sa chimère » (3), la nationalisation de son gouvernement, et il veut être un roi espagnol. Toute la cour porte la cocarde espagnole. Ce sont les cortès de Bayonne qui l'ont fait roi.

L'Empereur ne l'entend pas ainsi et lui répond qu'il est à la tête de 300.000 Français et que c'est son épée qui a donné la couronne à son frère.

La situation est sans issue. Napoléon refuse à Joseph l'autorisation de quitter son poste ; il lui prescrit même de ne plus lui écrire (avril 1809).

La mésintelligence ne fera dès lors que grandir, et le désordre, l'indiscipline, les revers en seront la conséquence.

Comme le fait remarquer le maréchal Jourdan (4), Joseph

---

(1) Lettres de Joseph à Napoléon (9 février et 19 avril).

(2) Ces soldats, une fois armés et équipés, désertaient par bandes. (*Mémoires d'un Apothicaire*, t. II, p. 101.)

(3) Frédéric Masson, *Napoléon et sa famille*, t. IV, p. 372 à 379.

(4) *Mémoires* de Jourdan.

restait chargé d'une immense responsabilité envers l'Empereur et celle des maréchaux envers lui était complètement illusoire.

A peine l'ordre du 22 juin fut-il arrivé à Madrid que le roi entra en communication avec le duc de Dalmatie et le duc d'Elchingen. Par eux il apprit que les Anglais n'avaient pas franchi la frontière nord du Portugal (fin mai) et il était naturel de penser qu'ils n'étaient pas restés inactifs. Mais où étaient-ils? Quelles pouvaient bien être leurs intentions? Autant de questions qui vinrent troubler l'état-major de Madrid.

D'autres embarras augmentaient l'inquiétude. Le IIe corps avait à se réorganiser et à reconstituer ses approvisionnements (1). Mais l'argent manquait, le maréchal Ney refusait d'obéir à Soult et le maréchal Victor craignait d'être compromis s'il restait sur la rive gauche du Tage.

Le 9 juillet, la situation était la suivante :

Armée du roi. — Le Ier corps s'était retiré derrière l'Alberche ; une avant-garde tenait Talavera.

Le pont de bateaux d'Almaraz avait été replié et l'équipage était rentré à Madrid.

Cette marche rétrograde avait été suivie par Cuesta, qui avait occupé Almaraz et le pont de l'Arzobispo.

Le IVe corps avait dû reculer au nord de Madrilejos ; mais son chef, appuyé par les divisions Dessoles et Laval et par la cavalerie légère du général Merlin (2), avait repris l'offensive et réoccupé Madrilejos.

Armée de Soult. — Le IIe corps était à Salamanque, en voie de réorganisation.

Le VIe se concentrait à Astorga.

Le Ve était à Valladolid.

---

(1) Voir la correspondance de Soult, qui désirait avoir un matériel considérable pour s'emparer de Ciudad-Rodrigo.

(2) Ancienne division Lasalle.

A Madrid et à Salamanque on manquait de renseignements sur la situation de l'armée anglaise. Les bruits les plus contradictoires circulaient dans la capitale.

Le 13 juillet, le roi, sur le conseil de Jourdan, ordonna au Ve corps de se rendre à Villacastin. De là il pouvait marcher soit sur la Tormès, soit sur le Tage, suivant les circonstances et d'après les renseignements.

Mais le maréchal Soult s'opposa à ce mouvement et le Ve corps rétrograda sur Valladolid.

Il y avait donc conflit entre le roi et le duc de Dalmatie.

La faute en revenait à l'Empereur, nous l'avons vu.

Le duc de Dalmatie et le roi ont chacun leur idée et ils ne pensent qu'à eux. A leurs yeux l'armée que chacun d'eux commande est la principale. Du plan de l'Empereur faisant converger tous les efforts vers le même but il ne reste plus rien.

Le premier veut se porter sur Coïmbre par Almeida, protégé à droite par un corps d'observation venu de Logrono (1), à gauche par le Ier corps, en arrière par le IVe.

Le second voit les Anglais unis aux Espagnols aux portes de Madrid, et, pour sauver la capitale, il attire à lui le Ve corps.

Sur ces entrefaites (22 juillet), le maréchal Victor apprenait que les Anglais avaient fait leur jonction avec Cuesta dans la vallée du Tage.

Ce fut une surprise générale.

Aucun indice n'avait révélé la marche de l'armée anglaise. Cependant Sir Wellesley, revenu du Minho à la mi-juin, était resté quelque temps à Abrantès pour faire donner un semblant d'organisation aux Portugais et permettre à la brigade Crawford, venant de Gibraltar, de le rejoindre.

(1) Ce détachement aurait été fourni par le IIIe corps.

Le 27 juin, au départ d'Abrantès, l'armée anglaise comptait 26.000 hommes (1).

Sir Wellesley pensait pouvoir d'abord marcher sur les derrières de Victor, qu'il croyait sur la Guadiana, et il espérait que le Ier corps serait maintenu par Cuesta.

Le Ier corps s'étant dérobé le 28 juin, la jonction des alliés se fit à Almaraz.

Le 3 juillet, la tête des Anglais était à Zarza-Mayor; le 8, elle atteignait Placencia, où le général en chef espagnol eut une entrevue avec le général anglais. Il fut convenu que Cuesta (36.000 hommes environ) marcherait avec les Anglais sur Madrid.

Une deuxième entrevue eut lieu au puerto de Mirabete. Il y fut décidé que Venegas ferait une forte diversion sur Aranjuez, du 20 au 22 juillet, pour y attirer les Français, tandis que Cuesta et Wellesley marcheraient sur Madrid et lui donneraient la main vers Tolède.

Le général anglais, qui connaissait vaguement la présence du IIe corps à Salamanque et du Ve à Valladolid, résolut de se faire couvrir vers le nord par des corps légers qui garderaient les cols principaux dans la montagne.

Le col de Peralès devait être gardé par Beresford et celui de Banos par quelques milliers d'Espagnols et Portugais. Ce dernier détachement avait un noyau solide, mais insuffisant, 1.000 soldats anglais environ.

Le général anglais avait encore des illusions sur la solidité des troupes espagnoles

En outre, Soult devait être occupé par le duc del Parque, opérant vers Cuidad-Rodrigo avec 10.000 Espagnols.

Le jour même où les deux armées ennemies se réunissaient (22 juillet), le roi était mis au courant de la situation d'une façon très précise. Elle était grave, car

---

(1) Peu habitués aux privations, les Anglais avaient un nombre considérable de malades.

on ne pouvait mettre en ligne sur l'Alberche que le Ier corps (22.542 hommes), la division Dessoles (6.700 hommes), la garde royale (2.100 hommes) et quelques éléments du IVe corps, soit 32.000 hommes en tout. L'ennemi disposait d'un nombre double de combattants (1).

La mission qui incombait naturellement au IVe corps était de barrer à Vénégas la route de Tolède à Talavera.

Cependant si l'on y réfléchit bien, l'armée alliée était loin d'avoir la tâche facile et certainement la situation n'était pas de nature à inspirer des craintes sérieuses à l'état-major français. Mais, pour être juste, il faut dire que le roi n'était pas le maître; qu'il ne pouvait que conseiller au lieu d'ordonner, situation fâcheuse, la pire de toutes, les questions de temps et de vitesse étant d'une importance capitale à la guerre.

Le 22 juillet, le Ier corps était sur l'Alberche et le IVe corps entre Tolède et Madrilejos; la réserve était encore à Madrid.

Le 26 au matin, le Ier corps pouvait être renforcé par 7.000 à 8.000 hommes de la réserve, le 27 par le IVe corps en partie. Si les alliés attaquaient avant le 26 juillet, la réunion pouvait se faire à l'est de l'Alberche, à la condition d'obliger les alliés « à perdre un jour pour faire une lieue ».

Disposant de 32.000 hommes reposés, très aguerris, il était possible au roi de rendre l'ennemi très circonspect en manœuvrant.

---

(1) L'armée anglaise comptait quatre divisions et 30 pièces :

1re division,	4 brigades,	Sherbrooke.....	6.023 hommes.
2e —	2 —	Hill	3.947 —
3e —	2 —	Mackenzie.....	3.736 —
4e —	2 —	Campbell......	2.957 —
3 brigades de cavalerie			3.040 —
		TOTAL..........	19.703 hommes.

En outre, venaient de Lisbonne trois brigades (Crawford, Lightfoot et Robert), comptant en tout 8.000 hommes.

L'armée espagnole de Cuesta était forte de 36.000 hommes.

De Madrid à Talavera on compte quatre marches de 26 kilomètres. La manœuvre permettant de faire perdre à l'ennemi quatre à cinq jours, les alliés n'auraient vraisemblablement pu atteindre la capitale que le 1er ou le 2 août.

Il n'était pas d'ailleurs nécessaire de se retirer droit sur Madrid ; on pouvait prendre la direction de Ségovie.

Le 1er corps, en raison de son infériorité numérique, devait manœuvrer en retraite en attendant que les renforts appelés en toute hâte aient pu rétablir l'équilibre et permettre de livrer bataille à l'adversaire usé et nécessairement affaibli.

Il y avait tout intérêt à attirer les alliés vers l'est, le plus loin possible.

Le plus fâcheux eût été un arrêt et surtout un mouvement rétrograde des Espagnols et des Anglais Dans ce cas le devoir du commandant du Ier corps était de s'accrocher à eux.

Manœuvrer pour assurer la réunion de l'armée (Ier, Ve, IIe, réserve, partie du IVe corps), voilà ce qu'il fallait faire.

Où pouvait avoir lieu, pour la bataille, cette réunion ?

Elle devait naturellement se faire aux environs de Madrid ou vers Illescas. suivant que l'ennemi marcherait sur la capitale ou s'arrêterait sur l'Alberche.

Le Ve corps, prévenu le 23 au matin, pouvait atteindre Guadarrama le 26.

Le IIe corps, venant par Avila, pouvait atteindre Naval-Carrera le 28 au soir ou le 29 au matin.

Le roi était en droit de compter sur la présence de 80.000 vétérans pour livrer bataille.

Il y avait bien une solution plus tentante ; mais elle ne pouvait donner que des résultats médiocres, sinon des revers irréparables.

Elle consistait à prendre deux lignes d'opérations : l'une

par Madrid et Talavera, l'autre par Salamanque, Banos et Placencia.

Or ces deux lignes sont distantes de 80 kilomètres à vol d'oiseau, séparées par des montagnes infranchissables. De plus, toute l'armée de Soult était obligée de marcher en une seule colonne. Le roi d'abord, Soult ensuite, pouvaient être battus l'un après l'autre par un adversaire manœuvrier. Chose plus grave, en se portant sur Placencia, l'armée de Soult ne menaçait pas les derrières des alliés, puisqu'ils pouvaient passer le Tage à Arzobispo et Almaraz.

En outre, l'avant-garde de cette armée pouvait être teune en respect et tout au moins retardée au passage des défilés. Son arrivée devait être, dans ce cas, éventée.

Cette solution était donc contraire au grand principe napoléonien qui a fait verser des flots d'encre et qui cependant, en raison des résultats produits, ne devrait pas être discuté : « La réunion des divers corps de l'armée doit toujours se faire avant la bataille et loin de l'ennemi. »

La fortune ne pouvait favoriser l'armée française que si le général anglais commettait une faute encore plus grave que celle de son adversaire divisé.

Le calcul des distances et du temps, ainsi que le simple bon sens indiquent que la réunion des forces devait se faire à l'Est de l'Alberche.

La nécessité de cette réunion se fit tellement sentir après Talavera que les Français cherchèrent à donner la main à Soult à travers les montagnes.

Dans l'esprit de Jourdan, du maréchal Soult et du roi, si l'armée de Soult était appelée sur Madrid, il lui fallait huit jours pour entrer en Castille, et ce mouvement n'aurait eu aucune influence sur la marche des alliés (1) ! Cette armée

______

(1) *Mémoires* du roi Joseph, t. **VI**, p. **424** et suiv.

pouvait au contraire, croyaient-ils, arriver à Placencia en quatre ou cinq jours.

Le général Foy, envoyé à Madrid par le duc de Dalmatie (il y arriva le 22), plaida pour cette dernière solution et repartit pour Salamanque où il rejoignit le maréchal Soult le 24.

Pendant ce temps le V° corps s'était approché de Salamanque, par ordre du duc de Dalmatie, qui voyait, disait-il, dans le mouvement sur Placencia de grands résultats à obtenir.

Le roi, avec la réserve (1), était le 23 à Guarda. Belliard gardait Madrid.

Le 23 au soir, l'état-major apprit que le Ier corps se retirait sur Tolède pour se réunir au IV°.

Ainsi, voilà un corps d'armée qui, sans avoir brûlé une amorce, abandonne plusieurs lieues à l'ennemi !

Le 24 et le 25, nouveau mouvement rétrograde du Ier corps vers le sud-est. Tout contact est perdu et les Espagnols peuvent occuper en toute tranquillité Santa-Ollala.

Heureusement pour les Français, les Anglais, faute de vivres, se sont arrêtés à Talavera. Au nord, le corps de partisans du général Wilson a atteint Naval Caruera, sur la route de Santa-Ollala à Madrid.

Quels pouvaient bien être les projets de Joseph et de Jourdan ?

Il est difficile de le dire. Cependant, de la suite des événements on peut conclure qu'ils voulaient manœuvrer pour empêcher la réunion de Vénégas à l'armée qui avait atteint l'Alberche. Or ils ne pouvaient s'y opposer, croyaient-ils, qu'en attaquant cette dernière qui avait déjà en partie franchi l'Alberche. Le roi devait donc, sans perte de temps, attaquer avec toutes ses forces réunies.

---

(1) Garde et une brigade de la division Dessolles et 27° chasseurs (5.000 hommes et 14 canons).

Le Ier corps seul allait être engagé !

Le 26, le Ier corps, revenant sur ses pas, se porta sur Santa-Ollala où la cavalerie légère(1) surprit les Espagnols, les bouscula et les rejetta sur l'Alberche.

Le 27, la marche continua et l'avant-garde de l'armée anglaise rétrograda sur Talavera.

Le Ier corps traversa l'Alberche le soir même.

Le maréchal Victor avait raison de saisir les points d'appui et les ponts sur la rivière ; mais les succès de son avant-garde l'enhardirent et il ordonna de tenter une attaque de nuit (10 heures du soir) contre une hauteur que tenait la gauche des Anglais.

Cette attaque, sur un terrain non reconnu, en face d'un ennemi solide était tout à fait intempestive et ne répondait pas à la situation. Elle fut repoussée avec perte et donna l'éveil aux Anglais.

Le lendemain, 28 juillet, il n'y eut ni plan d'engagement, ni direction de la part du commandement. L'attaque de la veille recommença brutale, mal soutenue, sur le même point, sans reconnaissance préalable.

Le maréchal Victor avait donc tenté une attaque décisive avant d'avoir reconnu et usé son adversaire, contrairement aux principes en honneur dans la Grande Armée.

Sur ces entrefaites le maréchal Jourdan, dont la place eût été à l'avant-garde, parut avec le roi sur le champ de bataille.

Le Ier corps avait une division disloquée, épuisée.

Un conseil fut tenu sur-le-champ. Le maréchal Jourdan, très sage, ne voulait pas continuer la lutte dans les mauvaises conditions où les troupes se trouvaient ; l'ennemi était prévenu, par les efforts réitérés du Ier corps, que l'attaque décisive aurait lieu sur sa gauche.

Le maréchal Victor, au contraire, assurait qu'il serait victorieux.

Le roi ne savait quel parti prendre lorsqu'arriva une

lettre du duc de Dalmatie annonçant qu'il ne pouvait arriver à Placencia que le 3 août.

Joseph pensa qu'il ne pourrait tenir tête sur l'Alberche jusqu'à cette date-là et que Vénégas aurait toute facilité pour franchir le Tage.

Il résolut d'en finir avec les Anglais et l'avis de Victor prévalut.

C'était une faute grave, car la défaite était possible et, puisqu'on s'était divisé il fallait donner à Soult, qui disposait de puissants moyens, le temps nécessaire. Il fallait évidemment faciliter la réunion vers Oropesa des IIe, V^e et VIe corps, et pour cela il n'y avait qu'un moyen : arrêter Vénégas pendant quelque temps et attirer à soi les armées de Wellesley et de Cuesta, ou bien les accrocher si elles faisaient mine de rétrograder.

La lutte étant décidée, il fut convenu que toute la cavalerie et une grosse partie de l'artillerie aideraient le Ier corps, tandis que le IVe corps attirerait l'attention des Anglais vers le sud.

A 2 heures du soir, la bataille recommença.

Tous les efforts des Français furent vains. Les Anglais gardèrent leurs positions.

Victor et le roi voulaient reprendre la lutte le lendemain ; mais aucun ordre ne fut donné aux corps d'armée pendant la nuit. Chacun opérant à sa guise, chaque commandant de corps d'armée, de sa propre initiative, mit ses troupes en route vers l'est, avant l'aube, au grand étonnement du roi, qui ne fut averti que tardivement.

Il n'y eut pas de poursuite. Les Anglais, très fatigués, manquaient de vivres.

Le 29, toute l'armée française était réunie au delà de l'Alberche, à cheval sur la route de Madrid. Il fut alors décidé que le Ier corps resterait en observation tandis que le roi, avec le IVe corps et la réserve, se porterait le même jour sur Vergas pour protéger Madrid contre les entreprises de Vénégas.

Le 1er août, le roi apprit que les partisans de Wilson occupaient Escalona et que l'armée de la Manche était à Aranjuez. Craignant de voir les Anglais prononcer un mouvement offensif contre le maréchal Victor, il s'arrêta à Illescas (5 août), d'où il ne partit que lorsqu'il fut certain de leur immobilité. Il marcha alors contre les Espagnols qui avaient pris position à Almonacid près de Tolède et les mit en déroute (11 août 1809), après une action des plus meurtrières, l'attaque n'ayant pas été préparée.

Le « cauchemar du roi Joseph » avait pris fin et Sa Majesté pouvait, le 15 août, rentrer triomphalement dans sa capitale.

Que s'était-il donc passé sur l'Alberche?

Après la bataille de Talavera, les alliés étaient restés dans l'inaction.

Il faut attribuer ce manque d'activité et de résolution :

1o A la mésintelligence qui régnait entre les généraux en chef. Sir Arthur Vellesley voyait de près les Espagnols pour la première fois et leur attitude à Santa-Ollala et à Talavera n'était pas de nature à lui donner confiance;

2o Aux pertes subies (environ 8.000 hommes);

3o A la difficulté de vivre dans cette contrée dont les Français avaient épuisé toutes les ressources;

4o A la prudence du général anglais qui, redoutant l'esprit manœuvrier de son ennemi, ne voulait pas s'exposer;

5o A son inexpérience en tout ce qui avait trait aux grandes opérations.

Nous verrons par la suite le caractère de ce chef de grand talent s'affermir et son art se développer; mais le duc de Wellington gardera toujours un fond de timidité qui l'empêchera de faire de grandes choses. Il sera toujours prudent, clairvoyant et ferme; il ne sera jamais hardi.

La journée du 29 fut pour les alliés une journée de repos et d'attente. Le 30, sir Wellesley eut vent de l'arrivée du duc de Dalmatie, mais avec quelques milliers d'hommes seulement. Le renseignement était incomplet.

Il se contenta d'inviter Cuesta à porter une division au col de Banos ; mais celui-ci refusa.

Le 2 août, des nouvelles plus inquiétantes arrivèrent à Talavera. On y apprit que le maréchal Soult était à Placencia et que 600 Espagnols (La Reyna), à qui était confiée la garde de la ville, s'étaient retirés sur Almaraz et y avaient détruit les moyens de passage.

Le général anglais avait une belle manœuvre à faire : laisser une forte arrière-garde sur l'Alberche pour maintenir l'armée du roi si celle-ci reprenait l'offensive et fondre avec sa masse sur les têtes de colonne qui débouchaient des montagnes.

Bonaparte s'était trouvé plusieurs fois sur l'Adige dans des conditions analogues.

Il est vrai que ses troupes étaient très manœuvrières.

Le général anglais pensa à manœuvrer sur la ligne intérieure. La marche de l'armée anglaise le prouve ; mais, il devait laisser une arrière-garde anglaise à Talavera et tout au moins être sûr que les Espagnols y resteraient.

Le 3 août, les Anglais atteignirent Oropeso après avoir laissé leurs blessés à Talavera. Le 4, ils allaient se mettre en marche quand ils furent rejoints par les Espagnols ! Cuesta n'avait pas compris sa mission et, d'un autre côté, il ne tenait pas à exposer son armée composée de recrues, mal équipée, sans instruction, inapte enfin à la guerre en rase campagne.

Il était encore possible de former une arrière-garde avec quelques troupes d'élite et de reprendre la marche vers l'ouest, car le maréchal Victor n'avait pas bougé.

Ce dernier n'atteignit du reste Talavera que le 7 août !

Mais sir Wellesley en jugea autrement et on ne saurait

l'en blâmer. Méprisant ses alliés et les jugeant incapables de l'aider, il abandonna toute idée de manœuvre, et, craignant d'être suivi par le Ier corps, il se hâta de passer le Tage au pont d'Arzobispo pour gagner la route de Mérida.

Il était temps (1).

« Jugeant le péril avec le sang-froid et le coup d'œil d'un grand capitaine, il avait pris sur-le-champ la seule résolution capable de sauver l'armée anglaise. »

Le 5 août les Espagnols suivirent les traces de sir Wellesley.

Qu'était devenu le maréchal Soult depuis le 24 juillet (2), jour où l'ordre de se porter sur Placencia lui était parvenu ?

Son armée, dans le courant de juillet, était ainsi cantonnée :

IIe corps : Zamora, Toro et Salamanque ;

Ve corps : Medina del Campo et Valladolid ;

VIe corps : Benavente, Astorga et Léon.

Vers le 20 juillet, le Ve corps avait été appelé vers Salamanque.

Le 27 juillet seulement, ce corps d'armée marcha sur Placencia. On se demande pourquoi le IIe corps ne prit pas la tête, puisqu'il était à Salamanque avant le Ve. Le maréchal Soult a donné pour excuses de ce retard le besoin de réparer le matériel du IIe corps et le besoin de surveiller Ciudad-Rodrigo.

Beaucoup d'auteurs ont attribué au maréchal Soult une arrière-pensée.

La surprise d'Oporto et la désinvolture avec laquelle cet officier général abandonna son collègue en Galice ont autorisé ces suppositions. Il paraît plus équitable, en cette cir-

---

(1) Lettre du général anglais à lord Castelreagh (8 août).
(2) *Mémoires* du roi Joseph, t. VI, p. 249.

constance, de penser qu'il n'y eut pas entre l'état-major de Madrid et celui de Salamanque une entente suffisante.

Le roi — il faut lire Jourdan — comptait que les trois corps d'armée du duc de Dalmatie arriveraient à Placencia le 3 août au plus tard (1). Mais c'était faire abstraction des circonstances, du terrain et de l'ennemi même.

Le 30 juillet, le IIe corps rompait des environs de Salamanque, d'où le VIe corps ne devait partir que le 1er août.

Le retard était donc de deux jours et le maréchal l'annonçait au roi le 25 en ajoutant : « Mon plus pressant désir est que Votre Majesté ne livre pas de bataille générale avant qu'elle soit certaine que toutes mes forces sont concentrées près de Placencia. On obtiendra les résultats les plus importants si Votre Majesté s'abstient d'attaquer jusqu'au moment où la connaissance de ma marche obligera l'ennemi à rétrograder, ce qu'il doit faire, ou il est perdu ! »

Le roi reçut cette lettre et livra bataille quelques heures plus tard, nous savons pourquoi.

Le 29, l'avant-garde du Ve corps entrait à Béjar et culbutait un parti ennemi au col de Banos.

Le 30, elle était à Placencia, d'où elle partait le 3 août pour Naval-Moral. Il était nécessaire de faire serrer sur la tête tous les éléments de cette longue colonne que formaient les Ve et IIe corps (1er au 4 août).

Dans la matinée du 4 août, le duc de Dalmatie n'avait encore que de vagues renseignements sur la situation de l'armée alliée et ce n'est que dans la journée que les dragons Lahoussaye — ils avaient passé, le 3, le Tiétar — signalèrent la présence de l'armée anglaise vers Oropeso.

Dans la soirée, le Ve corps occupait Almaraz en face des Espagnols qui avaient détruit les moyens de passage ; le

---

(1) Le départ avait été fixé au 25. — Le général Foy arriva le 24 à Salamanque.

IIe corps était un peu plus au nord et le VIe arrivait à Placencia.

Le 5, l'armée française marcha sur Oropeso et Naval-Moral ; mais déjà les Anglais sortaient des défilés au sud-ouest du pont de l'Arzobispo, et leur quartier général était à Deleystosa.

Les Espagnols étaient à l'arrière-garde.

Le 7 seulement la cavalerie du Ve corps parvenait à établir la liaison avec le Ier.

Le maréchal Victor n'avait que des instructions vagues. Aussi laissa-t-il échapper, sans lui nuire en rien, l'armée alliée qui, plus homogène et plus manœuvrière qu'elle n'était, aurait pu infliger à Soult un sérieux échec.

Ce dernier se disposa, le 8 août, à attaquer vigoureusement les Espagnols qui gardaient le pont de l'Arzobispo afin de permettre à l'armée anglaise de sauver son artillerie et ses convois engagés dans d'affreux sentiers.

Il était impossible de songer à passer ailleurs ; toute l'armée ne disposait donc que d'un pont pour la poursuite.

Au delà s'étendait un terrain difficile, coupé, présentant des coupures faciles à défendre. Aussi l'attaque était-elle délicate. La division de dragons et la cavalerie du IIe corps purent heureusement passer le fleuve à gué et menacer la ligne de retraite des Espagnols.

Le duc d'Albuquerque, qui commandait en ce point, fut bousculé et toute l'armée espagnole se débanda, abandonnant artillerie et équipages. Mais la nature du terrain s'opposa à une poursuite sans pitié et il fallut faire halte.

Les Anglais, depuis la veille, étaient hors d'atteinte (7 août à Deleystosa). Le maréchal Ney, comme il en avait reçu l'ordre, avait marché sur Almaraz où, moins heureux qu'en 1805, il n'avait pu rétablir le passage.

Les Français, voyant leur proie s'échapper, s'étaient arrêtés, malgré les avis du duc de Dalmatie, qui ne voulait laisser ni trêve ni merci à son adversaire en retraite. Ce fut, dit Napier, « le seul qui envisagea la crise en habile capitaine (1). » Mais le roi prétendait que Napoléon avait ordonné de ne rien tenter au moment des grosses chaleurs.

Si l'Empereur avait été présent, il aurait agi comme en 1808. Il aurait poursuivi sir Wellesley comme il avait poursuivi sir John Moore.

C'était une faute grave, et le duc de Dalmatie était clair-voyant en écrivant le 25 août à Jourdan : « C'était le moment d'agir. L'occasion était belle et il est probable qu'il ne s'en présentera pas de sitôt une pareille. Il est fâcheux que d'autres considérations l'aient laissée échapper; il en résultera que la guerre d'Espagne durera peut-être quelques années de plus. »

L'armée anglaise put se reposer et gagner tranquillement Badajoz.

La manœuvre conçue par le roi et le duc de Dalmatie n'avait pas produit les résultats qu'ils avaient espérés. L'armée anglaise avait conservé ses positions après Talavera et, si elle avait eu des alliés plus manœuvriers, le maréchal Victor se fût trouvé bien compromis. Elle emmenait avec elle des canons français (2) et pouvait se dire qu'à nombre égal elle pouvait lutter contre l'armée impériale. Elle avait atteint ce résultat, toujours cherché par le plus clairvoyant des généraux que les Français aient eu à combattre dans la Péninsule : user l'armée française et interdire à l'Empereur d'appeler hors d'Espagne ses troupes les plus aguerries.

---

(1) Napier, t. IV, p. 181.

« Il fallait, dit Jomini, fondre sur les Anglais avec 90.000 hommes (Iᵉʳ, IIᵉ, Vᵉ et VIᵉ corps, plus l'armée du roi) et les attaquer partout où on les trouverait, fût-ce à Lisbonne ou à Cadix. »

(2) « Les vieilles bandes de Napoléon étaient si expérimentées, s endurcies à la guerre, qu'elles se remettaient plus facilement d'une surprise qu'aucune autre troupe. Ainsi avant qu'elles eussent atteint Vallouga, l'ordre était rétabli dans leurs colonnes et une arrière-garde couvrait la retraite. » (Colonel Napier)

La correspondance de l'Empereur est curieuse à plus d'un titre.

De Schœnbrün il écrivit au duc de Dalmatie le 26 septembre 1809 :

« Dans votre expédition, j'ai été fâché de vous voir enfourner sur Oporto sans avoir détruit La Romana, de vous voir rester si longtemps à Oporto sans rouvrir vos communications avec Zamora, marcher sur Lisbonne ou prendre un parti quelconque. J'ai vu avec peine que vous vous étiez laissé surprendre à Oporto et que mon armée, sans combattre, s'était sauvée presque sans artillerie et sans bagages.

. . . .

» Le roi n'ayant pas l'expérience de la guerre, mon intention est que jusqu'à mon arrivée vous me répondiez des événements. »

Cette lettre ne contient aucune allusion aux événements qui ont précédé la surprise d'Oporto. Plein de confiance dans les talents du maréchal, il oublie, après en avoir ri, son crime de lèse-majesté et le nomme major-général au départ de Jourdan (1).

Ce dernier était fatigué et dégoûté. Il se plaignait (2) de ne pas avoir 200.000 francs par an, comme les autres maréchaux, pas de titres, pas de dotation.

C'était à lui que s'en prenait l'Empereur quand il apprenait quelque événement fâcheux. Le 11 juin 1809, il mandait à Clarke :

« Vous ferez connaître au maréchal Jourdan que je trouve les affaires d'Espagne si mal conduites que je prévois des catastrophes si l'on ne donne pas plus d'activité et une impulsion plus vigoureuse aux mouvements des colonnes.

---

(1) Soult prit l'emploi le 6 novembre 1809.
(2) *Mémoires* du roi Joseph ; correspondance.

On a laissé aux Anglais le temps de reformer une armée à
Lisbonne. On a eu la coupable négligence de laisser le duc
de Dalmatie trois mois sans communications. Je n'ai
cependant pas cessé d'ordonner qu'on rouvrît les communications avec ce maréchal (1).

» Avec les forces qu'on a en Espagne, elles n'auraient
pas dû être interrompues huit jours..... et parce qu'on a dit
qu'il ne fallait pas entreprendre l'expédition d'Andalousie (2)
avant que le Nord fût éclairé, on a laissé inactives les troupes destinées à cette expédition, tandis qu'il fallait juste-
ment profiter du délai pour balayer tous les corps ennemis
à 12 ou 15 marches autour d'elles.

» Pourquoi ne pas marcher contre Cuesta et rejeter au-
delà de la Caroline les troupes qui sont de ce côté? L'indo-
lence de l'état-major de l'armée d'Espagne est telle qu'il
est resté plusieurs mois sans communications avec le duc
d'Elchingen, et qu'il a fallu, je crois, envoyer de Paris
l'ordre au général Kellermann de marcher à lui. On a peine
à concevoir de pareilles inepties. Une armée n'est rien que
par la tête, et il faut avouer qu'ici il n'y en a aucune.

» Les Anglais seuls sont redoutables. Seuls, si l'armée
n'est pas différemment dirigée, ils la conduiront à une
catastrophe.

» Il ne faut donc pas agir sur tous les points de la circonférence, mais il faut former un gros corps contre les
Anglais, ne pas les laisser respirer et tomber dessus du
moment qu'ils se désuniraient. »

Encore sous la même impression, l'Empereur ordonna
le 12 juin la réunion de trois corps d'armée destinés à
battre les Anglais, « à les jeter dans la mer ». Il ne pouvait

------

(1) Napoléon avait déjà écrit le 9 avril pour blâmer l'état-major de
ne pas avoir employé le détachement du général Lapisse pour rouvrir
les communications.
(2) Par le 1er corps renforcé.

encore connaître la mésintelligence de Soult et de Ney, car c'est le 18 juillet que Joseph lui écrivit : « Ce qu'il y a de certain, c'est qu'ils ne peuvent servir ensemble. » Par le même courrier, le roi demandait le rappel de Victor et Mortier « qui obéissaient mollement et réquisitionnaient sans tenir compte de ses observations ».

L'Empereur était inquiet. Il craignait une faute grave et redoutait un désastre ou tout au moins un échec sérieux. Le 16 juillet, il écrivait au ministre : « Recommandez au roi que si les Anglais débarquent en Espagne, il ne leur livre point bataille que toutes ses forces ne soient réunies. »

Deux jours après (18 juillet), le ministre mandait à Jourdan : « Sa Majesté me charge de vous recommander que le coup de Jarnac viendra des Anglais et que si les affaires ne sont pas mieux menées, il est à craindre que les Anglais débouchent du Portugal par Abrantès et ne surprennent le roi à Madrid par des mouvements qu'ils auraient cachés. »

Cette lettre arriva trop tard.

Dans les instructions portées par le général Foy au duc de Dalmatie (22 juillet), il n'était question que d'attaque combinée.

Le maréchal Jourdan ne se souvenait plus des résultats de la campagne de 1796 en Allemagne.

La lettre vaniteuse écrite par le roi à son frère (29 juillet) est des plus suggestives.

« Le maréchal Soult n'était pas encore parti le 25 de Salamanque ; j'espère qu'il arrivera à temps à Placencia pour couper les Anglais.

» Je n'ai pas eu besoin d'employer la réserve.

» J'ai un regret, celui de ne pas avoir fait prisonnière toute l'armée anglaise ! »

Or, les Anglais restèrent maîtres du champ de bataille.

La gloire de Joseph fut de peu de durée et il fallut en rabattre lorsque l'Empereur exigea des explications (1).

Le roi ne disait pas la vérité. Il était au fond très inquiet ; il écrivait au général Belliard, resté à Madrid, de tout prévoir en vue d'un abandon rapide de la capitale et de diriger les personnes notables sur Saint-Ildefonse.

Pendant ce temps, Napoléon n'avait qu'un désir, celui d'apprendre la réunion de tous les corps d'armée en vue d'une grande bataille.

Il écrivait en effet le 7 août à Clarke :

« Une lettre du roi me mande, le 25 juillet, que le général Wellesley est arrivé avec 25.000 Anglais à Talavera et s'est réuni à Cuesta. Il est bien malheureux que le maréchal Soult ait si mal manœuvré, que de ne s'être pas réuni au roi. J'espère que ce dernier, avec la garnison de Madrid, le Ier et IVe corps, formant 55.000 hommes, aura pris position pour empêcher l'ennemi de rien entreprendre sur Madrid et se sera fait rejoindre par le maréchal Soult. Il aurait alors plus de 100.000 hommes. Ce serait une belle occasion de donner une leçon aux Anglais et de finir la guerre. »

Sa colère contre la division de l'armée en deux masses indépendantes éclate dans sa lettre du 18. Le vainqueur de Rivoli écrit à Clarke :

« Je reçois votre lettre du 12.

» Quelle belle occasion on a manquée !

» 30.000 Anglais à 150 lieues des côtes devant 100.000 hommes des meilleures troupes du monde. Mon Dieu, qu'est-ce qu'une armée sans chef ! »

Les deux lettres ci-après sont la condamnation de la manœuvre de Talavera, telle qu'elle fut conçue à Madrid. Certains auteurs ont prétendu (2) que l'Empereur était

(1) Frédéric Masson, *Napoléon et sa famille.*

(2) Le roi Joseph, dans ses *Mémoires*, a tenu à se justifier en déclarant que son frère avait fini par se rendre à ses raisons.

revenu plus tard sur sa première opinion. Il est possible qu'il ait, lui qui cédait toujours à son frère aîné, écouté ses explications lors du baptême du roi de Rome ; mais toutes les campagnes de l'Empereur sont une protestation contre une approbation sans réserves.

Napoléon écrivait le 15 août au ministre :

« Le plan de faire venir le maréchal Soult sur Placencia est fautif et contre toutes les règles ; il a tous les inconvénients et aucun avantage :

» 1° L'armée anglaise peut passer le Tage, appuyer ses derrières sur Badajoz et dès ce moment ne craint plus Soult.

» Elle peut battre les armées en détail.

» Si, au contraire, Soult et Mortier étaient venus sur Madrid, ils y auraient été le 30 (1) et l'armée réunie le 3 (2) forte de 80.000 hommes (3), aurait pu donner bataille et conquérir l'Espagne et le Portugal. J'ai recommandé qu'on ne livrât pas bataille si les cinq corps ou au moins quatre n'étaient réunis. On n'entend rien aux grands mouvements de la guerre à Madrid. »

La deuxième lettre est encore plus catégorique.

Les rapports sur la bataille des 27 et 28 juillet étaient arrivés à Schœnbrünn. Aussi est-elle, au point de vue doctrinal, un document fort important.

« Vous ferez connaître (4) au maréchal Jourdan que les affaires ont été mal dirigées, que le maréchal Soult devait venir de Salamanque par Avila sur Madrid, et que les corps ayant marché isolément, dès le 27 ou le 28, la tête serait arrivée ; qu'il aurait fallu, pendant ce temps, reculer

---

(1) Au plus tard pour le V° corps.
(2) Le 3 août.
(3) II°, V°, 1°° et IV° corps. Brialmont (*Vie de Wellington*) dit que l'excuse de Jourdan est d'avoir calculé qu'il fallait quatre jours pour atteindre Placencia et huit jours pour arriver près de Madrid.
(4) Lettre à Clarke, de Schœnbrünn, le 21 août 1809.

à petites journées et ne donner bataille sous Madrid que lorsque toutes nos forces auraient été réunies ; que la marche du maréchal Soult et de ses trois corps sur Placencia était dangereuse et surtout inutile : dangereuse puisque notre armée pouvait être battue à Talavera sans qu'on lui portât secours (1) et qu'on compromettait ainsi la sûreté de mes armées en Espagne, tandis que les Anglais n'avaient rien à craindre, car en trois heures de temps ils pouvaient se mettre derrière le Tage et, soit qu'ils le repassassent à Talavera, soit au pont d'Almaraz, soit partout ailleurs, ils avaient leur ligne d'opérations sur Badajoz à l'abri... Qu'enfin, puisqu'on avait fait l'énorme faute de se diviser en deux armées de 50.000 hommes chacune, que des montagnes et une grande étendue séparaient, on devait au moins ne livrer bataille qu'à peu près en même temps ; or, il était bien évident que le maréchal Soult ne pouvait pas arriver avant le 4 à Placencia, puisqu'il ne commettrait pas la faute d'y arriver sans le VIe corps, lequel était à Astorga et ne pouvait au plus arriver qu'à cette époque, au lieu que l'autre armée, du côté de Madrid, pouvait manœuvrer et gagner quelques jours sans livrer bataille. Certes les Anglais ne se seraient pas compromis s'ils l'avaient trouvée dans une bonne position ; qu'enfin arrivé devant Talavera, on savait bien qu'on avait l'armée anglaise en présence..... ; il est donc de la dernière absurdité de les les avoir attaqués sans les avoir reconnus ; il était bien évident que, ceux-ci ayant placé leur droite sur Talavera et leur gauche sur un plateau, il fallait s'assurer si ce plateau pouvait être tourné (2) ; que cette position exigeait donc des reconnaissances préalables et qu'on a conduit mes troupes sans discernement comme à la boucherie ;

(1) C'est ce qui faillit arriver.
(2) « N'attaquez pas de front les positions que vous pouvez obtenir en les tournant ». (Napoléon, *Commentaires*, t. VI, p. 265.)

qu'enfin étant résolu à la bataille, on l'a donnée mollement puisque mes armées ont essuyé un affront et que 12.000 hommes (1) de réserve sont cependant restés sans tirer ; que les batailles ne doivent pas se donner si l'on ne peut calculer en sa faveur 70 chances de succès sur cent..... ; mais une fois qu'elle est résolue, on doit vaincre ou périr et que les aigles françaises ne doivent se ployer en retraite que lorsque toutes ont fait également leurs efforts ; mais que tant qu'on voudra attaquer de bonnes troupes anglaises dans de bonnes positions, sans reconnaître ces positions et s'assurer si on peut les enlever, on me conduira les hommes à la mort en pure perte. »

Les réflexions de Jomini ne sont pas moins sévères : « Joseph, dit-il, se décida à prendre l'offensive contre tout principe... Il fallait manœuvrer de concert avec Soult (2). »

Napier est du même avis : « La bataille de Tavalera fut une faute énorme ».

La manœuvre de Talavera, conçue d'après les idées frédériciennes, n'amena aucun résultat décisif.

Elle ne fit que raviver les espérances des Espagnols et donner à Vellington la conviction qu'il était de taille à se mesurer avec les maréchaux de l'Empire.

---

(1) Chiffre exagéré, suivant la coutume de l'Empereur.
(2) Jomini, *Napoléon au tribunal de César*, p. 344 et 340.

TABLE

Pages.

CHAPITRE X.

CHAPITRE XI.

CHAPITRE XII.

CHAPITRE XIII.

CHAPITRE XIV.

CHAPITRE XV.

———

Paris et Limoges. — Impr. et libr. milit. H. CHARLES-LAVAUZELLE.

Librairie militaire Henri CHARLES-LAVAUZELLE

Paris et Limoges.

ÉTUDE

SUR LES

GUERRES D'ESPAGNE

PAR

Le Commandant BAGÈS

CROQUIS DU TOME Ier

PARIS

HENRI CHARLES-LAVAUZELLE

Éditeur militaire

10, Rue Danton, Boulevard Saint-Germain, 118

(MÊME MAISON A LIMOGES)

ÉTUDE

SUR LES

GUERRES D'ESPAGNE

ÉTUDE

SUR LES

GUERRES D'ESPAGNE

PAR

Le Commandant BAGÈS

CROQUIS DU TOME Ier

PARIS

HENRI CHARLES-LAVAUZELLE

Éditeur militaire

10, Rue Danton, Boulevard Saint-Germain 118

(MÊME MAISON A LIMOGES)

CROQUIS

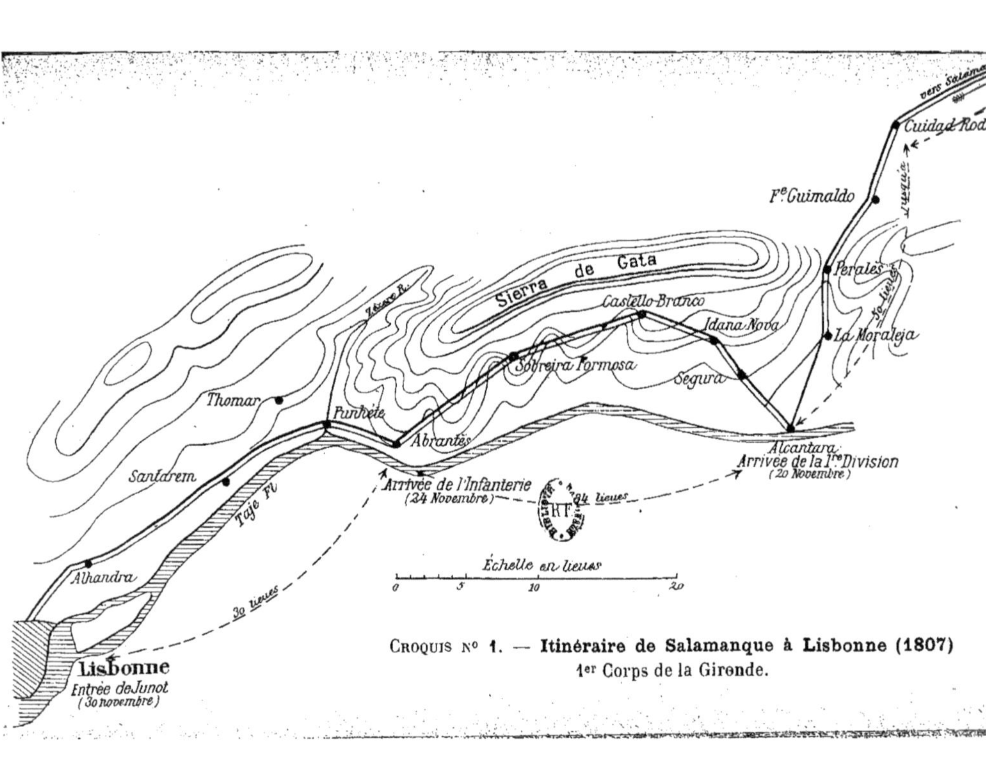

CROQUIS N° 1. — **Itinéraire de Salamanque à Lisbonne (1807)**
1er Corps de la Gironde.

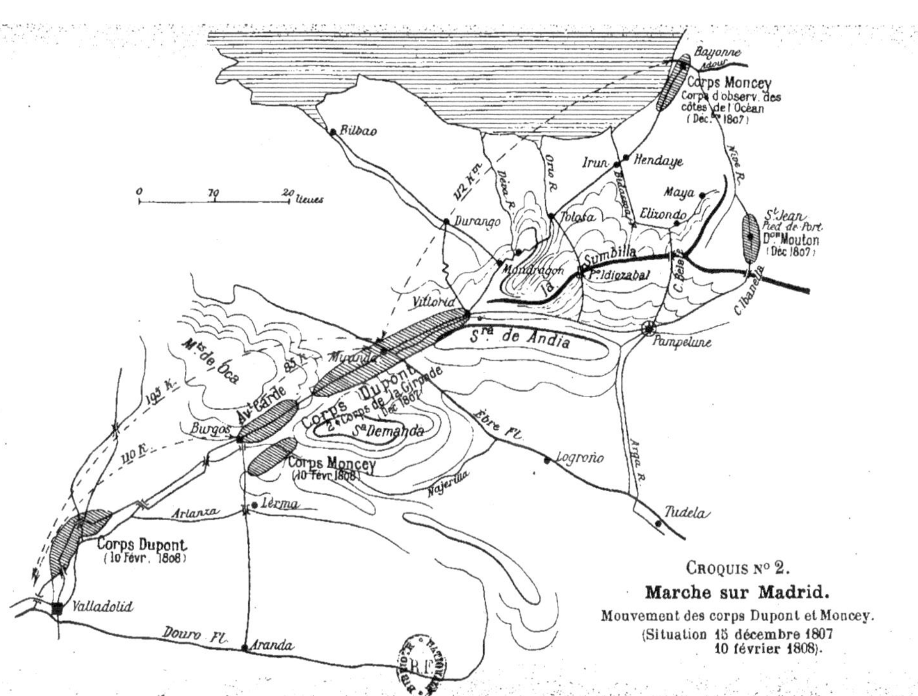

CROQUIS Nº 2.

Marche sur Madrid.

Mouvement des corps Dupont et Moncey.
(Situation 15 décembre 1807
10 février 1808).

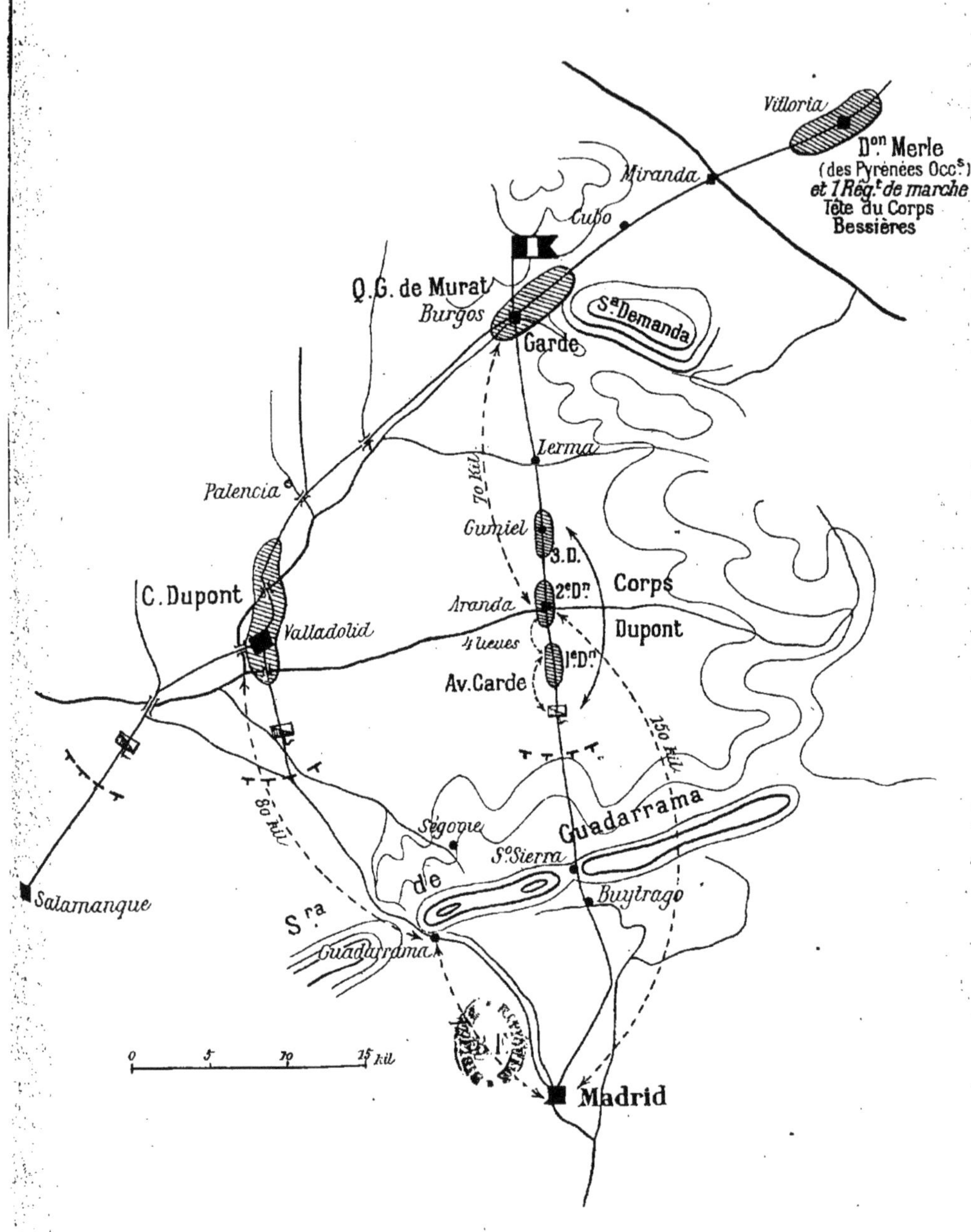

CROQUIS N° 3. — **Situation le 14 mars 1808.**

(Echelonnement des corps d'armée en vue de marches rapides)

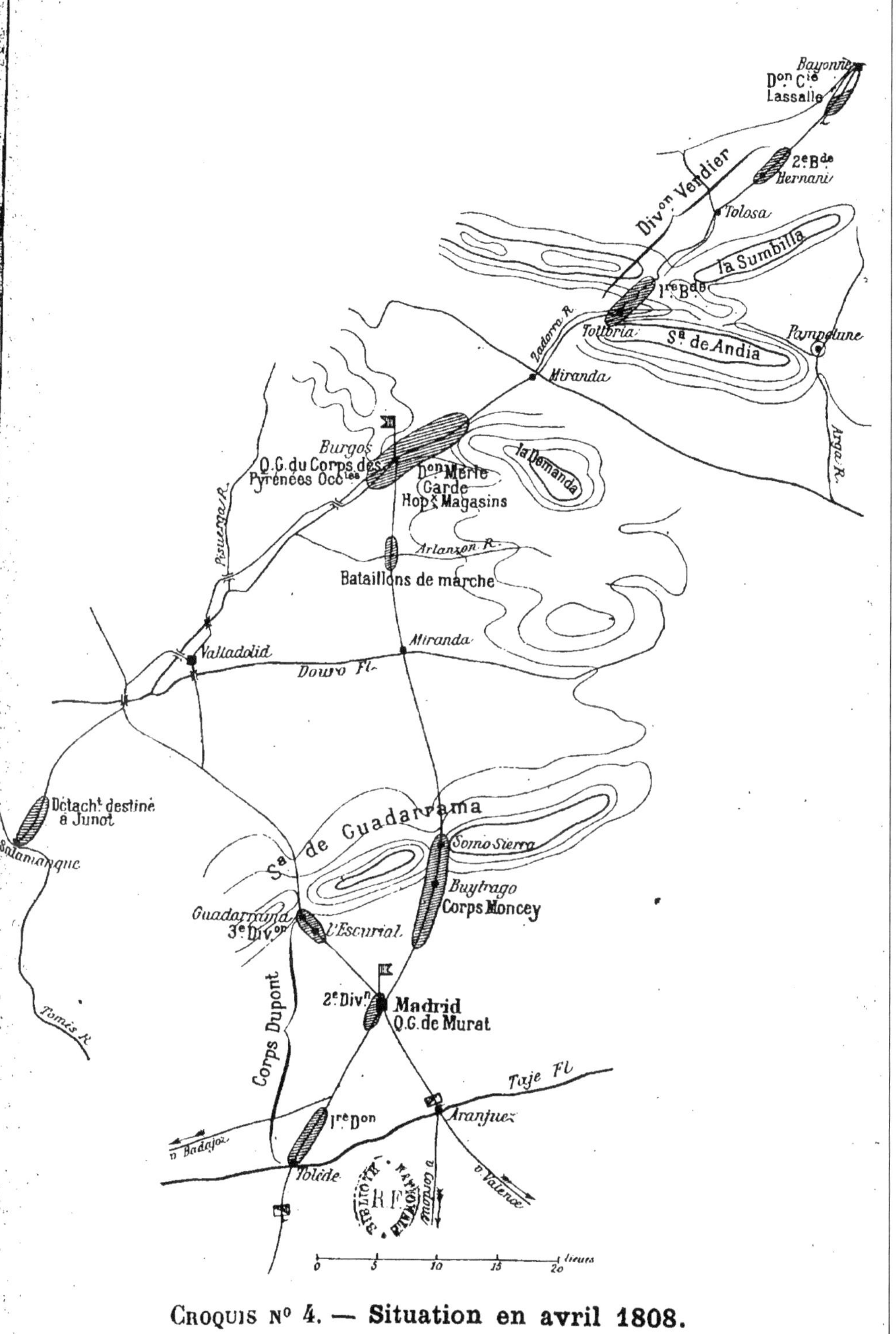

CROQUIS Nº 4. — **Situation en avril 1808.**

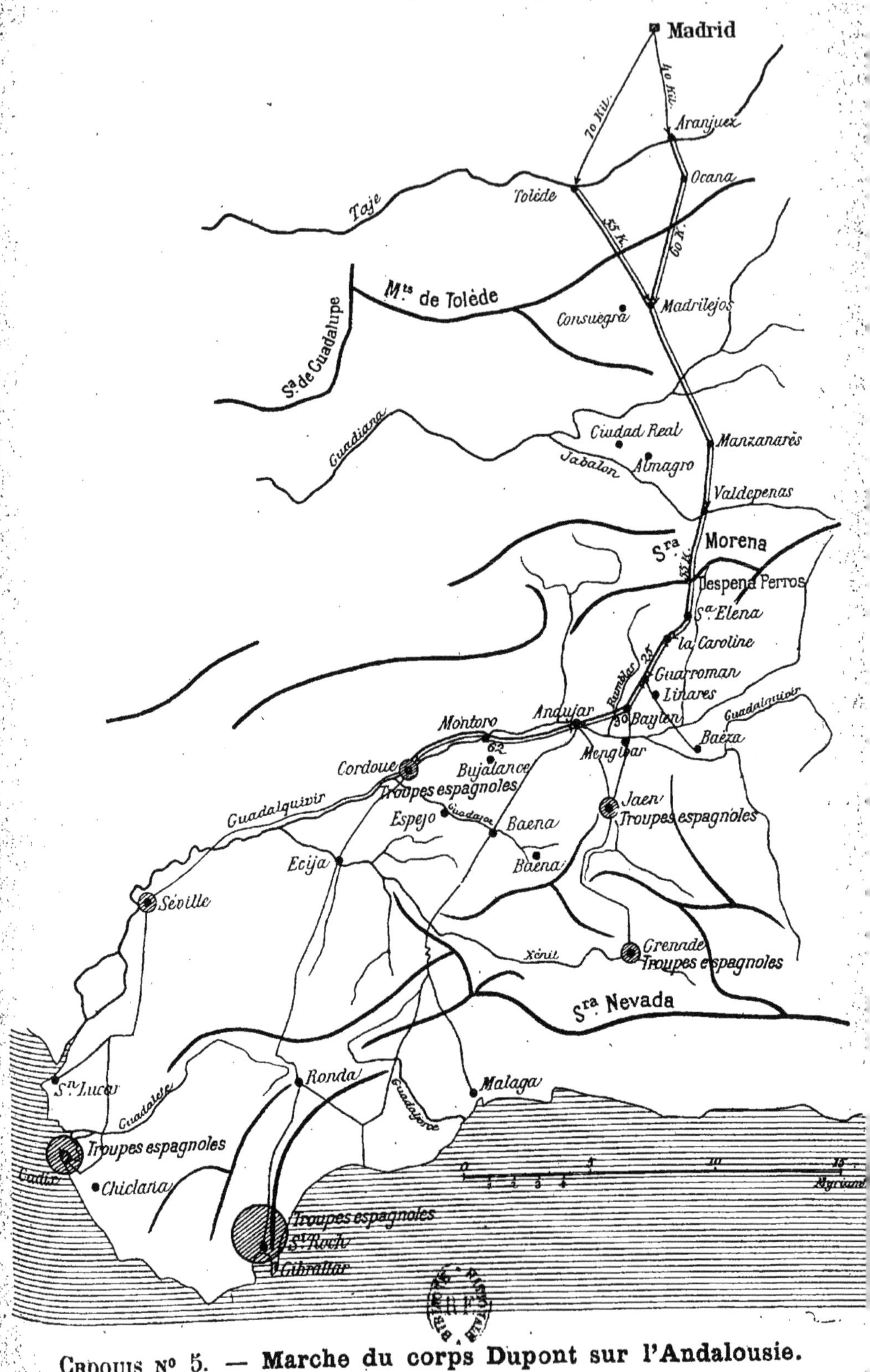

CROQUIS Nº 5. — **Marche du corps Dupont sur l'Andalousie.**

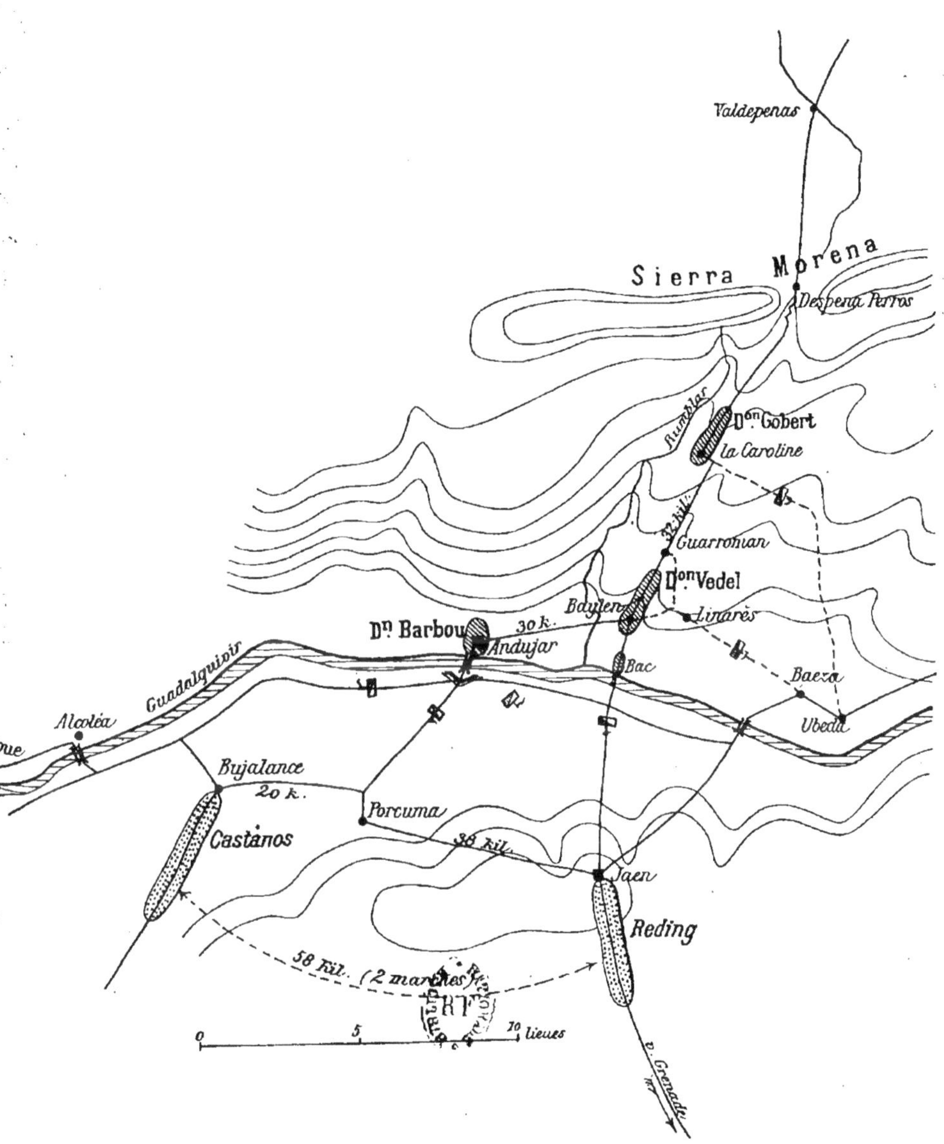

Croquis N° 6. — **Situation le 13 Juillet 1808 en Andalousie.**

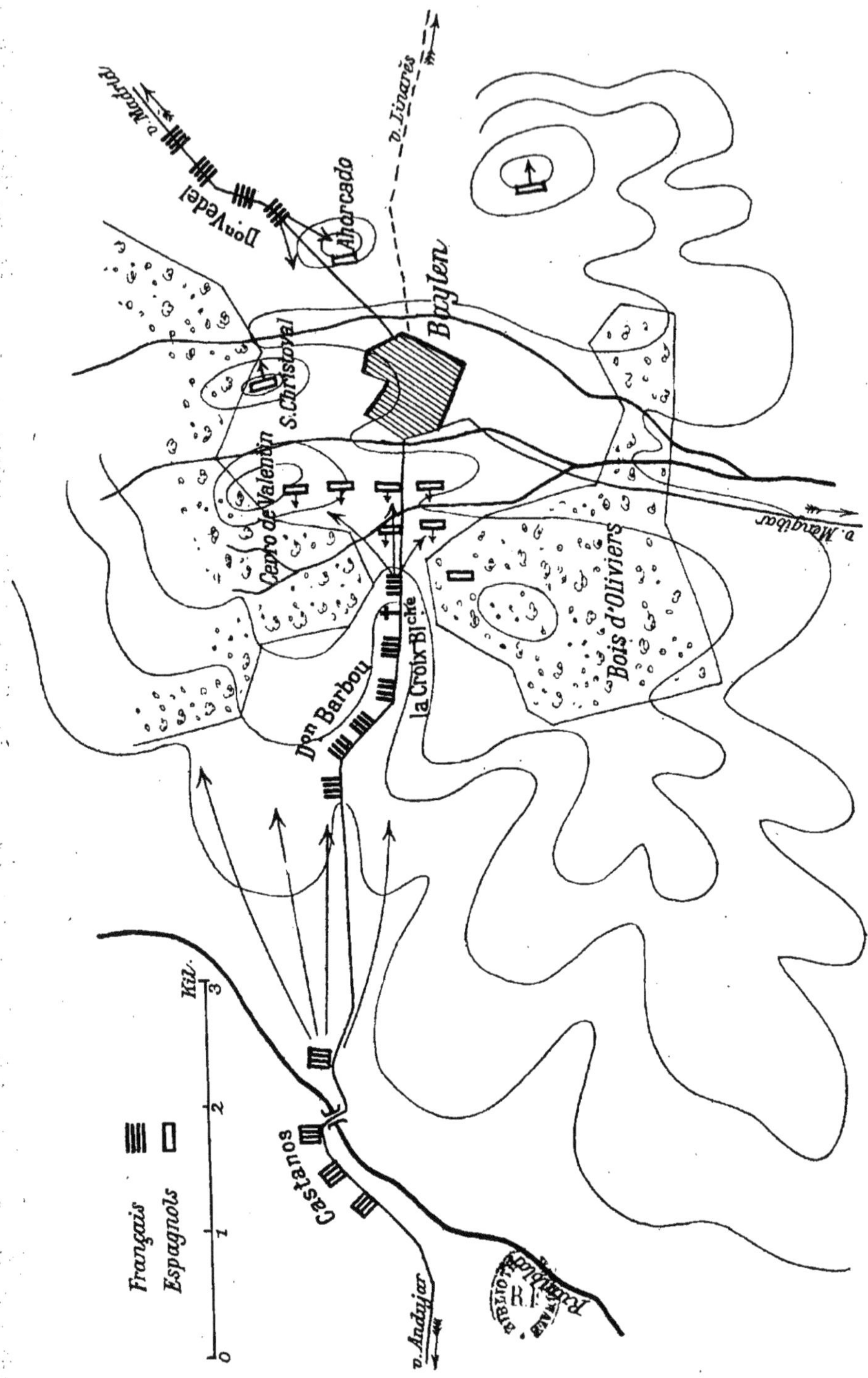

CROQUIS Nº 7. — **Champ de bataille de Baylen (Juillet 1808).**

NOTA. — D'après le Colonel CLERC.

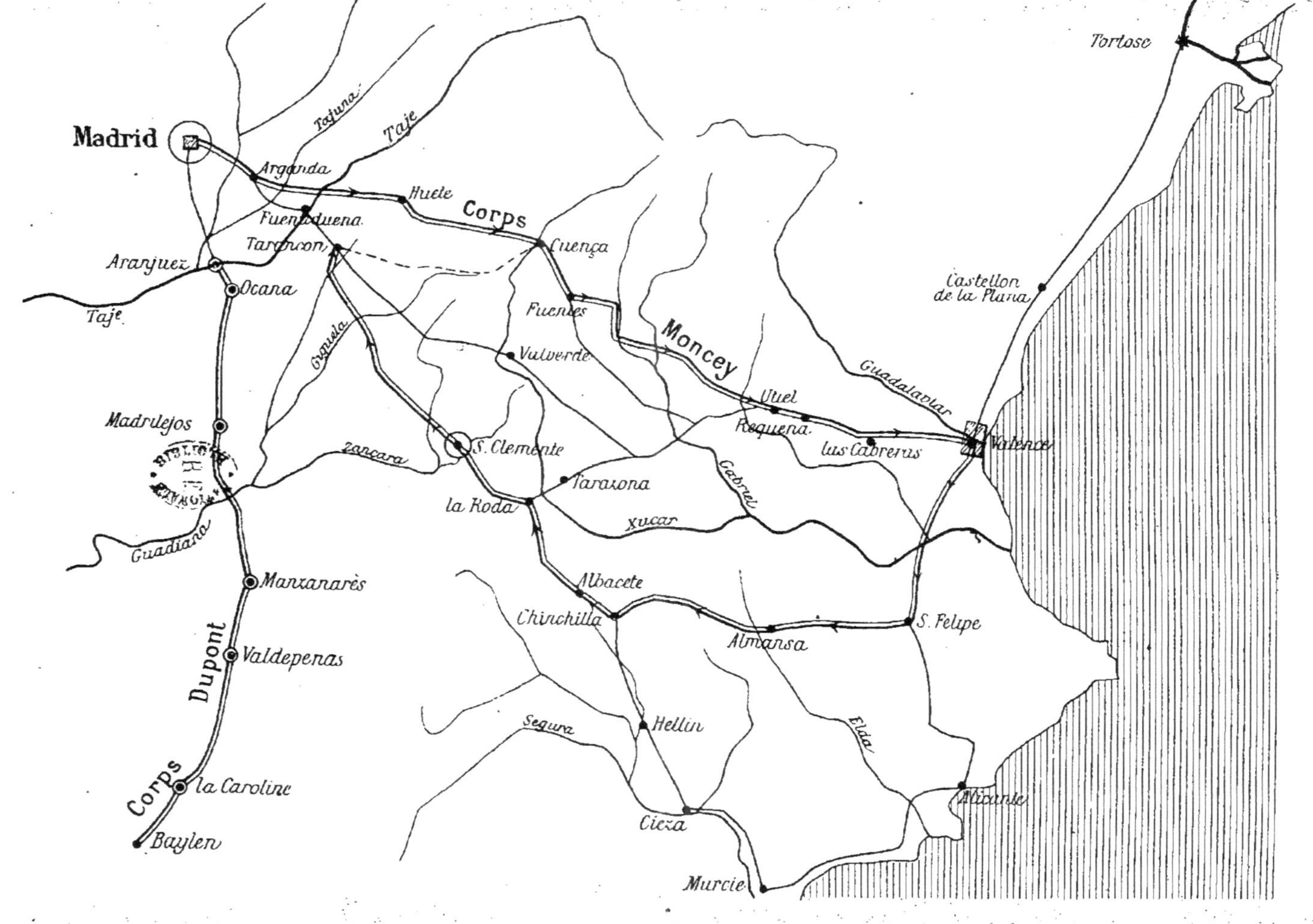

CROQUIS N° 8. — **Marche de Moncey sur Valence.**

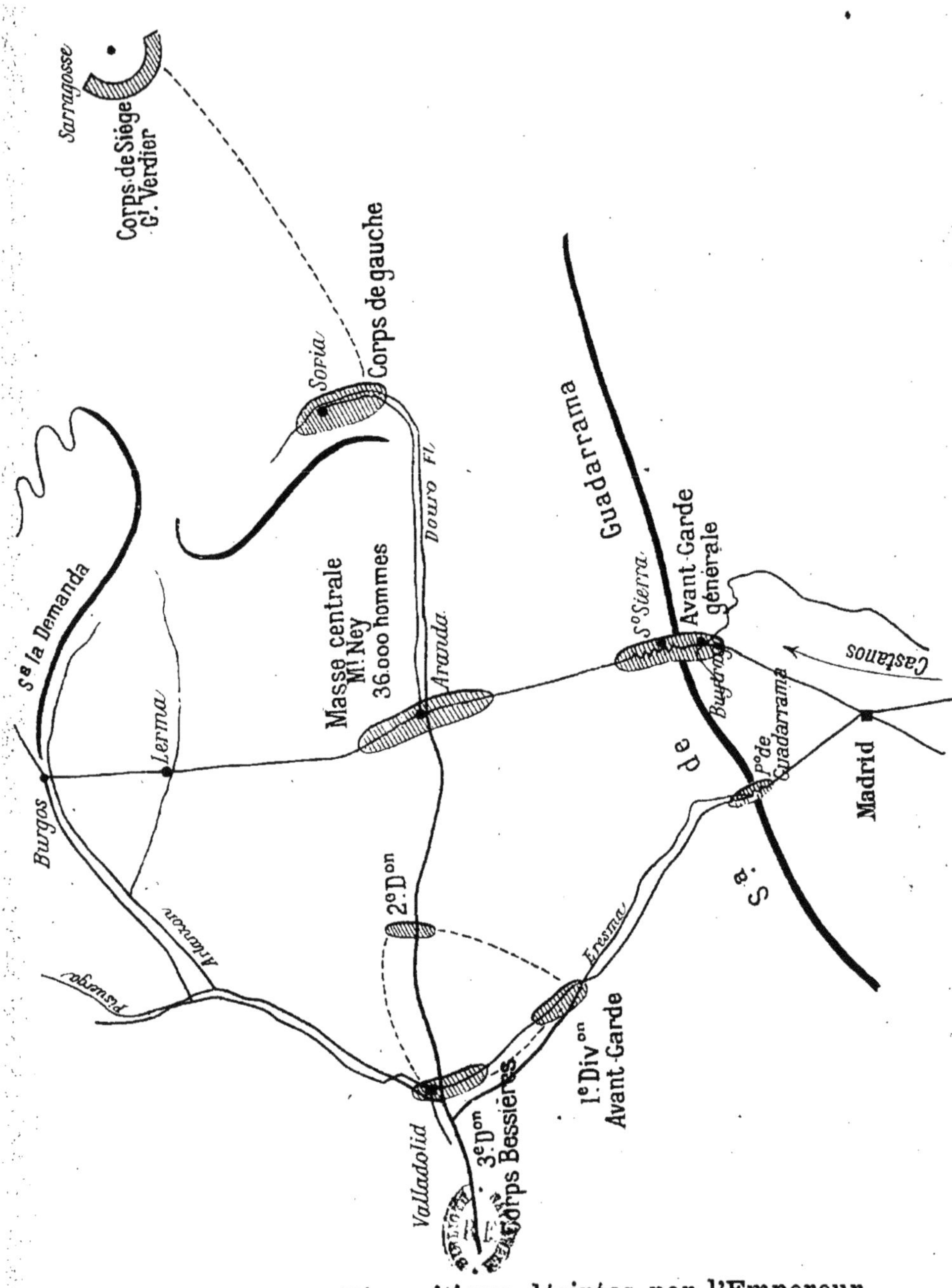

Croquis n° 9. — Dispositions désirées par l'Empereur après l'évacuation de Madrid (Août 1808).

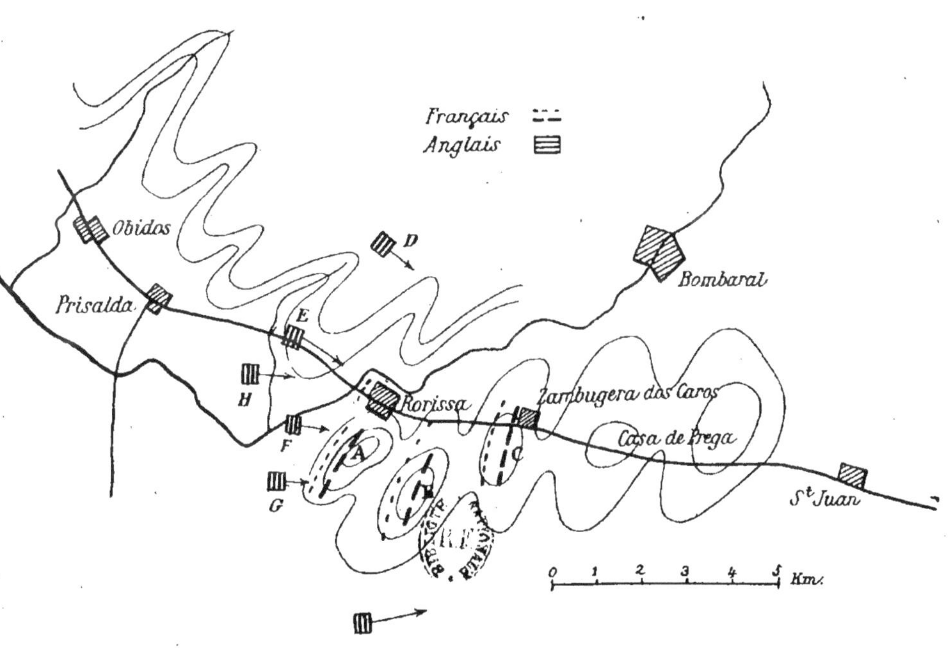

CROQUIS Nº 10. — **Combat de Rorissa.**

NOTA. — D'après BRIALMONT.

CROQUIS N°. 11. — **Bataille de Vimeiro.**

Nota. — D'après Brialmont.

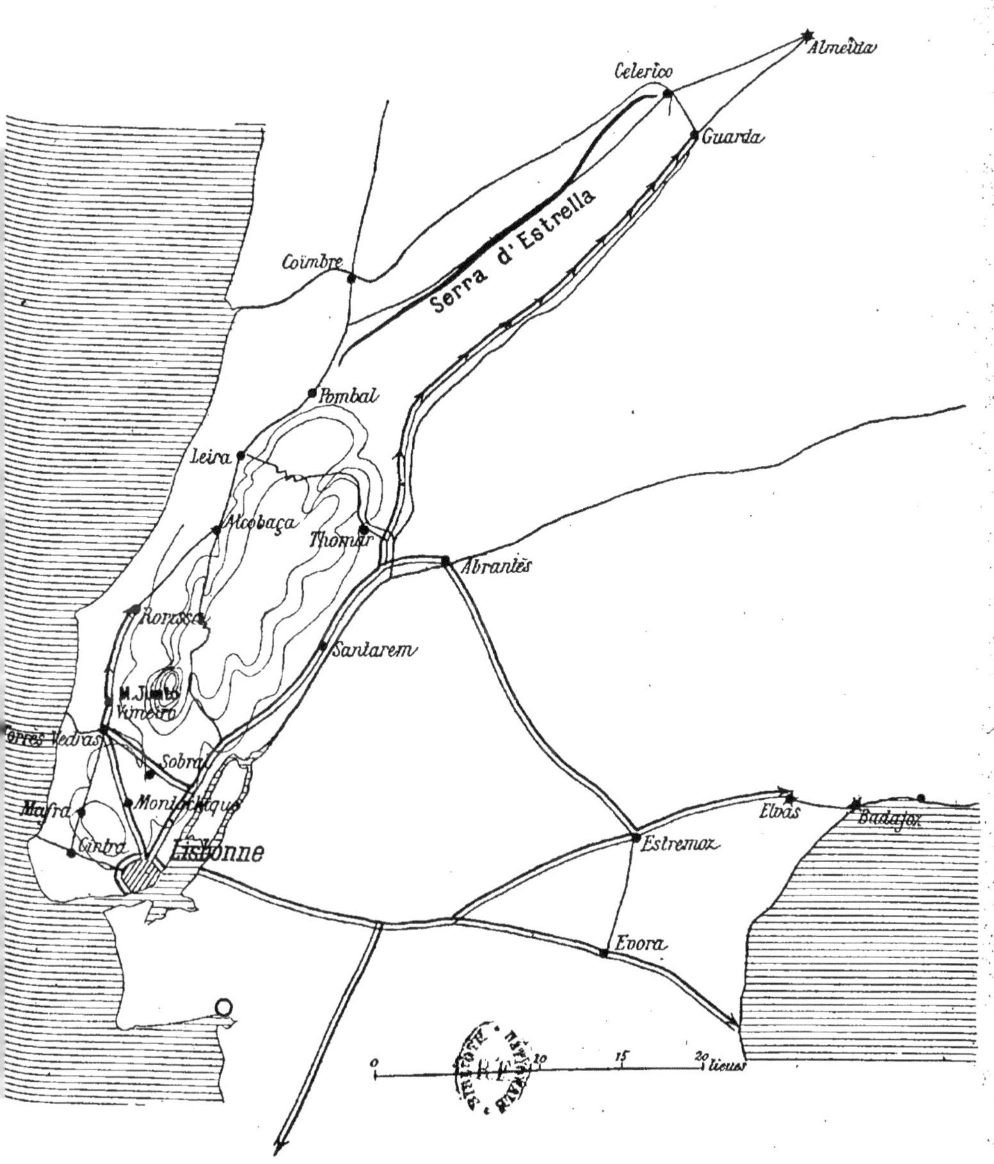

CROQUIS Nº 12. — **Opérations en Portugal (1808).**

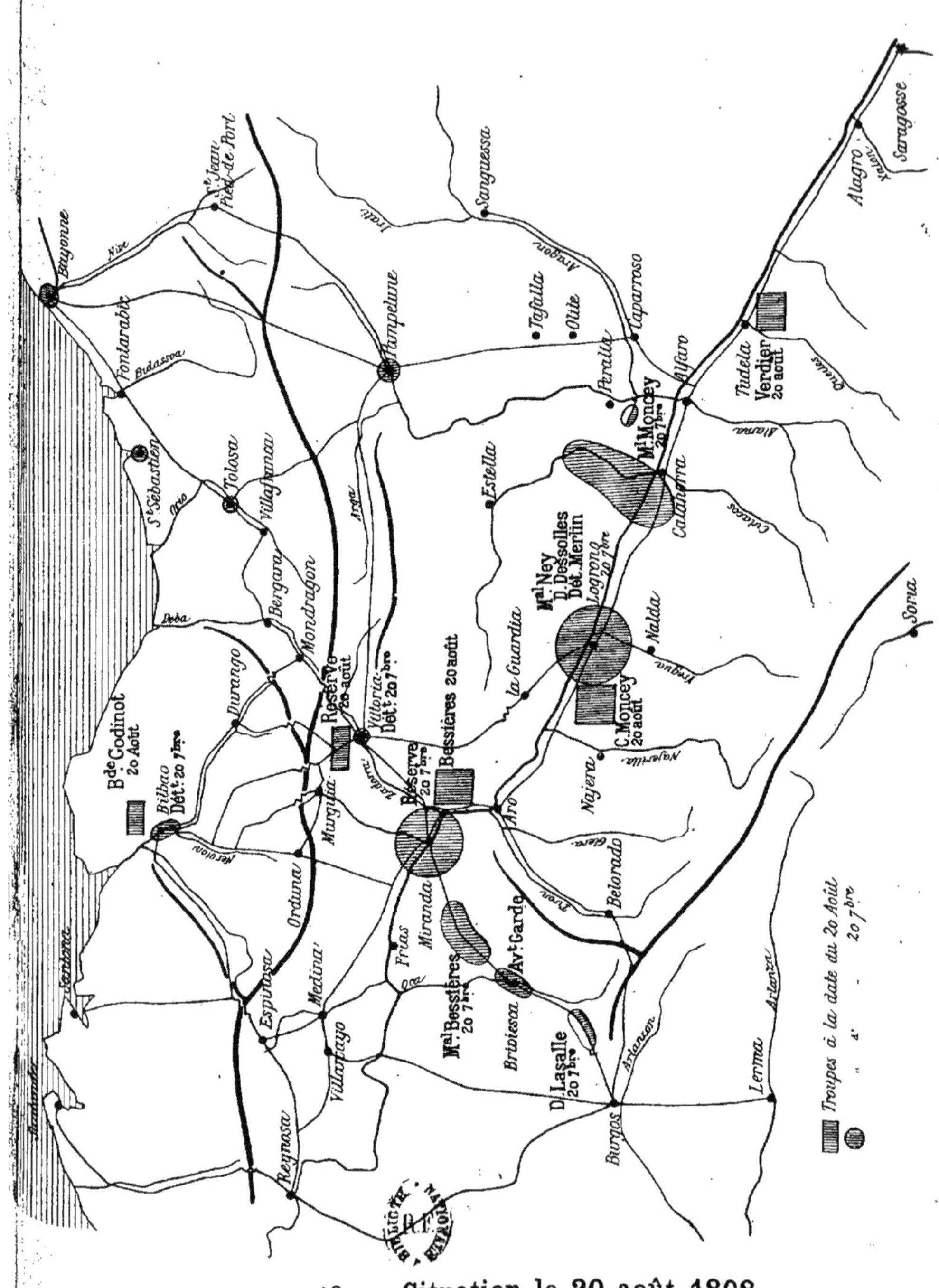

CROQUIS N° 13. — Situation le **20 août 1808.**
Situation le **20 septembre 1808.**

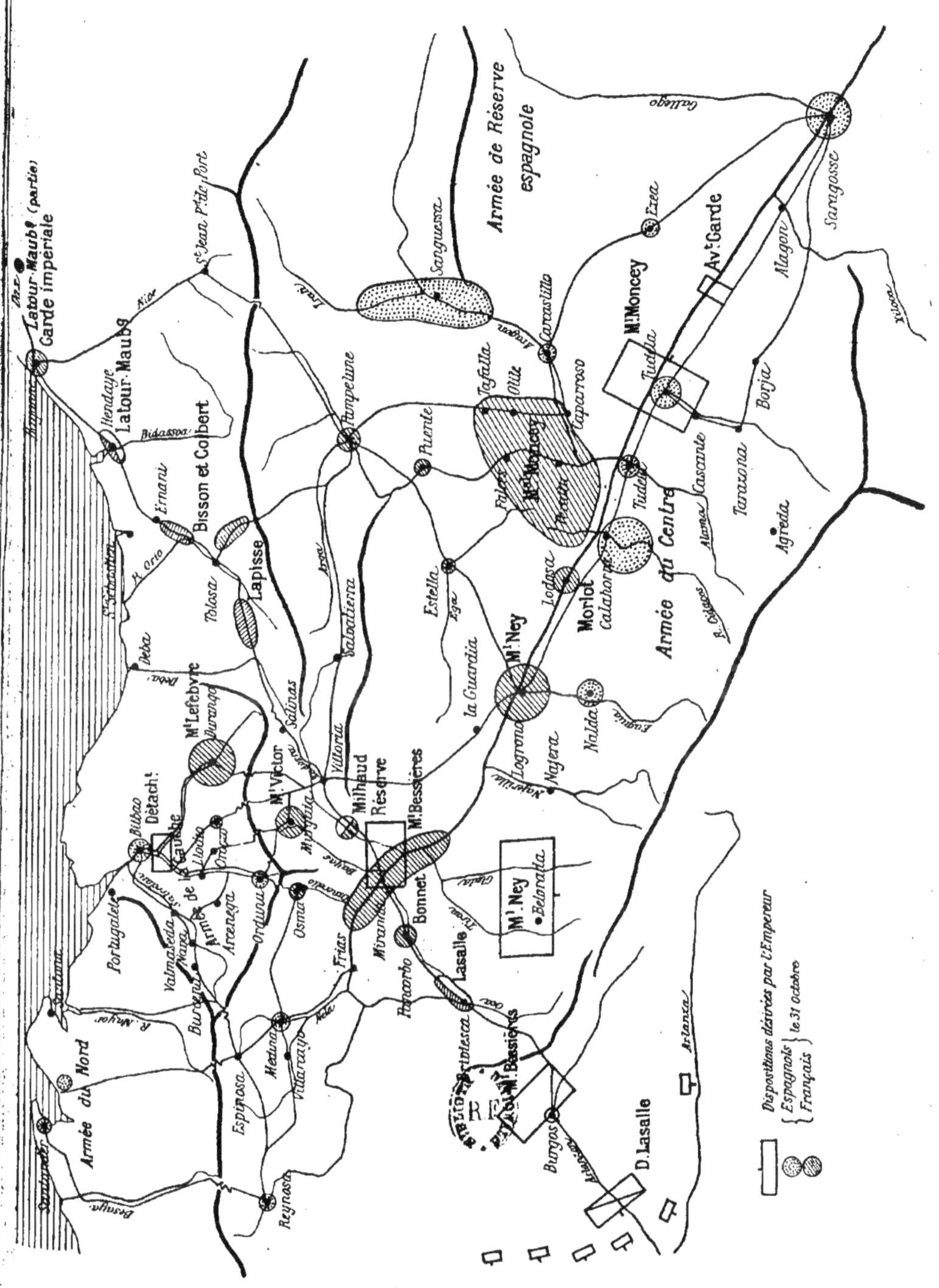

CROQUIS N° 14. — Dispositions désirées par l'Empereur.
Situation le 31 octobre matin.

NOTA. — D'après le commandant BALAGNY (*Napoléon en Espagne*), librairie BERGER-LEVRAULT.

Guerres d'Espagne.

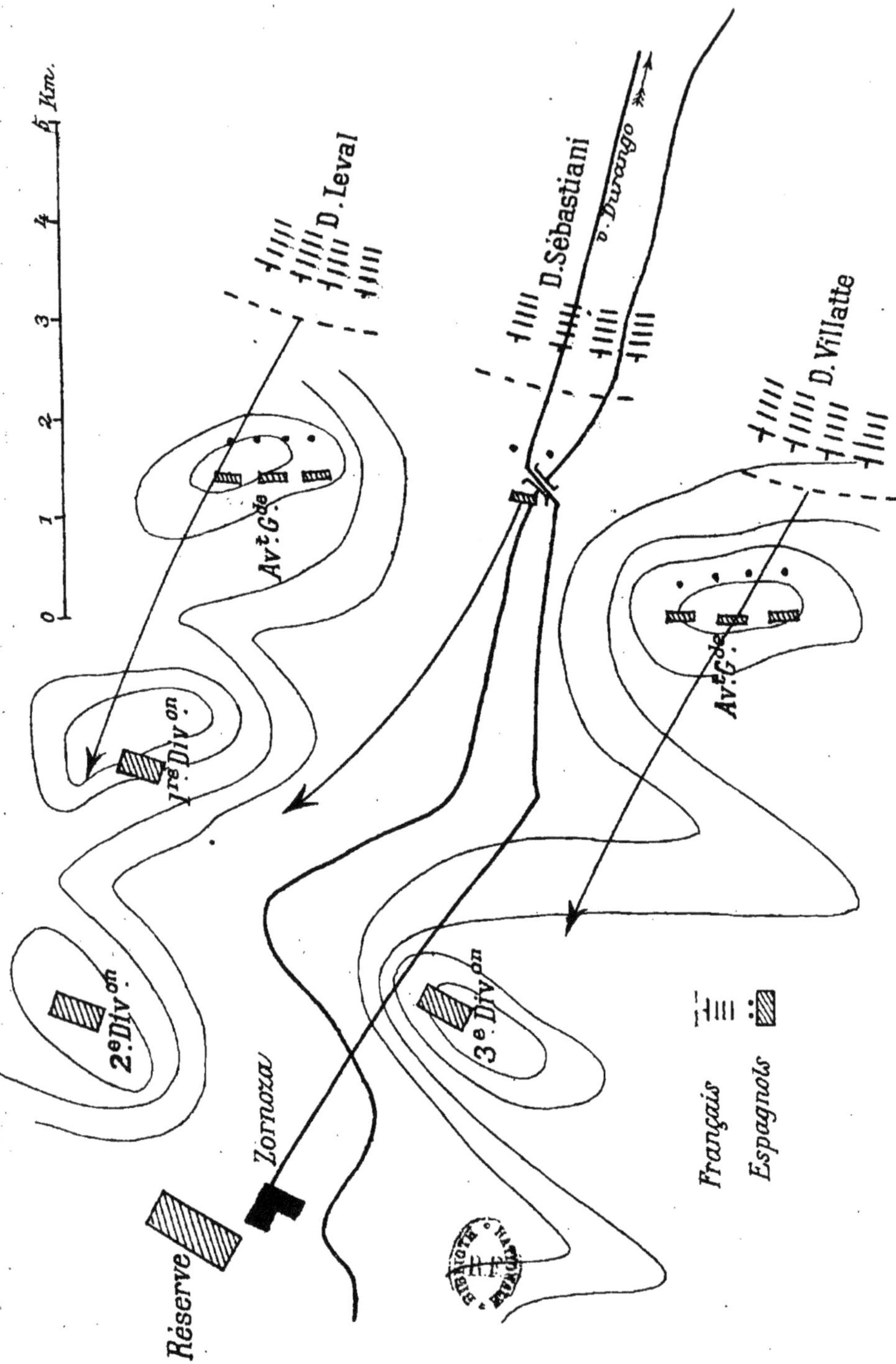

CROQUIS N° 15. — Affaire de Durango (31 octobre 1808).

NOTA. — Croquis tiré de l'ouvrage : *Napoléon en Espagne*, par le commandant BALAGNY.

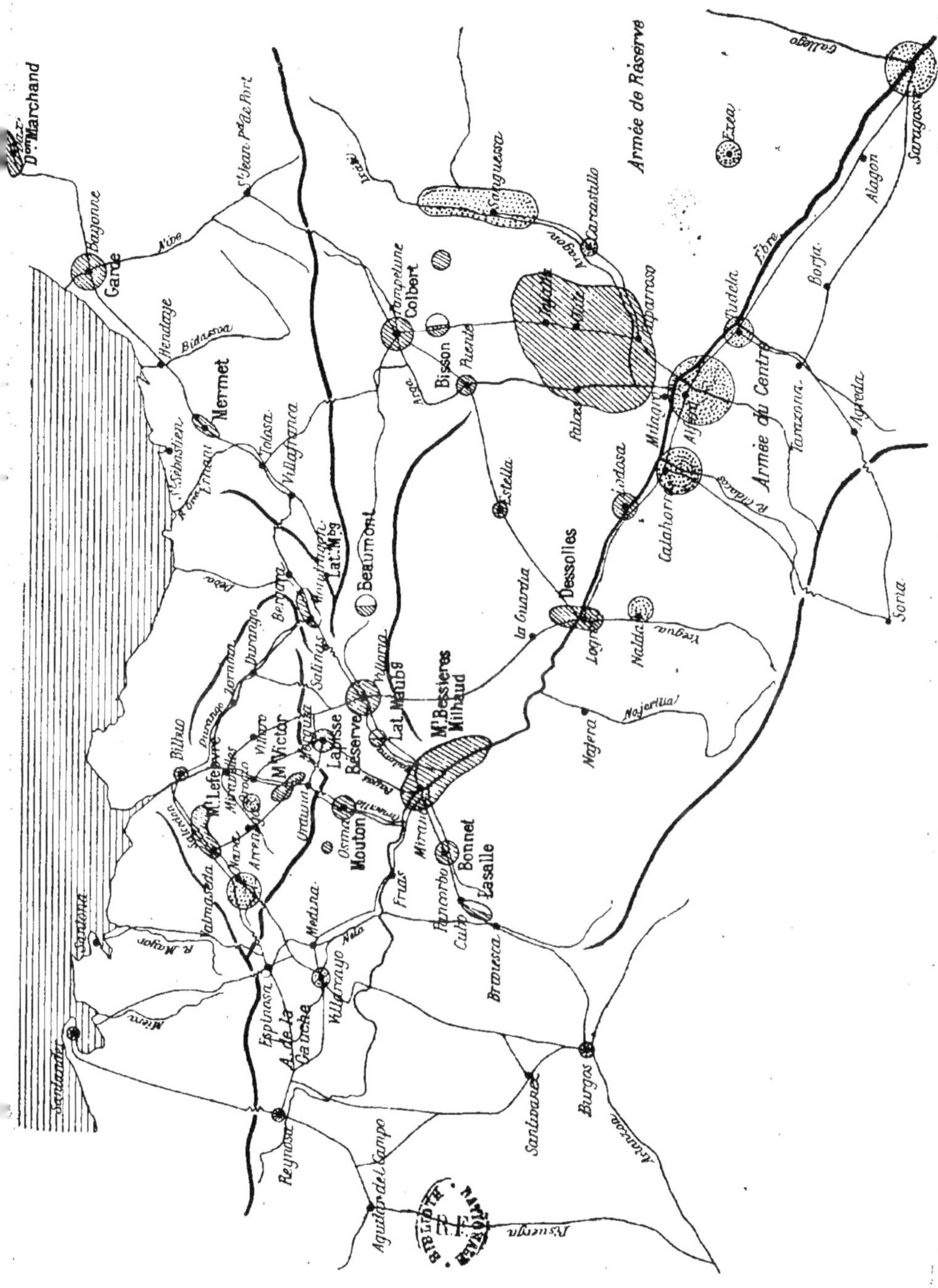

CROQUIS N° 16. — Situation le 3 novembre soir.

Croquis tiré de l'ouvrage : *Napoléon en Espagne*, par le commandant BALAGNY.

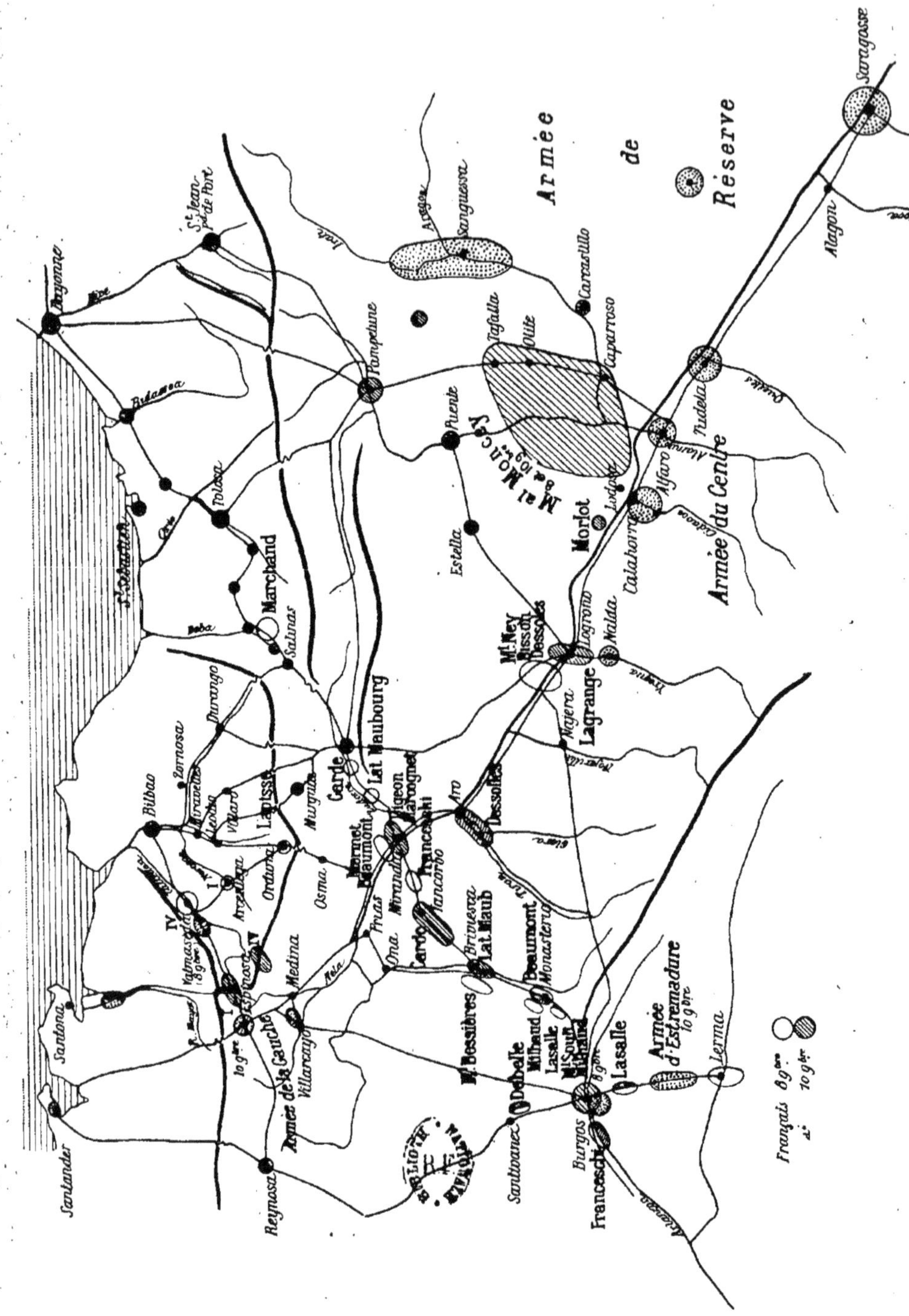

CROQUIS N° 17. — Situation le **8 novembre soir.**
Situation le **10 novembre soir.**

Croquis tiré de l'ouvrage : *Napoléon en Espagne*, par le commandant BALAGNY.

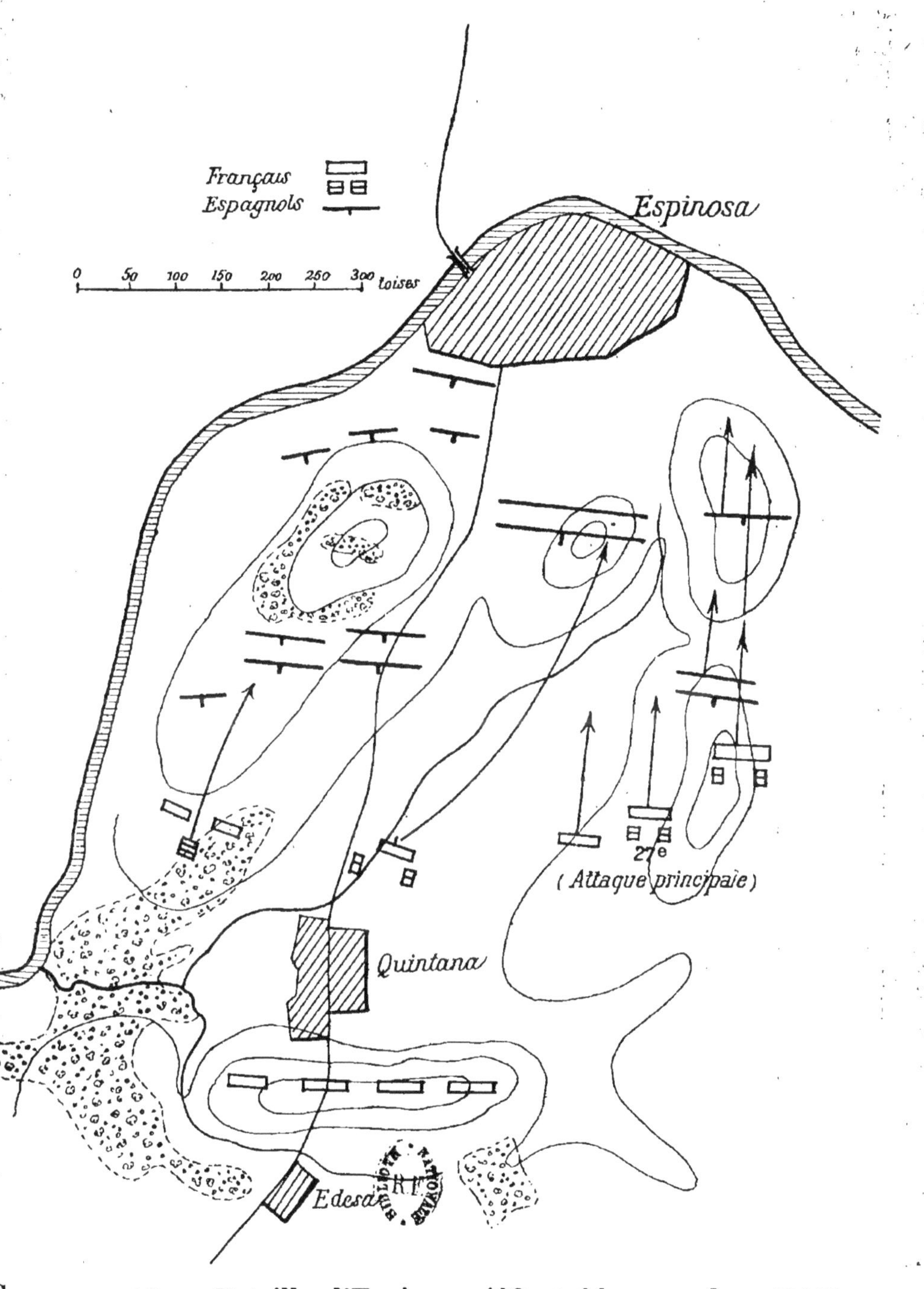

Croquis Nº 18. — Bataille d'Espinosa (10 et 11 novembre 1808).

Croquis tiré de l'ouvrage : *Napoléon en Espagne,* du commandant BALAGNY.

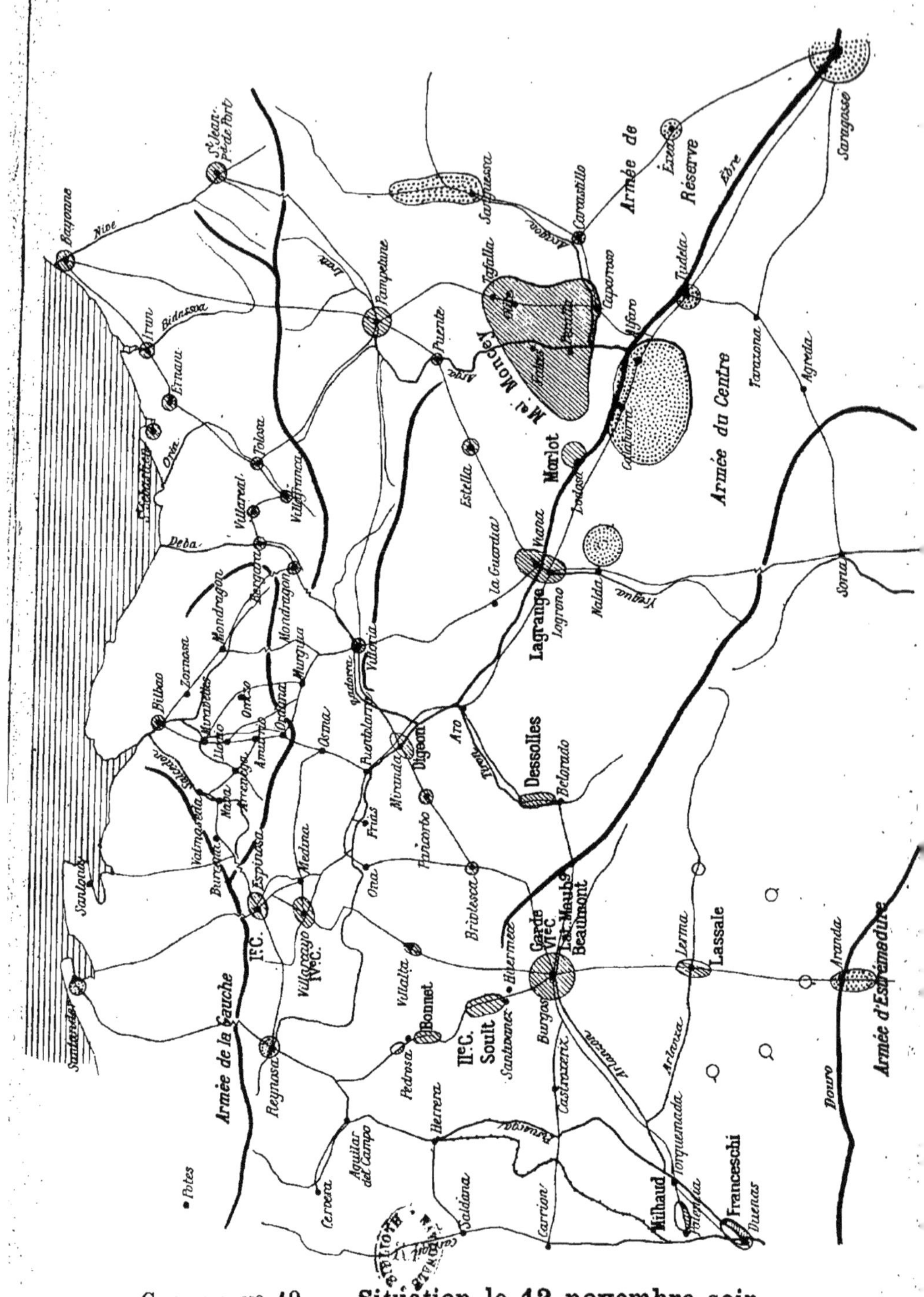

CROQUIS Nº 19. — **Situation le 12 novembre soir.**

Croquis tiré de l'ouvrage : *Napoléon en Espagne,* du commandant BALAGNY.

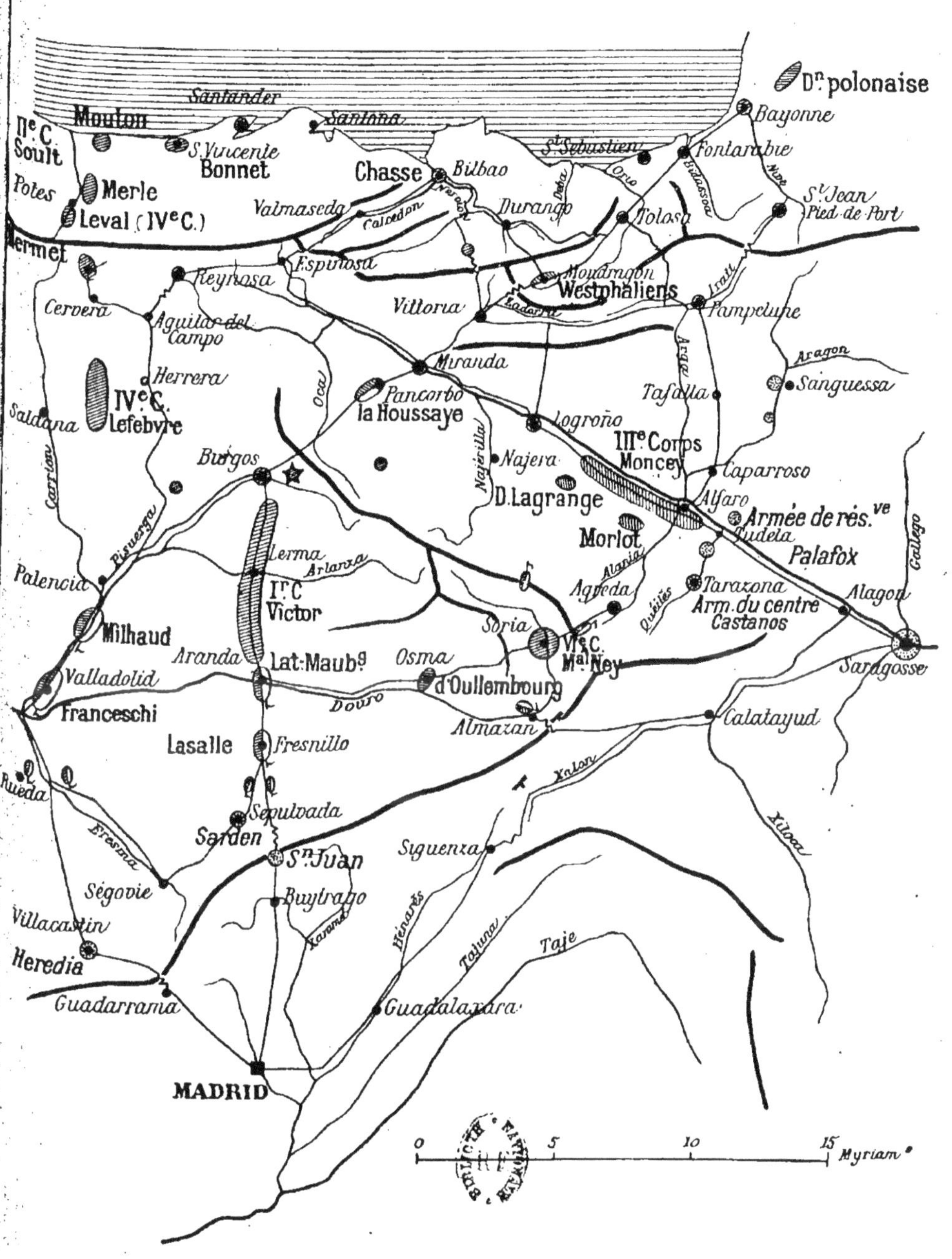

Croquis Nº 20. — Situation le 23 novembre 1808.

Nota. — D'après le commandant BALAGNY : *Napoléon en Espagne.*

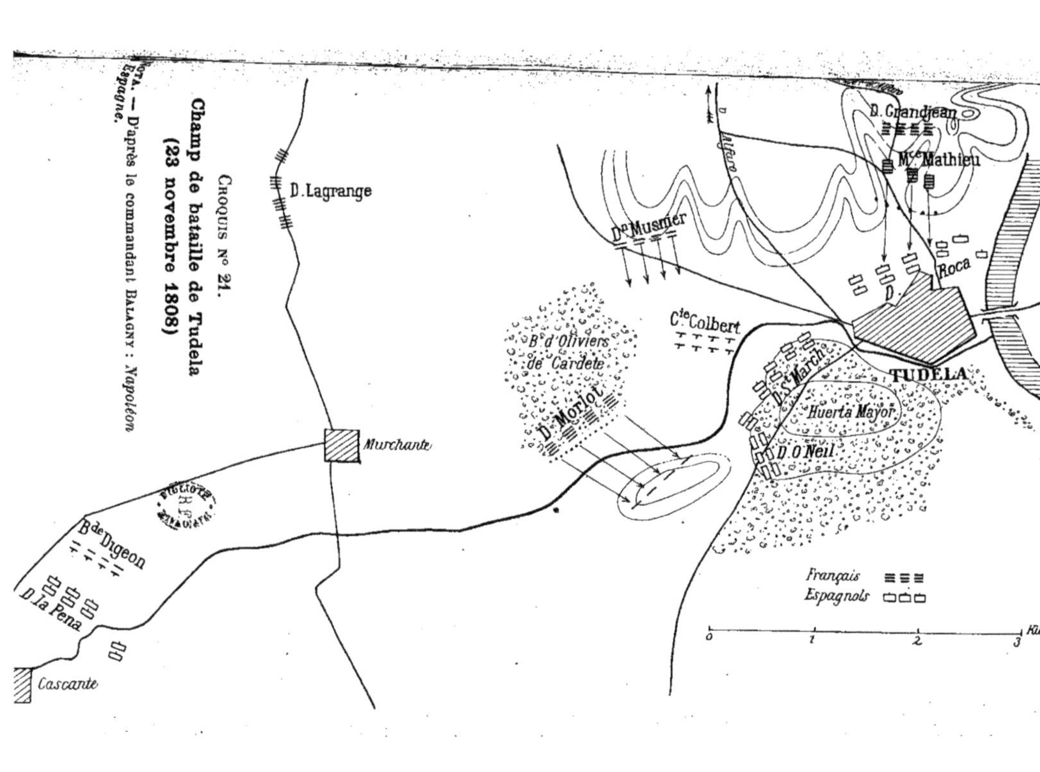
Croquis N° 21.
Champ de bataille de Tudela
(23 novembre 1808)
Nota. — D'après le commandant Balagny : Napoléon
Espagne.
D. Lagrange
Murchante
B. de Digeon
D. la Pena
Cascante
D. Grandjean
M. Mathieu
D. Musnier
Alfaro
Roca
D.
C. Colbert
B. d'Oliviers
de Cardete
D. Morlot
D. S. March
TUDELA
Huerta Mayor
D. O'Neil
Français
Espagnols
0   1   2   3   Kil.

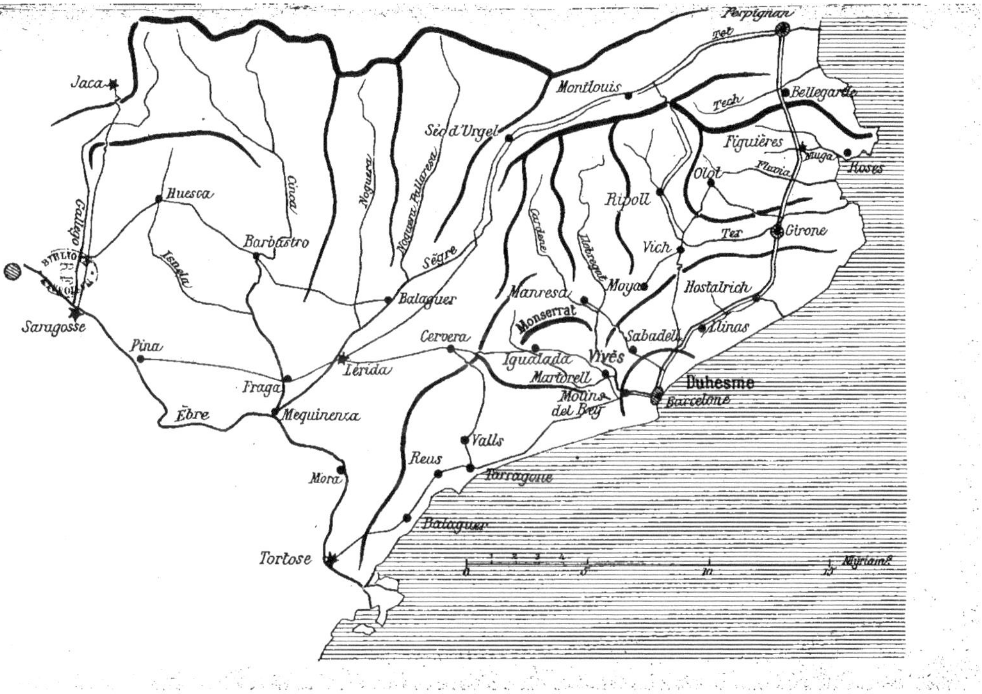

Perpignan
Tet
Montlouis
Bellegarde
Tech
Figuières
Séo d'Urgel
Olot
Muga
Roses
Ripoll
Fluvia
Girone
Vich
Tex
Hostalrich
Llinas
Sabadell
Moya
Llobregat
Manresa
Monserrat
Vivès
Igualada
Martorell
Moûns del Bey
Duhesme
Barcelone
Cervera
Carlone
Jaca
Huesca
Cinca
Noguera
Noguera Pallaresa
Barbastro
Ségre
Isbela
Balaguer
Gallego
Saragosse
Pina
Lérida
Fraga
Ebre
Mequinenza
Mora
Valls
Reus
Tarragone
Balaguer
Tortose
Myriam.

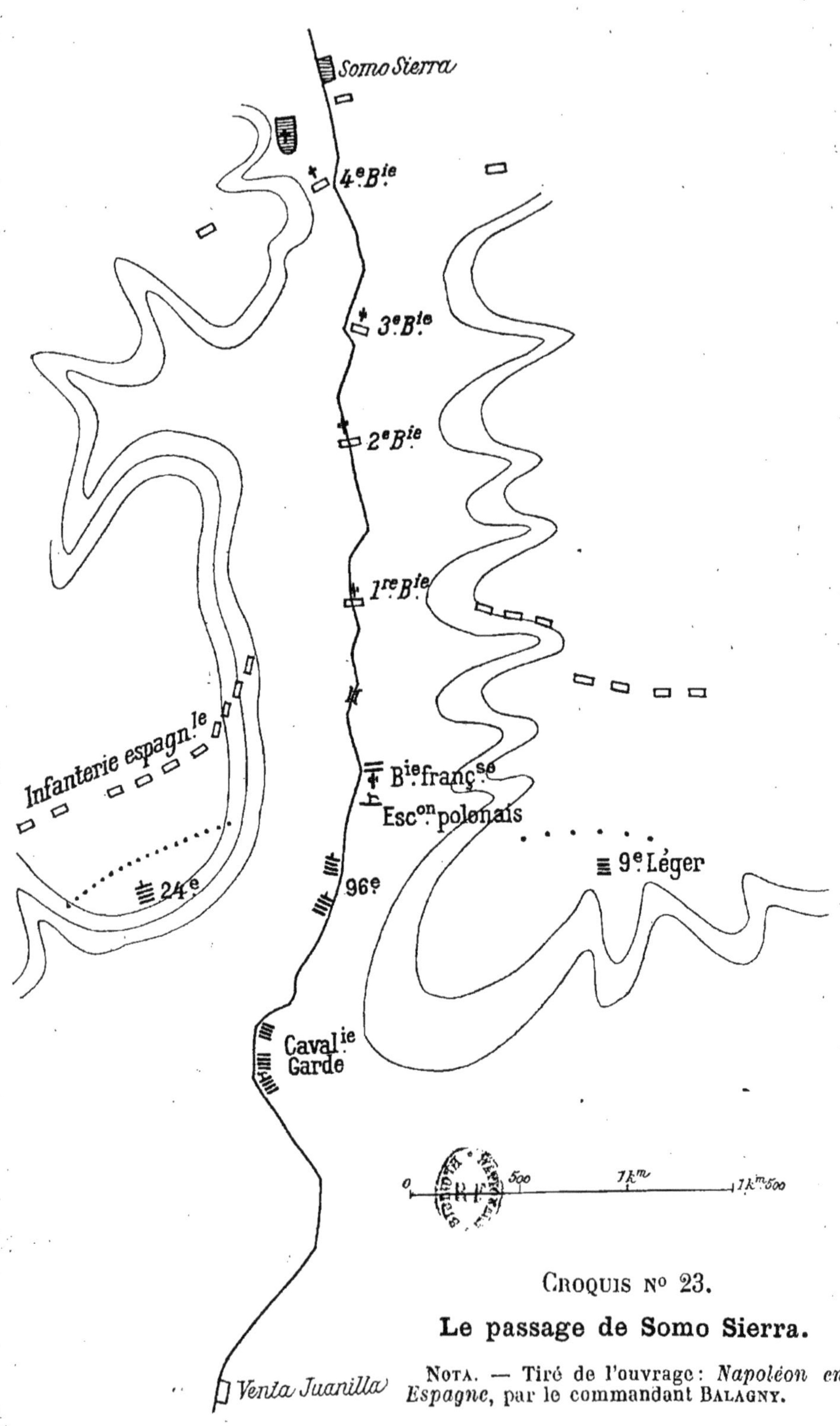

CROQUIS Nº 23.

Le passage de Somo Sierra.

NOTA. — Tiré de l'ouvrage : *Napoléon en Espagne*, par le commandant BALAGNY.

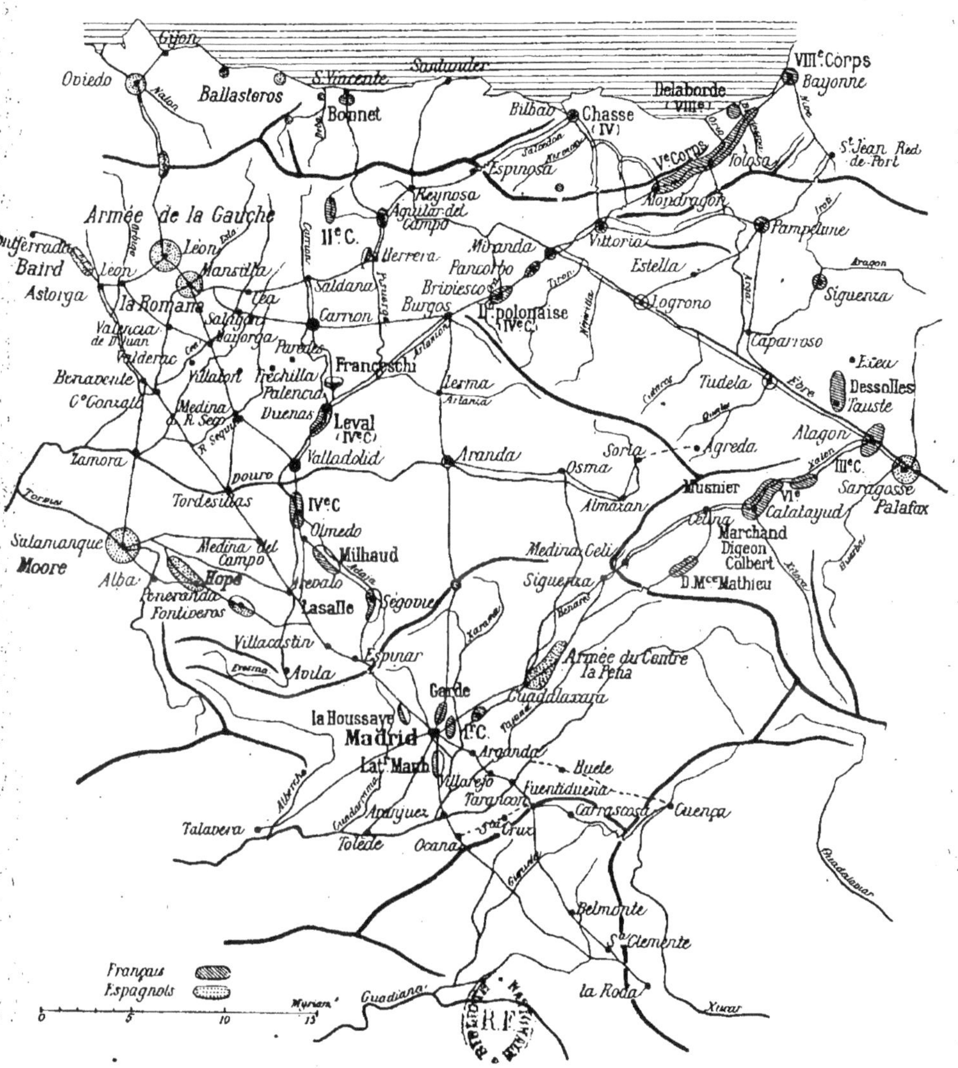

Croquis n° 24. — Situation le 2 décembre soir.

Croquis tiré de l'ouvrage : *Napoléon en Espagne*, par le commandant BALAGNY.

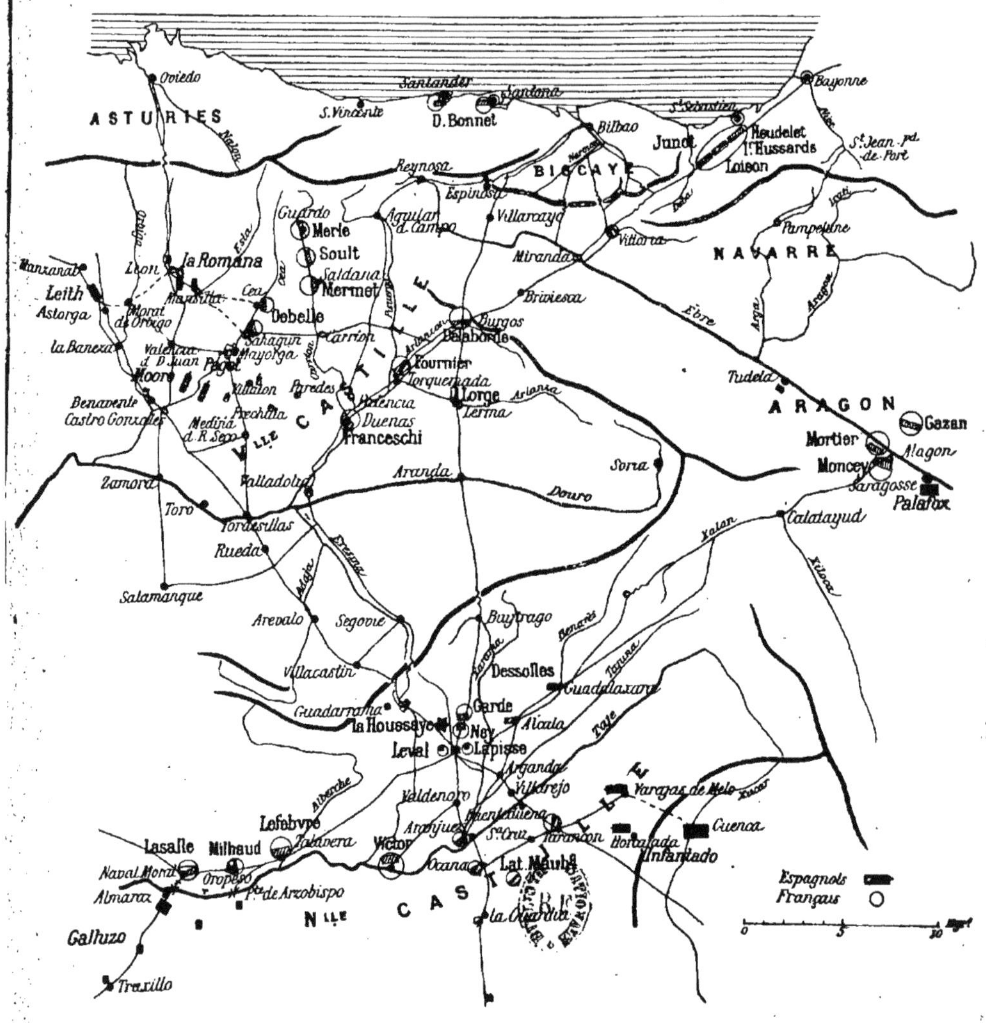

CROQUIS N° 25. — Situation le 19 décembre 1808.

Croquis tiré de l'ouvrage : *Napoléon en Espagne*, par le commandant BALAGNY.

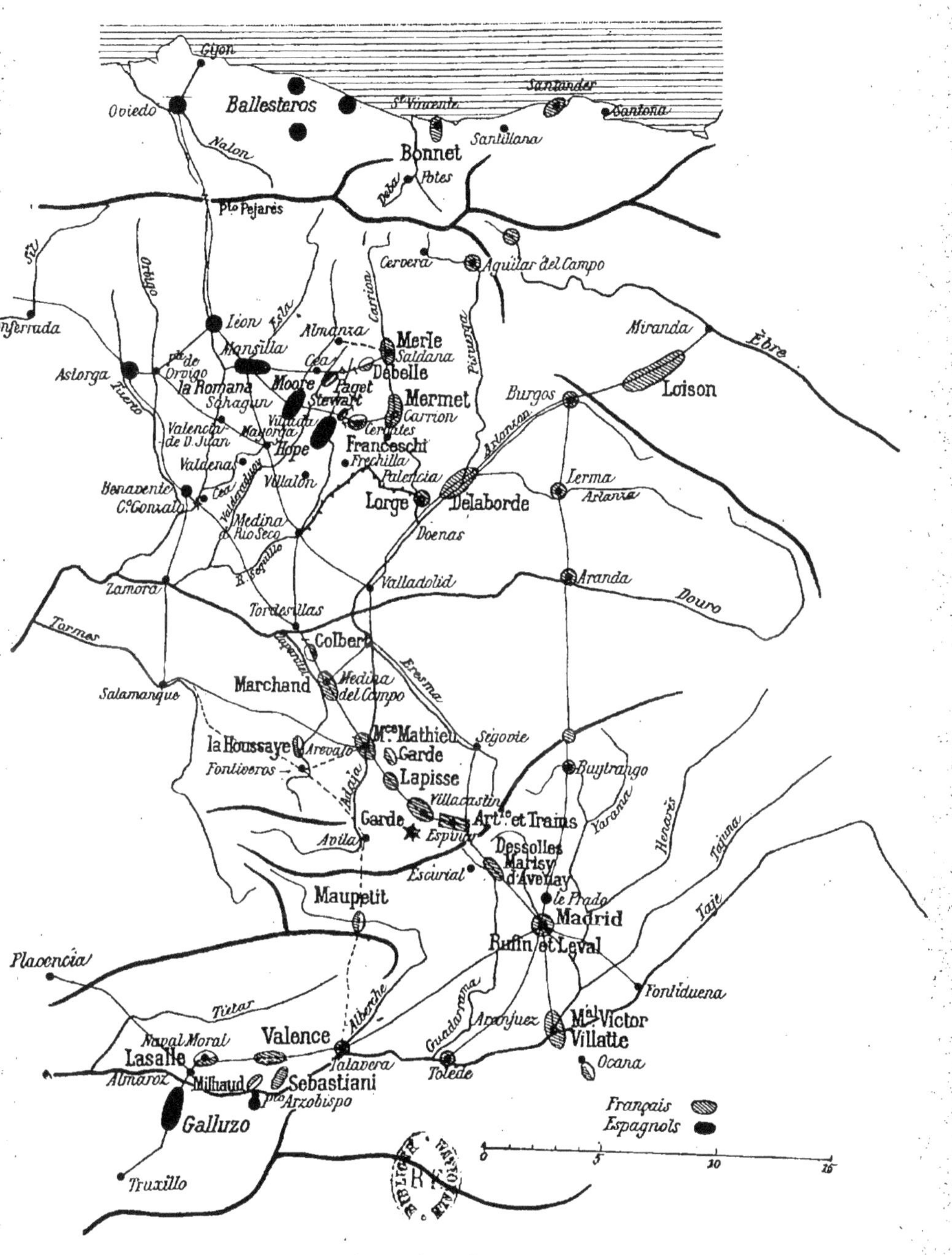

CROQUIS N° 26. — Situation le 23 décembre au soir.

Croquis tiré de l'ouvrage : *Napoléon en Espagne*, par le commandant BALAGNY.

Guerres d'Espagne.

3.

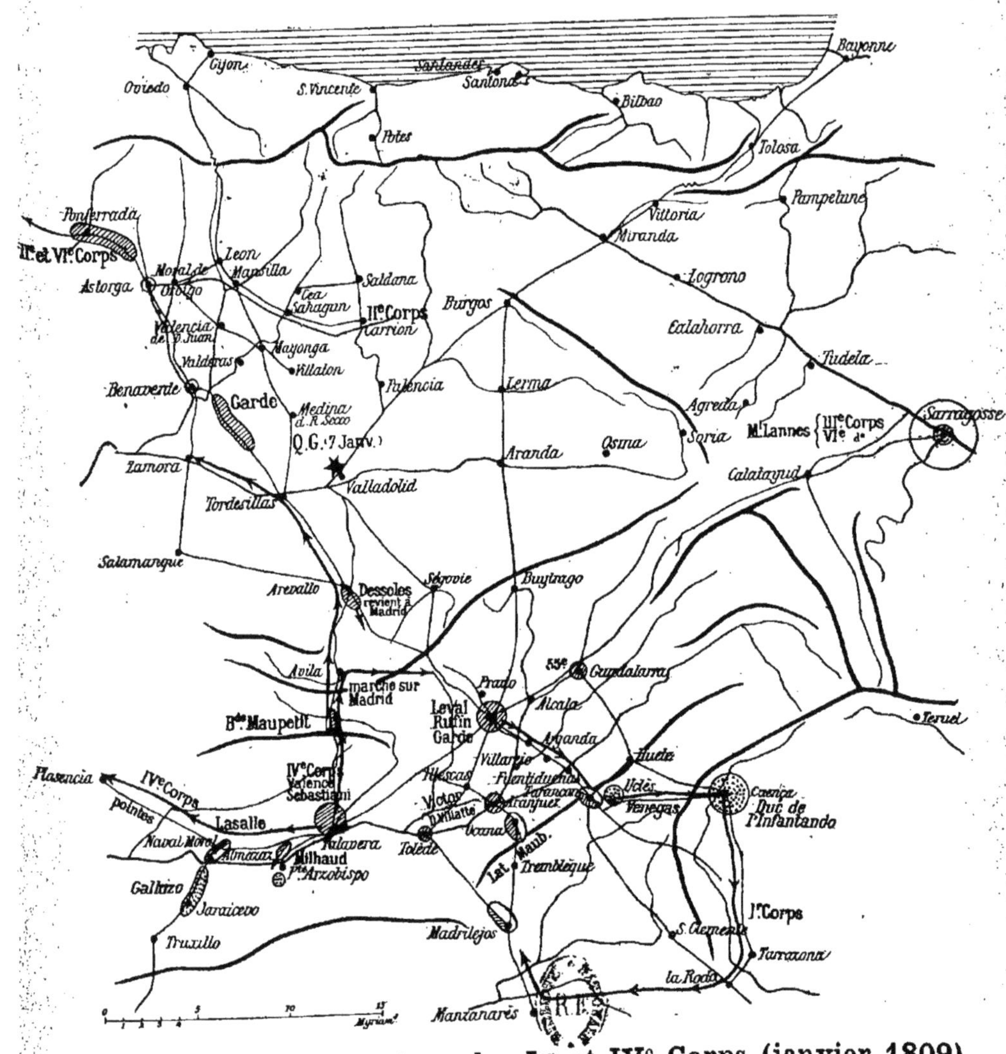

Croquis Nº 27. — Opérations des Ier et IVe Corps (janvier 1809).

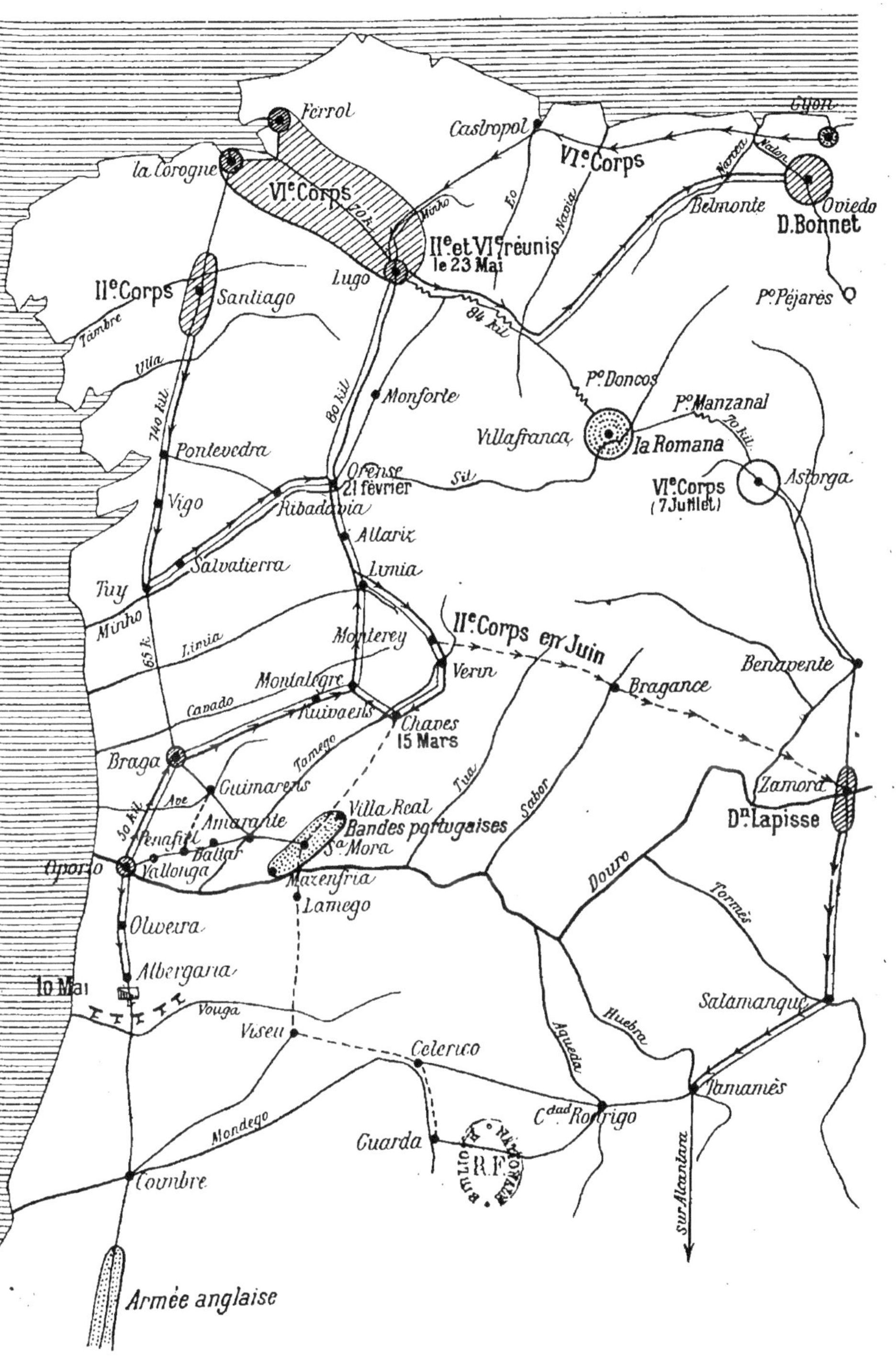

CROQUIS Nº 28. — Opérations des II.º et VI.º Corps
(mars à juillet 1809).

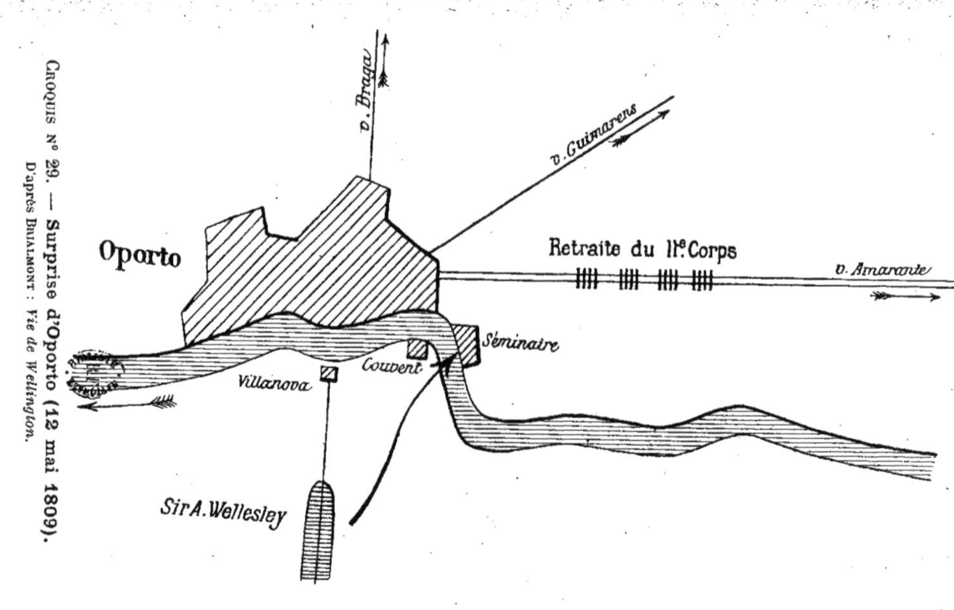

CROQUIS N° 29. — **Surprise d'Oporto (12 mai 1809).**
D'après BRIALMONT : *Vie de Wellington.*

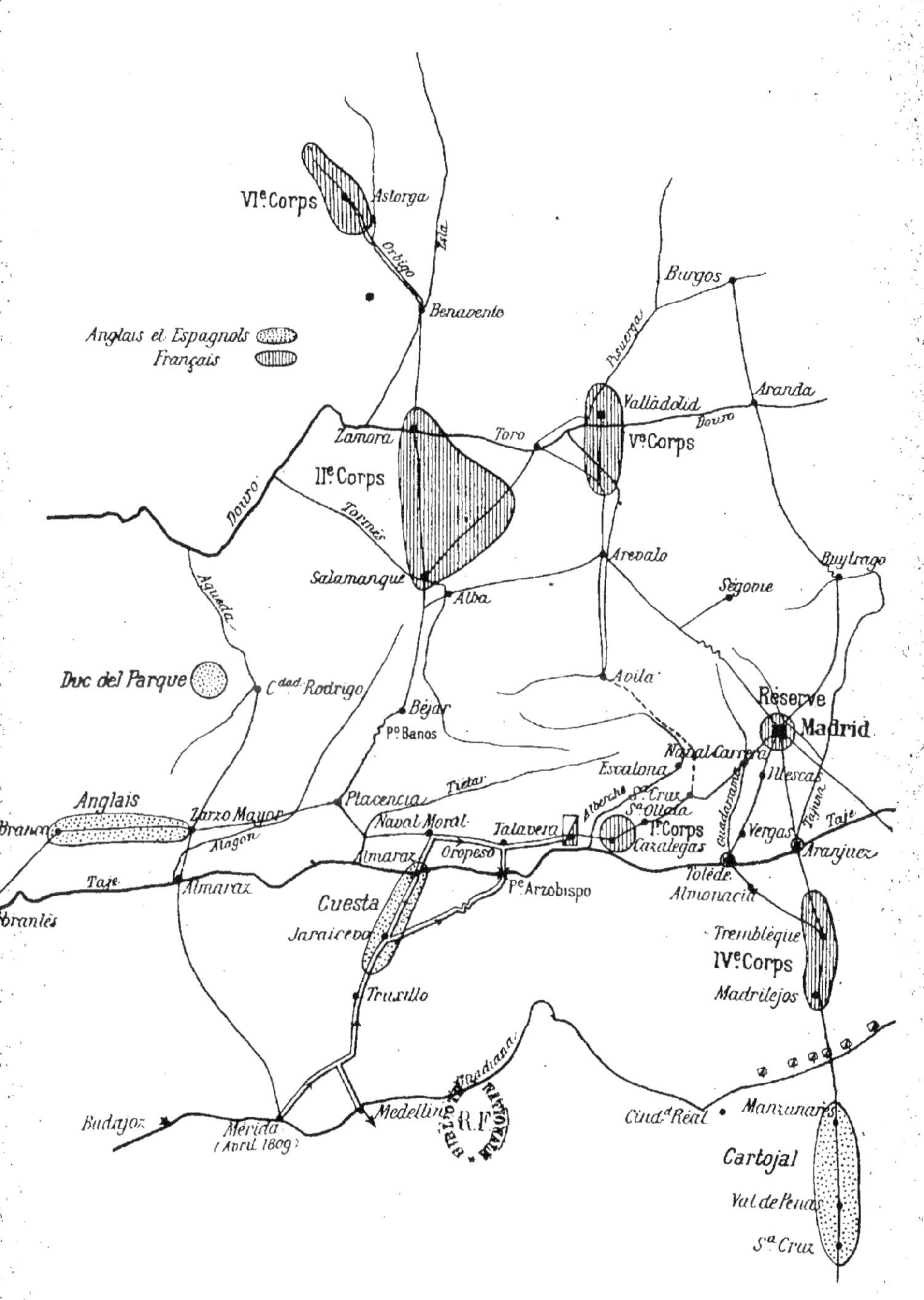

CROQUIS Nº 30. — Situation le 7 juillet 1809.

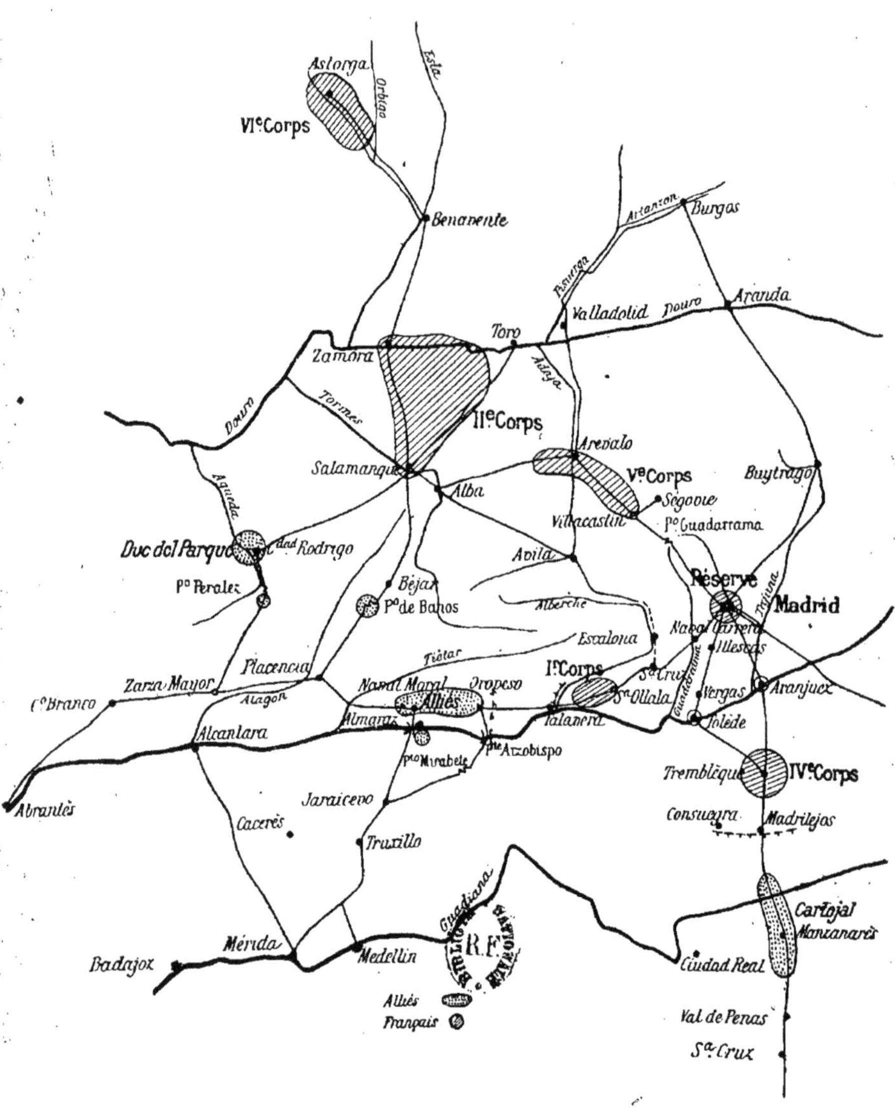

Croquis Nº 31. — **Situation le 22 juillet 1809.**

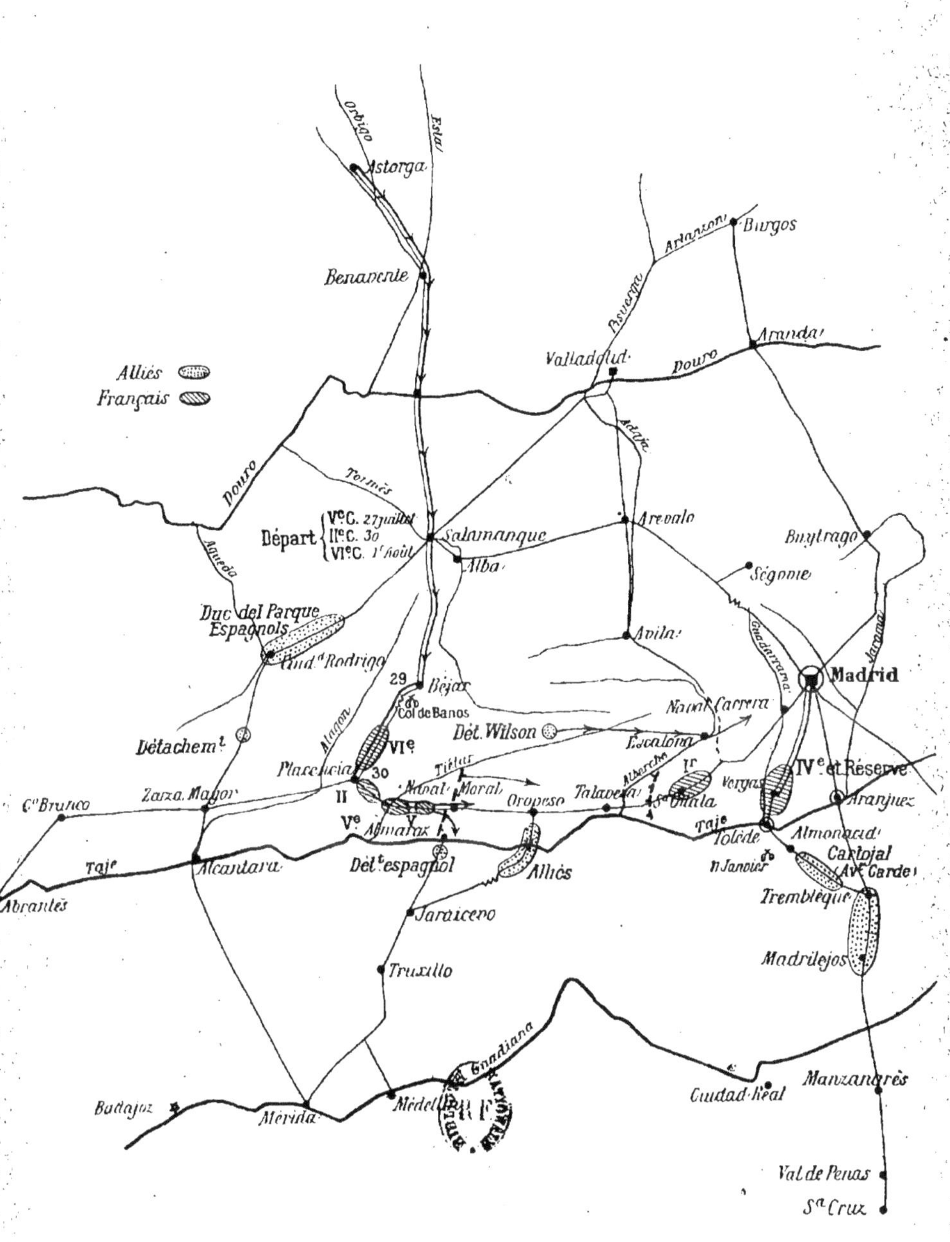

Croquis N° 32. — **Manœuvre de Talavera.**

Situation le 4 août 1809.

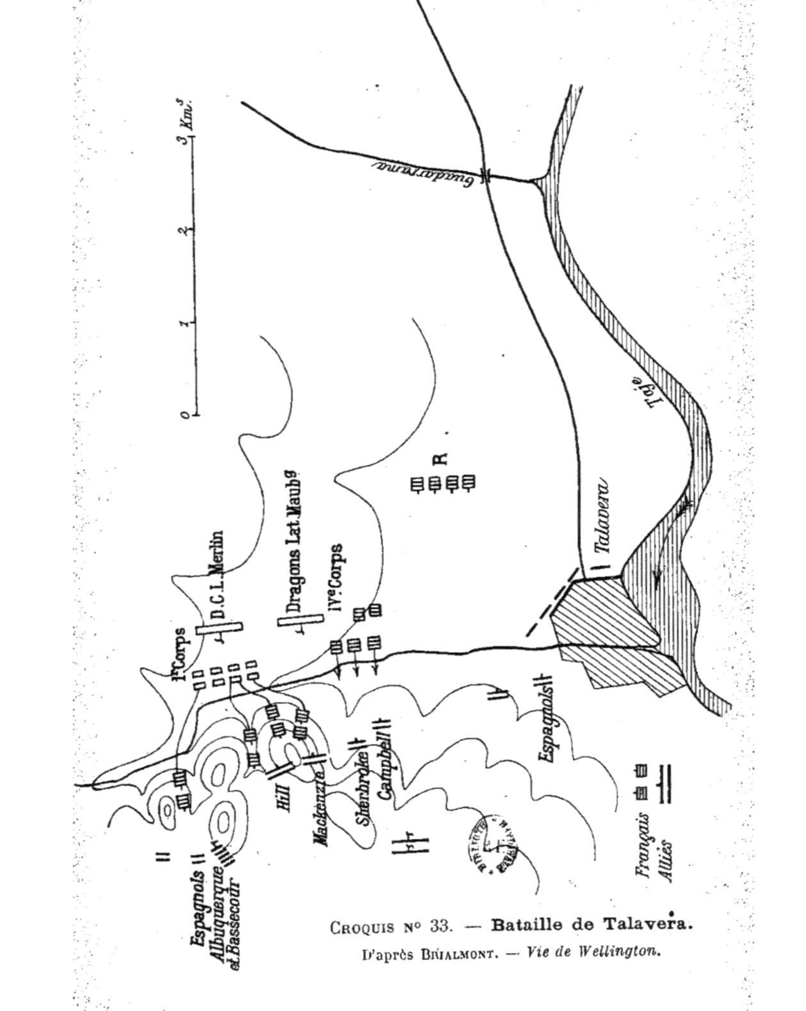

CROQUIS Nº 33. — Bataille de Talavera.

D'après BRIALMONT. — *Vie de Wellington.*

Paris et Limoges. — Imprimerie et librairie militaires Henri CHARLES-LAVAUZELLE.